项目管理/工程管理"十三五"系列规划教材

项目管理导论

主　编　西北工业大学　白思俊
副主编　西北工业大学　郭云涛

机械工业出版社

本书将现代项目管理的知识体系与应用过程进行了有机结合，在介绍项目管理知识体系框架的基础上，让读者能够更清晰地了解项目管理理论、方法与工具的实践应用流程，使读者在读完本书之后能够掌握项目管理理论的基本精髓，同时能够掌握项目管理应用的基本技能。本书包括项目与项目管理、项目组织与团队管理、项目计划与控制、项目综合管理和成功项目管理的应用共五章内容，从内容编排上既全面反映了项目管理体系的知识，又全面反映了项目管理应用的工作流程。

与其他项目管理概论图书相比，本书的最大特点是：强调对项目管理知识体系、方法和工具的全面了解及对项目管理应用流程框架的系统掌握。本书特别适合作为非项目管理专业开设项目管理概论课程或公共选修课程的教材，能够让学生在系统学习项目管理理论的同时，更清晰地掌握项目管理方法与工具的实践应用过程，并结合自己的实践案例进行项目管理的应用；也适合作为项目管理专业开设项目管理课程的教材和教学参考书，以及作为项目管理专业人员系统了解项目管理框架体系及其应用过程的参考书。

图书在版编目(CIP)数据

项目管理导论/白思俊主编. —北京：机械工业出版社，2018.1（2024.7 重印）

项目管理/工程管理"十三五"系列规划教材

ISBN 978-7-111-58827-6

Ⅰ. ①项… Ⅱ. ①白… Ⅲ. ①项目管理 – 高等学校 – 教材 Ⅳ. ①F27

中国版本图书馆 CIP 数据核字(2017)第 315826 号

机械工业出版社（北京市百万庄大街 22 号　邮政编码 100037）

策划编辑：戴思杨　　责任编辑：戴思杨

责任校对：舒　莹　　责任印制：张　博

天津光之彩印刷有限公司印刷

2024 年 7 月第 1 版第 14 次印刷

169mm×239mm · 15.5 印张 · 245 千字

标准书号：ISBN 978-7-111-58827-6

定价：49.00 元

凡购本书，如有缺页、倒页、脱页，由本社发行部调换

电话服务　　　　　　　　　　　网络服务

服务咨询热线：010 – 88361066　　机 工 官 网：www.cmpbook.com

读者购书热线：010 – 68326294　　机 工 官 博：weibo.com/cmp1952

　　　　　　　010 – 88379203　　金　书　网：www.golden – book.com

封面无防伪标均为盗版　　　　教育服务网：www.cmpedu.com

项目管理/工程管理"十三五"系列规划教材
编委会

名誉主任： 钱福培（西北工业大学教授，PMRC创立者、名誉主任）

主　　任： 白思俊（西北工业大学教授，PMRC副主任委员）

委　　员：（按姓氏笔画排序）

丁荣贵（山东大学教授，PMRC副主任委员）

王祖和（山东科技大学教授，PMRC常委、副秘书长）

卢向南（浙江大学教授，PMRC副主任委员）

孙　慧（天津大学教授）

吴守荣（山东科技大学教授，PMRC委员）

沈建明（国防项目管理培训认证中心主任，PMRC副秘书长）

骆　珣（北京理工大学教授）

薛四新（清华大学档案馆研究馆员）

戚安邦（南开大学教授，PMRC副主任委员）

谭术魁（华中科技大学教授）

戴大双（大连理工大学教授，PMRC副主任委员）

丛书序一

这是一套作为项目管理教材使用的系列丛书，是一套历经15年，经过三版修订的丛书。第一版是2003年出版的，时隔5年于2008年出版第二版修订本，现在时隔10年又出版第三版修订本。

一套教材出现被出版、使用、修订再版的情况至少说明两点，一是市场的需求，二是作者和出版者的执着。市场需求是一定条件下时代发展情况的反映；作者和出版者的执着是行业内专业人员和出版机构成熟度的反映。

我国项目管理的发展是有目共睹的，特别是自20世纪70年代的改革开放以及20世纪90年代引进国际现代项目管理理论和工具方法以来，在实践和理论层面上都有了极大的提高。在项目管理领域国内外信息日益频繁交流的同时，也向教育、培训、出版业提出了需求。2003年14本"21世纪项目管理系列规划教材"的出版正是我国项目管理发展状态的反映，系列教材的及时出版很好地满足了市场的需求。

2003年第一版系列丛书的出版虽然很好地满足了市场的需求，但由于国际现代项目管理的迅速发展，以及在第一版丛书中发现的问题，在征得作者同意后，出版社于2008年对原版丛书进行了修订。2003年和2008年出版的丛书获得了市场的认可，有三本书列选为国家"十一五""十二五"规划教材，在使用期间，诸多书籍还一再重印，有几本更是重印达10余次之多。根据国内外项目管理的最新发展情况，机械工业出版社再次决定于2018年修订出版第三版，这一决定得到了作者们的一致赞同，我想这是英明的决定。只有跟随时代的发展和学科专业的发展，在实践中不断努力，及时修订的教材，才能反映我们的水平，使之成为高质量的精品之作，也才能赢得业界的认同。据了解，我国引进并翻译出版的英国项目管理专家丹尼斯·洛克出版的《项目管理》，已经出版了第10版，被各国项目管理领域广泛选用就是一个很好的例子。

第三版的修订，除了在丛书的书目上有所变化外，鉴于项目管理和工程管理的专业设置现状，我们将丛书名修改为"项目管理/工程管理'十三五'系列规划教材"，以便使本套教材更适合学科的发展。在章节内容上也做了一些横向的延伸，拓展到工程管理专业。在内容方面，增强了框架性知识结构的展示，强调并突出概念性的知识体系，具体知识点详略得当，适量减少了理论性知识的阐述，增加了案例的比重，以提高学生理论联系实际的能力。此外，为充分利用现代电子化条件，本套教材的配套课件比较完整、全面并且多样化，增加了教材使用的便利性。

为适应市场多元化的需求，继机械工业出版社出版的这套项目管理系列教材之后，适用于项目管理工程硕士的系列教材和适用于项目管理自考的系列教材也相继出版。这不仅是我国项目管理蓬勃发展的表现，也是我国出版界蓬勃发展的表现。这应该感谢中国项目管理专家们的努力，感谢出版界同仁们的努力！

随着VUCA时代的发展，丛书在实践应用中还会有新的变化，希望作者、读者、出版界同仁以及广大项目管理专业研究人员及专家们继续关注本套系列教材的使用，关注国内外项目学科的新发展、新变化。丛书集15年的使用经验以及后续的使用情况，在实践中将不断改进，不断完善。

祝愿这套丛书成为我国项目管理领域的一套精品教材！

钱福培

西北工业大学　教授

PMRC　名誉主任

中国优选法统筹法与经济数学研究会　终身会员

IPMA Honorary Fellow

IPMA　首席评估师

2017年12月15日

丛书序二

"项目管理/工程管理'十三五'系列规划教材"是2003年陆续出版的"21世纪项目管理系列规划教材"整体上的第三次再版,这套系列丛书也是我国最早出版的一套项目管理系列规划教材。机械工业出版社作为开拓者,让这套教材得到了众多高等院校师生的认可,并有两本教材被列入"普通高等教育'十一五'国家级规划教材"、一本教材被列入"'十二五'普通高等教育本科国家级规划教材"。

作为一种教给人们系统做事的方法,项目管理使人们做事的目标更加明确、工作更有条理性、过程管理更为科学。项目管理在越来越多的行业、企业及各种组织中得到了极为广泛的认可和应用,"项目化管理"和"按项目进行管理"逐渐成为组织管理的一种变革模式,"工作项目化,执行团队化"已经成为人们工作的基本范式。"当今社会,一切都是项目,一切也都将成为项目",这种泛项目化的发展趋势正逐渐改变着组织的管理方式,使项目管理成为各行各业的热门话题,受到前所未有的关注。项目管理学科的发展,无论是在国内还是国外,都达到了一个超乎寻常的发展速度。

特别值得一提的是我国项目管理/工程管理学位教育的发展。目前,我国已经有200余所院校设立了工程管理本科专业,160多所高校具有项目管理领域工程硕士培养权,100多所高校具有工程管理专业硕士学位授予权。项目管理/工程管理教育的发展成了最为热门的人才培养专业之一,项目管理/工程管理的专业硕士招生成了招生与报名人数最多的领域。这一方面表明了社会和市场对项目管理人才的需求旺盛,另一方面也说明了项目管理学科的价值,同时也给相关培养单位和教育工作者提出了更高的要求,即如何在社会需求旺盛的情况下提高教学质量,以保持项目管理/工程管理学位教育的稳定和可持续发展。

提高教学质量,教材要先行。一套优秀的教材需要经历许多年的积累,国内项目管理领域的出版物增长极快,但真正适用于项目管理/工程管理学位教育的教材还不丰富。机械工业出版社策划和组织的本系列教材能够不断更新,目的就是打造一套项目管理/工程管理学位教育的精品教材。第三版系列教材在组织编写之前还广泛征求了各方面的意见，并得到了积极的响应。参加本系列教材编写的专家来自不同的院校和不同的学科领域，提高了教材在不同院校、不同领域和不同培养方向上的广泛适用性。在系列教材课程体系的设计上既有反映项目管理共性知识的专业主干课程，也有面向不同培养方向的专业应用课程。

本系列教材最突出的特点是与国际项目管理知识体系的融合性，体现了国际上两大项目管理组织——国际项目管理协会和美国项目管理协会的项目管理最新知识内容的发展。本系列教材的内容能体现 IPMP/PMP 培训与认证的思想和知识体系，也能够在与国际接轨的同时呈现有我国项目管理特色的内容。

编写一套优秀的项目管理学位教育系列教材是一项艰巨的任务，虽然编委会和机械工业出版社做出了很大的努力，但项目管理是一门快速发展的学科，其理论、方法、体系和实践应用还在不断发展和完善之中，加之专业局限性和受写作时间的限制，本系列教材肯定会有不尽如人意之处，衷心希望全国高等院校项目管理/工程管理专业师生在教学实践中积极提出意见和建议，以便对已经出版的教材不断修订、完善，让我们共同提高教材质量，完善教材体系，为社会奉献更好、更新、更切合我国项目管理/工程管理教育的高品质教材。

白思俊

西北工业大学管理学院教授、博导
中国（双法）项目管理研究委员会副主任委员
陕西省项目管理协会会长
中国优选法统筹法与经济数学研究会理事
中国建筑业协会理事兼工程项目管理委员会理事、专家
中国宇航学会理事兼系统工程与项目管理专业委员会副主任委员

前　言

　　项目管理的发展与应用已经使项目管理的管理理念与模式有了更为广泛的影响。就像系统工程教给我们一种思考问题的方法一样，项目管理已经变成一种教给我们系统做事的方法。项目管理已经成为一种实现目标的良好方法，也成为一种对管理过程进行有效控制的手段，使提升执行力的目标管理与过程控制得到了最佳结合。

　　今天，项目管理在越来越多的行业、企业及组织中得到了广泛的认可和应用，"项目化管理"和"按项目进行管理"逐渐成为组织管理的一种变革模式，"工作项目化，执行团队化"已经成为人们工作的基本范式。项目管理给传统管理模式带来了变革和挑战，得到了前所未有的认可，并得以持续发展与应用。目前在世界各国/地区，项目管理不仅普遍应用于建筑、航空、航天和国防等传统领域，而且已经在电子、通信、计算机、软件开发、制造业、金融业和保险业等行业，甚至在政府机关和国际组织中，成为核心管理模式。比如，AT&T、Bell、USWest、IBM、EDS、ABB、NCR、华为、花旗银行、摩根士丹利、美国白宫行政办公室、美国能源部和世界银行等在其运营的核心部门都采用项目管理模式。

　　本书基于为非项目管理专业学生编写一本全面反映现代项目管理知识与方法体系的概论这一出发点，以能够让学生既能全面了解项目管理的知识体系又能掌握项目管理方法与工具的应用过程为目的，系统全面地对项目管理的知识模块和方法工具进行了概要介绍，同时强调了项目管理方法工具的实际应用过程及应用案例的展示，使读者在读完本书之后对项目管理能够有一个整体的认识，并能掌握项目管理的基本应用技能。本书也是在作者教学实践及应用的基础上进行的总结，作者主讲的"项目管理"课程先后被列为西北工业大学"精品课程"、陕西省"精品课程"、西北工业大学"研究生高水平课程"、陕西省"资源共享课程"以及西北工业大学"慕课建设课程"，本书的编写也是基于作者教学实践的总结和提升。本书的组织形式、编写风格均有其独到之处，特别强调了作为一门专业基础课或专业选修课概论书籍所应反映的学科背景、发展现状、基础理论、知识框架、方法工具及其应用过程。

　　本书共分为五章，第1章主要就项目管理的发展、项目与项目管理、项目管理的核心内容、项目管理的专业化与项目经理的职业化发展进行介绍；第2章主要对项目管理的组织形式、项目经理与项目团队进行介绍；第3章从如何做好项目的计划组织和控制管理出发，在介绍项目计划与控制流程的基础上介绍项目启动与目标确定、项目范围分解、项目时间计划制订、项目资源与费用计划制订、项目进度控制和项目验收管理等项目管理的核心关键技术及应用；第4章对支撑项目计划与控制过程的项目管理技术知识进行介绍，包括项目利益相关者管理、项目质量管理、项目采购管理和项目信息与沟通管理、项目冲突管理和项目风险管理，这些技术知识是为成功的项目管理而不可缺少的组成部分；第5章介绍成功的项目管理的应用及内涵、项目管理程序手册的编制，同时以"新理念课堂暑期培训学校开办"项目为例，展示了从项目目标确定到项目计划及管控实施中涉及的各个方面的项目管理理论和方法的应用过程。本书各章还有配套的复习思考题，读者扫描文末二维码即可获得。

  本书从内容编排上，既反映了系统的项目管理知识体系框架，又系统全面地反映了项目管理的应用过程。与其他同类书籍相比，本书的最大特点是强调对项目管理知识体系框架的总体认识以及对项目管理应用流程框架的系统掌握，全书保证了体系的先进性、内容的全面性以及方法的实用性。

  由于本书理论体系组织的独特方式，本书可作为非项目管理专业的基础课或以了解项目管理理论及应用为目的的公共选修课的教材，也可作为其他专业系统了解项目管理的概论教材，同时可作为各类项目管理理论与实践工作者进行研究、培训与应用实践的参考资料。

  本书由西北工业大学管理学院的白思俊担任主编、郭云涛担任副主编，参加本书编写的有白思俊（第1章）、张识宇（第2章）、舒湘沅（3.1节、3.2节、3.6节）、张延禄（3.3节、3.4节）、黄柯鑫（3.5节、3.7节）、刘丽华（4.1节、4.2节、4.3节）、李正锋（4.4节、4.5节、4.6节）和郭云涛（第5章）。

  本书在编写过程中参阅了大量资料及有关人员的研究成果，本书参考文献部分已经尽可能地写明各位专家、学者的研究成果和工作，在此对他们的工作、贡献表示感谢。

白思俊
2017年11月1日

描二维码关注公众号，后台发送"项目管理导论"，
  即可下载项目管理导论复习思考题。

目　　录

丛书序一
丛书序二
前言
第1章　项目与项目管理 … 1
　本章学习目标 … 2
　1.1　项目管理的发展 … 2
　　1.1.1　项目管理的产生与发展 … 2
　　1.1.2　中国项目管理的发展 … 6
　1.2　项目 … 7
　　1.2.1　项目的概念 … 7
　　1.2.2　项目的特征与属性 … 9
　　1.2.3　项目的组成要素 … 11
　1.3　项目管理 … 12
　　1.3.1　项目管理的概念 … 12
　　1.3.2　项目管理的核心思想 … 13
　　1.3.3　项目管理的特点 … 15
　　1.3.4　项目管理与作业管理 … 16
　1.4　项目管理的核心内容 … 18
　　1.4.1　项目管理的两个层次 … 18
　　1.4.2　项目管理的四个阶段 … 19
　　1.4.3　项目管理的五个过程 … 21
　　1.4.4　项目管理的十个领域 … 23
　　1.4.5　项目管理的29个能力要素 … 24
　1.5　项目管理的专业化与项目经理的职业化发展 … 25
　　1.5.1　概述 … 25
　　1.5.2　国际项目经理资质认证简介 … 27
　　1.5.3　项目管理与职业发展 … 30

第2章 项目组织与团队管理 … 32

本章学习目标 … 33

2.1 项目组织 … 33
- 2.1.1 职能式组织 … 33
- 2.1.2 项目式组织 … 35
- 2.1.3 矩阵式组织 … 37
- 2.1.4 项目组织形式的选择 … 42
- 2.1.5 项目内部的组织结构 … 44

2.2 项目经理 … 45
- 2.2.1 项目经理概述 … 45
- 2.2.2 项目经理的责任和权力 … 47
- 2.2.3 项目经理的素质与能力要求 … 49

2.3 项目团队 … 55
- 2.3.1 项目团队的概念 … 55
- 2.3.2 项目团队的发展与建设 … 58
- 2.3.3 团队的激励理论 … 60

第3章 项目计划与控制 … 67

本章学习目标 … 68

3.1 项目计划与控制综述 … 68
- 3.1.1 项目计划与控制的概念 … 68
- 3.1.2 项目计划与控制的层次 … 70
- 3.1.3 程序化的项目计划与控制流程 … 70

3.2 项目启动 … 72
- 3.2.1 项目启动概述 … 72
- 3.2.2 项目目标 … 74
- 3.2.3 里程碑计划 … 76

3.3 项目范围管理 … 77
- 3.3.1 范围管理综述 … 77
- 3.3.2 工作分解结构的制定 … 82
- 3.3.3 工作责任分配矩阵的建立 … 87

3.4 项目时间管理 … 89
- 3.4.1 时间计划制订的基础 … 89

3.4.2 网络计划技术 ……………………………………………………… 94
3.4.3 时间坐标网络图计划与甘特图计划 ……………………………… 105
3.5 项目费用管理 …………………………………………………………… 109
3.5.1 项目资源计划的制订 ……………………………………………… 109
3.5.2 资源负荷图的绘制 ………………………………………………… 113
3.5.3 项目费用计划的制订 ……………………………………………… 115
3.5.4 费用负荷图与费用累积曲线的绘制 ……………………………… 120
3.6 项目进度控制 …………………………………………………………… 123
3.6.1 项目进度控制概述 ………………………………………………… 123
3.6.2 挣值分析法 ………………………………………………………… 126
3.6.3 项目变更与控制 …………………………………………………… 130
3.7 项目验收 ………………………………………………………………… 133
3.7.1 概述 ………………………………………………………………… 133
3.7.2 项目文件验收 ……………………………………………………… 138
3.7.3 项目交接与清算 …………………………………………………… 140

第4章 项目综合管理 ……………………………………………………… 147

本章学习目标 ………………………………………………………………… 148
4.1 项目利益相关者管理 …………………………………………………… 148
4.1.1 利益相关者的概念 ………………………………………………… 148
4.1.2 识别利益相关者及其需求 ………………………………………… 150
4.1.3 利益相关者的管理过程 …………………………………………… 153
4.2 项目质量管理 …………………………………………………………… 156
4.2.1 项目质量管理概述 ………………………………………………… 156
4.2.2 质量管理的工具与技术 …………………………………………… 161
4.3 项目采购管理 …………………………………………………………… 164
4.3.1 采购规划 …………………………………………………………… 164
4.3.2 招标投标 …………………………………………………………… 167
4.3.3 合同管理 …………………………………………………………… 169
4.4 项目信息与沟通管理 …………………………………………………… 172
4.4.1 项目信息管理 ……………………………………………………… 172
4.4.2 项目沟通管理 ……………………………………………………… 175
4.5 项目冲突管理 …………………………………………………………… 179

4.5.1　项目冲突的概念 …………………………………… 179
　　4.5.2　项目冲突的来源 …………………………………… 180
　　4.5.3　项目冲突的管理 …………………………………… 181
　4.6　项目风险管理 ………………………………………………… 185
　　4.6.1　项目风险管理概述 ………………………………… 185
　　4.6.2　项目风险识别 ……………………………………… 187
　　4.6.3　项目风险评估 ……………………………………… 190
　　4.6.4　项目风险应对 ……………………………………… 192
　　4.6.5　项目风险控制 ……………………………………… 194

第5章　成功的项目管理的应用 …………………………………… 197
　本章学习目标 ……………………………………………………… 198
　5.1　项目管理应用程序 …………………………………………… 198
　　5.1.1　成功的项目管理 …………………………………… 198
　　5.1.2　项目管理程序手册 ………………………………… 201
　5.2　项目管理综合应用案例 ……………………………………… 204
　　5.2.1　项目概况 …………………………………………… 205
　　5.2.2　项目总目标的确定 ………………………………… 207
　　5.2.3　项目里程碑计划 …………………………………… 209
　　5.2.4　项目工作分解 ……………………………………… 209
　　5.2.5　项目管理组织形式 ………………………………… 211
　　5.2.6　项目进度计划 ……………………………………… 212
　　5.2.7　项目资源计划 ……………………………………… 216
　　5.2.8　项目费用计划 ……………………………………… 219
　　5.2.9　项目风险管理 ……………………………………… 221
　　5.2.10　项目信息与沟通管理 ……………………………… 224
　　5.2.11　项目的控制过程 …………………………………… 225
　　5.2.12　小结 ………………………………………………… 230

参考文献 ……………………………………………………………… 231

主要内容
- ➢ 项目管理的发展
- ➢ 项目
- ➢ 项目管理
- ➢ 项目管理的核心内容
- ➢ 项目管理的专业化与项目经理的职业化发展

第 1 章

项目与项目管理

本章学习目标

本章主要介绍项目及项目管理的来龙去脉、项目与项目管理的总体概念框架，使读者对项目及项目管理的基本概念及理念有初步和整体的认识。本章内容包括项目管理的产生与发展、中国项目管理的发展；项目的概念、特征与属性以及项目的组成要素；项目管理的概念、特点；项目管理的核心内容；项目管理的专业化和项目经理的职业化发展。

- 重点掌握：项目的概念、特征与属性，项目管理的概念、理念及特点。
- 一般掌握：项目管理的产生与发展，中国项目管理的发展，项目管理的核心内容。
- 了解：项目管理的专业化和项目经理的职业化发展、国际上两大项目管理证书体系——PMP 和 IPMP。

1.1 项目管理的发展

1.1.1 项目管理的产生与发展

作为一种对一次性工作进行有效管理的活动，项目管理的历史源远流长。自从人类开始进行有组织的活动以来，就一直在执行着各种规模的项目。在古代，人们就进行了许多项目管理方面的实践活动，如中国的万里长城、埃及的金字塔、古罗马的供水渠等这些不朽的伟大工程都是历史上古人运作大型复杂项目的范例。有项目，自然就有项目管理的思想。例如，2000 多年前春秋战国时期的《考工记》就已规定："只要筑沟渠堤防，一定要先以匠人一天修筑的进度为参照，再以一里工程所需的匠人数和天数来预算这个工程的劳力，然后方可调配人力，进行施工。"这充分体现了项目管理"以计划为基础"的基本思想。

工程领域的大量实践活动极大地推动了项目管理的发展。首先是传统的项目和项目管理的概念，其主要起源于建筑行业，这是由于在传统的实践中，建筑项目相对其他项目来说，其一次性的组织实施特性使得组织实施过程表现得更为复杂。随着社会的进步和现代科技的发展，项目管理也不断得以完善，同时项目管理的应用领域也在不断扩充。现代项目与项目管理的真正发展可以说是大型国防工业发展所带来的必然结果，项目管理也被誉为美国军方对当代管理科学的十三项最大贡献之一。

因此，现代项目管理通常被认为是第二次世界大战的产物。美国的"曼哈顿计划""北极星导弹计划"与"阿波罗计划"等，是推动现代项目管理学科产生、发展与形成的基本背景。

20世纪40年代，由于第二次世界大战的推动，项目管理主要应用于国防和军工项目。典型的项目是美国第一颗原子弹的研制项目，美国军方将此任务作为一个项目来管理，命名为"曼哈顿计划"。美国退伍将军莱斯利·理查德·格罗夫斯（Lesle Richard Groves）在他后来所写的回忆录《现在可以说了》中详细记载了这个项目的始末。项目管理在这一阶段的特征是强调计划的协调与管理，因此产生了用甘特图制订计划的方法，甘特图今天已经成为项目管理的基本计划方法。

20世纪50年代后期到60年代，美国出现了关键路径法（CPM）和计划评审技术（PERT），项目管理的突破性成就就出现在这一时期。1957年，美国杜邦公司由于生产的需要必须昼夜连续运行。因此，每年杜邦公司都不得不安排一定的时间，停下生产线进行全面检修。过去的检修时间一般为125小时。后来，杜邦公司把检修流程精细分解，竟然发现在整个检修过程中所经过的不同路线上的总时间是不一样的。缩短最长路线上工序的工期，就能够缩短整个检修的时间。杜邦公司经过反复优化，最后只用78小时就完成了检修，时间节省率达到近38%，当年产生效益达100多万美元。这就是现代项目管理的核心方法——"关键路径法"的发展。在同一时期，美国海军特种计划局开始研制北极星导弹，这是一个军用项目，技术新、项目组织复杂，当时美国军方有近1/3的科学家都参与了这项工作。如此庞大的尖端项目，其管理难度可想而知。而当时的项目组织者提出了一个方法：为每个任务估计一个悲观的、一个乐观的和一个最可能情况下的工期，在"关键路径法"技术的基础上，用"三值加权"方法进行计划编排，最后竟然只用了4年时间就完成了预定6年完成的项目，时间节省率达到33%以上。这就是现代项目管理的核心方法"计划评审技术（PERT）"的发展。

20世纪60年代，美国实施的由42万人参加、耗资400亿美元的载人登月项目"阿波罗计划"，在应用CPM和PERT的基础上，基于阿波罗计划涉及的多部门、多专业以及众多单位参与的实际现状，提出了"矩阵组织"的管理技术，使得阿波罗计划取得巨大成功。此时，项目管理有了科学的系统方法和系统工具。现在，甘特图、CPM 和 PERT 技术、矩阵组织技术已被认为是项目管理的常规"武器"和核心方法。

20 世纪 70 年代，项目管理在新产品开发领域中扩展到了中型企业。到了 20 世纪 70 年代后期和 80 年代，越来越多的中小企业也开始引入项目管理，将其灵活地运用于企业管理的各项活动中。项目管理技术及其方法在此过程中逐步发展和完善，项目管理学科体系逐渐形成。此时，项目管理已经被公认为是一种有生命力并能实现复杂企业目标的良好方法。

20 世纪 90 年代以后，随着信息时代的来临和高新技术产业的飞速发展并成为支柱产业，项目的特点也发生了巨大变化，管理人员发现许多在制造业经济下建立的管理方法，到了信息时代已经不再适用。制造业经济环境下强调的是预测能力和重复性活动，管理的重点很大程度上在于制造过程的合理性和标准化。而在信息时代经济环境里，任务的独特性取代了重复性过程，信息本身也是动态的、不断变化的，灵活性成为新秩序的代名词。他们很快发现实行项目管理恰恰是实现灵活性的关键手段。他们还发现项目管理在运作方式上最大限度地利用了内外资源，从根本上改善了中层管理人员的工作效率。于是，企业纷纷采用这一管理模式，使之成为企业重要的管理手段。经过长期的探索总结，项目管理逐步发展成为独立的学科体系，并已形成系统的项目管理知识体系，成为现代管理学的重要分支。

总体来讲，项目管理在其发展过程中主要经历了三个阶段，如图 1-1 所示。

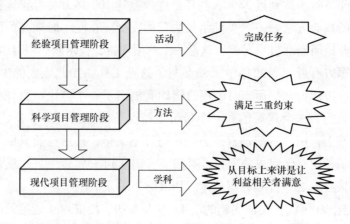

图 1-1 项目管理发展的三个阶段

（1）产生阶段，即古代的经验项目管理阶段。在这个阶段项目实施的目标是完成任务，如修建埃及的金字塔、古罗马的供水渠和中国的长城等，还没有形成行之有效的管理理念和计划方法，也没有科学的管理手段和明确的操作技术规范。

（2）形成和发展阶段，即近代的科学项目管理阶段。在这个阶段着重强调项目管理方法的应用，实现项目的时间、成本和质量三大目标。例如，利用关键路径法和计划评审技术对美国军事计划以及阿波罗登月计划的成功管理。

（3）成熟阶段，即如今的现代项目管理阶段。在这个阶段，项目管理除了实现时间、成本和质量三大目标外，管理范围不断扩大，应用领域进一步增加，与其他学科的交叉渗透和相互促进不断增强。同时，也强调面向市场和竞争，引入人本管理及柔性管理的思想，形成了系统的项目管理知识体系，并以项目管理知识体系所包含的内容为指导，向全方位的项目管理方向发展，项目成功的理念变为追求利益相关者的满意。

可以看出，项目管理科学的发展是人类生产实践活动发展的必然产物。从最原始的实践活动来看，人的本能及潜意识行为是以完成所给定的项目任务为其最终目标的，然而为了完成任务，人们的活动常常受到一定的限制，即对项目的实现需要在时间、费用与可交付物之间进行综合平衡。传统项目管理的概念就是基于实现项目的三维坐标约束而提出的一套科学管理方法，它追求的目标是在给定的费用限额下，在规定的时间内完成给定的项目任务。在这一界定条件下，传统项目管理着重在项目实施的环节中，更多地站在项目实施方的立场上，分析如何才能更好地完成项目。然而，项目管理涉及的利益相关者非常广泛，有投资方、设计方、承包方、监理方及用户方等。为此，项目管理工作中就必须充满多赢的思想，这也就是现代项目管理的理念。现代项目管理已经为项目管理的应用提供了一套完整的学科体系，其追求的目标是使项目参与方都得到最大的满意及项目目标的综合最优化。现代项目与项目管理是扩展了的广义概念，项目管理更加面向市场和竞争，注重人的因素、注重顾客、注重柔性管理，是一套具有完整理论和方法的基础学科体系。

应该说，项目管理是一种特别适用于责任重大、关系复杂、时间紧迫、资源有限的一次性任务的管理方法。目前在世界各国/地区，项目管理不仅普遍应用于建筑、航空、航天和国防等传统领域，而且已经在电子、通信、计算机、软件开发、制造业、金融业和保险业等行业，甚至是在政府机关和国际组织中，成为其运作的核心管理模式。比如，AT&T、Bell、USWest、IBM、EDS、ABB、NCR、华为、花旗银行、摩根士丹利、美国白宫行政办公室、美国能源部和世界银行等在其运营的核心部门都采用项目管理模式。

1.1.2 中国项目管理的发展

中国项目管理的发展最早起源于20世纪60年代华罗庚对于"统筹法"的推广，现代项目管理学科就是由于统筹法的应用而逐渐形成的。此外，我国在"两弹一星"的研制中推行的系统工程方法也是项目管理体系形成的重要基础。具体来说，中国项目管理的发展主要经历了以下四个阶段。

1. 项目管理方法的产生和引进

20世纪60年代初期，华罗庚教授引进和推广了网络计划技术，并结合我国"统筹兼顾，全面安排"的指导思想，将这一技术称为"统筹法"。当时，华罗庚组织并带领小分队深入重点工程项目中进行推广应用，取得了良好的经济效益。中国项目管理学科的发展就是起源于华罗庚对于"统筹法"的推广，中国项目管理学科体系也是由于统筹法的应用而逐渐形成的。20世纪80年代，现代化管理方法在我国的推广应用，进一步促进了统筹法在项目管理过程中的应用。此时，项目管理有了科学的系统方法，但当时主要应用在国防和建筑业，项目管理的任务主要强调的是项目在进度、费用与质量三个目标上的实现。

2. 现代项目管理体系的引进与推广

1984年，在我国利用世界银行贷款建设的鲁布革水电站工程中，日本建筑企业运用项目管理方法对这一工程的施工进行了有效管理，使得该工程的投资总额降低了40%，工期也大大缩短，取得了很好的效果。这给当时我国的整个投资建设领域带来了很大冲击，人们实实在在地看到了项目管理技术的作用。基于鲁布革工程的经验，1987年原国家计委、原建设部等五个部门联合发出通知，要求在一批试点企业和建设单位采用项目管理施工法，并开始建立中国的项目经理认证制度。1991年，原建设部进一步提出把试点工作转变为全行业推进的综合改革，全面推广项目管理和项目经理负责制。比如，在二滩水电站、三峡水利枢纽建设和其他大型工程建设中，都采用了项目管理这一有效手段，并取得了良好效果。

3. 项目管理专业学会及协会的成立

1991年6月，在西北工业大学等单位的倡导下，成立了我国第一个项目管理专业学术组织——中国项目管理研究委员会（Project Management Research Committee China，简称 PMRC），PMRC 的成立是中国项目管理学科体系开始走向成熟的标志。PMRC 自成立至今，每年都开展专业的项目管理学术活动，为推动我国项目管理事业的发展和学科体系的建立，为促进我国项目管理与国际项目管理专业领域的沟通与交流，起到了积极作用，特别是在推进我国项目管理专业化与国际化发展方面起到了非常重要的作用。目前，许多行业也纷纷成立了相应的项目管理组织，如中国建筑业协会工程项目管理委员会、中国国际工程咨询协会项目管理工作委员会、中国工程咨询协会项目管理指导工作委员会、中国宇航学会系统工程与项目管理专业委员会等，都是中国项目管理日益得到发展与应用的体现。

4. 项目管理的培训、普及与应用

2000 年后，随着 IPMP（国际项目经理资质认证）、PMP（项目管理资质认证）的引进与推广，项目管理培训得到普及，近 20 年的时间里参加项目管理培训的人数达到数百万人。同时，项目管理的应用向不同的行业领域扩展，企业项目化管理的思想也逐渐凸现。这一阶段最为典型的特征是中国项目管理知识体系的形成与发布，各行各业项目管理的应用得到普及。

1.2 项目

什么是项目？对于项目的定义，很多教科书或专家从许多不同的角度给出过。对于本书而言，项目的定义是从一般项目和广义的角度给出的。

1.2.1 项目的概念

项目，来源于人类有组织活动的分化。随着人类的发展，有组织的活动逐步分化为两种类型。一类是连续不断、周而复始的活动，人们称之为"作业（或运作）"（Operations），如企业日常生产产品的活动。另一类是临时性、一次性的活动，人们称之为"项目"（Projects），如企业的技术改造活动、一项环保工程、一次组织会议的实施等。

美国项目管理协会（PMI）对项目的定义为：项目是为提供某项独特产品、服务或成果所做的一次性努力。

国际项目管理协会（IPMA）对项目的定义为：项目是受时间和成本约束的、用以实现一系列既定的可交付物（达到项目目标的范围）、同时满足质量标准和需求的一次性活动。

国际知名项目管理专家罗德尼·特纳（J. Rodney Turner）认为：项目是一种一次性的努力，它以一种新的方式将人力、财力和物资进行组织，完成有独特范围定义的工作，使工作结果符合特定的规格要求，同时满足时间和成本的约束条件。项目具有定量和定性的目标，实现项目目标就是能够实现有利的变化。

美国著名的项目管理专家詹姆斯·刘易斯（James Lewis）博士认为：项目是指一种一次性的复合任务，具有明确的开始时间、明确的结束时间、明确的规模与预算，通常还有一个临时性的项目组。

综合来讲，我们给出项目的定义为：项目是特殊的将被完成的有限任务，它是一个组织为实现既定的目标，在一定的时间、人员和其他资源的约束条件下，所开展的满足一系列特定目标、有一定独特性的一次性活动。

由此可以看出，项目的定义包含如下三层含义。

（1）项目是一项有待完成的任务，有特定的环境与要求。这一点明确了项目自身的动态概念，即项目是指一个过程，而不是指过程终结后所形成的成果。例如，可以把一个新图书馆的建设过程称为一个项目，而不是把新图书馆本身称为一个项目。

（2）在一定的组织机构内，利用有限资源（人力、物力和财力等）在规定的时间内完成任务。任何项目的实施都会受到一定的条件约束，这些条件是来自多方面的，如环境、资源和理念等，这些约束条件成为项目管理者必须努力促其实现的项目管理的具体目标。在众多的约束条件中，质量（工作标准）、进度和费用是项目普遍存在的三个主要约束条件。

（3）任务要满足一定的功能、质量、数量和技术指标等要求。项目是否实现，能否交付用户，必须达到事先规定的目标要求。功能的实现、质量的可靠、数量的饱满以及技术指标的稳定，是任何可交付项目必须满足的要求，项目合同对于这些均具有明确、严格的要求。

在不同的项目中，项目内容可能会有千差万别。但项目本身有其共同的特点，这些特点可以概括如下：①项目由多个部分组成，跨越多个组织，因此需要多方合作才能完成；②通常是为了追求一种新产物才组织项目；③可利用资源事先要有明确的预算；④有严格的时间界限，并公之于众；⑤可利用资源一经约定，通常不再增加其他资源；⑥项目的构成人员来自不同专业的不同职能组织，项目结束后原则上仍回到原职能组织中；⑦项目的产物及保全或扩展通常由项目参加者以外的人员来进行。

从上述项目的定义可以看到，项目的外延是广泛的。大到长江三峡工程建设，小到组织一次会议之类的活动，均被称为一个项目。正像美国项目管理专业资质认证委员会主席保罗·格罗斯（Paul Gross）所讲："在当今社会中，一切都都是项目，一切也都将成为项目。"

1.2.2 项目的特征与属性

1. 项目的特征

项目是为提供某项独特产品、服务或成果所做的一次性努力，通过对项目概念的认识和理解，可以归纳出项目作为一类特殊的活动（任务）所表现出来的区别于其他活动的特征。

（1）项目的临时性。临时性是指每一个项目都有确定的开始和结束时间，当项目的目的已经达到，或者已经清楚地看到项目目的不会或不能达到时，或者项目的必要性已不复存在并已终止时，该项目即达到了其终点。临时性不一定意味着时间短，许多项目都要进行好几年。然而无论如何项目的期限都是有限的，项目不是持续不断的努力。

但是，临时性一般不适用于项目所产生的产品、服务或成果，大多数项目是为了得到持久的结果。项目还经常会产生比项目本身更久远的、事先想到或未曾预料到的经济、社会和环境后果。

（2）项目目标的明确性。人类有组织的活动都具有其目的性。项目作为一种特别设立的活动，也有其明确的目标。从上面对项目概念的剖析可以看出，项目目标一般由成果性目标与约束性目标组成。其中，成果性目标是项目的来源，也是项目的最终目标。在项目实施过程中，成果性目标被分解为项目的功能性要求，是项目全过程的主导目标。约束性目标通常又称限制条件，是实现成果性目标的客观条件和人为约束的统称，是项目实施过程中必须遵循的条件，从而成为项目实施过程中管理的主要目标。可见，项目的目标正是二者的统一，没有明确的目标，行动就没有方向，就不能成为一项任务，也就不会有项目的存在。

（3）项目的整体性。项目是为实现目标而开展的任务的集合，它不是一项孤立的活动，而是一系列活动的有机组合，从而形成一个完整的过程。强调项目的整体性，也就是强调项目的过程性和系统性。

2. 项目的属性

以上分析的是项目的外在特征，外在特征是其内在属性即项目本身所固有特性的综合反映。结合项目的概念,项目的属性可归纳为以下六个方面。

(1) 唯一性。又称独特性,这一属性是"项目"得以从人类有组织的活动中分化出来的根源所在,是项目一次性属性的基础。每个项目都有其特别的地方,没有两个项目是完全相同的。建设项目通常比开发项目更程序化,但不同程度的用户化是所有项目的特点。在存在风险的情况下,项目就其本质而言,不能完全程序化。项目经理之所以被人们强调为很重要,是因为他们有许多例外情况要处理。

(2) 一次性。由于项目的独特性,项目作为一种任务,一旦任务完成,项目即告结束,不会有完全相同的任务重复出现,即项目不会重复,这就是项目的"一次性"。但项目的一次性属性是对项目整体而言的,并不排斥在项目中存在着重复性的工作。

项目的一次性也体现在如下几个方面:①项目——一次性的成本中心;②项目经理——一次性的授权管理者;③项目组织——一次性的项目实施组织机构;④作业层——一次性的项目劳务构成。

(3) 多目标属性。项目的目标包括成果性目标和约束性目标。成果性目标是项目必须实现的,而约束性目标是项目管理者必须努力的方向。在项目过程中,成果性目标都是由一系列技术指标来定义的,同时都受到多种条件的约束,其约束性目标往往是多重的。因此,项目具有多目标属性。多目标属性的根源是使利益相关者满意。项目多个目标之间可以是相互协调、相互制约的,为了达到时间要求不得不降低功能要求,在尽量满足利益相关者要求的前提下,实现系统目标最优。如图1-2所示,也就是说,项目的总目标是多维空间的一个点。

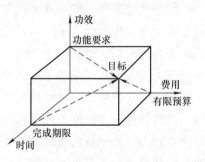

图1-2 项目的多目标属性示意图

(4) 生命周期属性。项目是一次性的任务,因而它是有起点也有终点的。任何项目都会经历定义、规划、实施和结束这样一个过程,人们常把这一过程称为项目的"生命周期"。项目的生命周期特性还表现在项目的全过程中概念阶段比较缓慢,规划、实施阶段比较快速,而结束阶段又比较缓慢的规律。

(5) 相互依赖性。项目常与组织中同时进展的其他工作或项目相互作用，但项目总是与项目组织的标准及手头的工作相抵触。组织中各事业部门（行政、财务、制造等）间的相互作用是有规律的，而项目与事业部门之间的冲突则是变化无常的。所以，项目经理应清楚这些冲突并与所有相关部门保持适当联系。项目是一个相互关联的系统，要用系统的观点和方法去组织项目。在一些冲突问题上，如果只考虑某方面工作的最优，则整体不一定最优。

（6）冲突属性。项目管理中唯一不变的是变化，不确定性贯穿项目整个生命周期，不确定性引起不一致性从而产生冲突。项目经理与其他经理相比，生活在一个更具有冲突特征的世界中。项目之间有为资源而与其他项目进行的竞争，也有为人员而与其他职能部门进行的竞争。项目组的成员在解决项目问题时，几乎一直处在资源和领导问题的冲突中。

由上面关于项目特征和属性的分析可以看出，在我们的社会中可以发现有各种各样的项目，埃及金字塔和中国万里长城的建设可以说是最早的"项目"，而真正把项目作为一个系统来进行管理却是由"曼哈顿计划"开始的。

1.2.3 项目的组成要素

项目的组成要素是指与项目本身活动有关的各个方面的总和，项目管理人员必须对项目的组成要素有正确的认识和足够的了解。一般来讲，项目由以下五个要素构成。

1. 项目范围

正确的范围界定是项目成功的关键，经验告诉我们，确定项目不做什么比确定项目做什么更为重要。从利益相关者的角度来看，范围是指项目中可交付成果的总和。有学者曾言："当项目有一个很差劲的范围界定时，不可避免的变化会使项目最终的成本提高，因为这些不可避免的变化会破坏项目节奏，导致重复工作、增加项目运行的时间、降低生产功效和工作人员的士气。"

2. 项目组织

项目组织是为完成项目而建立的组织，一般也被称为项目班子、项目管理班子或项目组等。项目组织的具体职责、组织结构、人员构成和人数配备等会因项目性质、复杂程度、规模大小和持续时间长短等而有所不同。项目组织可以是另外一个组织的下属单位或机构，也可以是单独的一个组织。

3. 项目质量

项目质量在很大程度上既不同于产品质量，也不同于服务质量。因为项目兼具产品和服务两个方面的特性，同时还具有一次性、独特性与创新性等自己的特性，所以项目质量的定义和内涵也具有自己的独特性。项目质量的独特性主要表现在如下两个方面。

（1）项目质量的双重性。项目质量的双重性是指项目质量既具有产品质量的特性又具有服务质量的特性，这是因为多数项目既会有许多产品成果也会有许多服务性成果。

（2）项目质量的过程特性。项目质量的过程特性是指一个项目的质量是在整个项目活动的全过程中形成的，是受项目全过程的工作质量直接和综合影响的。由于项目具有一次性和独特性，所以人们在项目的定义和决策阶段往往无法充分认识和界定自己明确和隐含的需求，项目的质量要求也在许多情况下无法比较明确和完全地确定下来，这一系列的要求都是在项目进行过程中通过不断修订和变更而最终形成的。

4. 项目成本

项目成本是指在为实现项目目标而开展的各种项目活动中所消耗资源形成的各种费用的总和，项目成本管理主要包括项目资源计划、项目成本估算、项目成本预算、项目成本控制和项目成本预测等。

5. 项目时间

项目时间至少应包括每项工作的计划开始日期和期望的完成日期。项目时间进度可以以提要的形式或者详细描述的形式表示，相关项目进度可以表示为表格的形式，但更常用的是以各种直观的图形方式加以描述。具体来说，主要的项目进度表示形式有带有日历的项目网络图、条形图（或称甘特图）、里程碑事件图和时间坐标网络图等。

1.3 项目管理

1.3.1 项目管理的概念

"项目管理"给人的最直观的理解就是"对项目进行的管理"，这也是其最原始的概念，它有以下两个方面的内涵：

（1）项目管理属于管理的范畴；

（2）项目管理的对象是项目。

然而，随着项目及其管理实践的发展，项目管理的内涵得到了较大的充实和发展,如今"项目管理"已是一种新的管理方式、一门新的管理学科的代名词。

"项目管理"一词有两种不同的含义,其一是指一种管理活动,即一种有意识地按照项目的特点和规律,对项目进行组织管理的活动;其二是指一种管理学科,即以项目管理活动为研究对象的一门学科,它是探求项目活动科学组织管理的理论与方法。前者是一种客观实践活动,后者是前者的理论总结;前者以后者为指导,后者以前者为基础。就其本质而言,二者是统一的。

美国项目管理协会(PMI)对项目管理的定义为:项目管理就是把各种知识、技能、手段和技术应用于项目活动之中,以达到项目的要求。项目管理是通过应用和综合诸如启动、计划、实施、监控和收尾等项目管理过程来进行的,项目经理是负责实现项目目标的个人。管理一个项目包括:①识别要求;②确定清楚而又能够实现的目标;③权衡质量、范围、时间和费用方面互不相让的要求;④使技术规定说明书、计划和方法适合于各利益相关者的不同需求与期望。

国际知名项目管理专家、《国际项目管理杂志》主编罗德尼·特纳提出,不要试图去定义一个本身就不精确的事物,因此他给出了一个很简练而泛泛的定义:项目管理既是艺术又是科学,它使愿景转变为现实。

美国著名的项目管理专家詹姆斯·刘易斯博士认为:项目管理就是组织实施对实现项目目标所必需的一切活动的计划、安排与控制。

综合上述定义,我们给出项目管理的定义为:项目管理就是以项目为对象的系统管理方法,通过一个临时性的专门的柔性组织,对项目进行高效率的计划、组织、指导和控制,以实现项目全过程的动态管理和项目目标的综合协调与优化。

项目管理贯穿于项目的整个生命周期,对项目的整个过程进行管理。项目管理是运用既规律又经济的方法对项目进行高效率的计划、组织、指导和控制的一种手段,并在时间、成本和技术效果上达到预定目标。

1.3.2 项目管理的核心思想

项目管理作为一种教给我们系统做事的方法,有效提升了企业各项任务实现的执行力。项目管理既是一种成功实现目标的良好方法,又是一种科学控制过程的有效手段。项目管理所表现出来的核心思想主要体现在以下几个方面：

（1）项目管理的核心理念是"以目标为导向""以团队为模式""以计划为基础""以控制为手段"以及"以客户为中心"。"以目标为导向"强调的是按项目进行管理必须明确任务的目标及其约束；"以团队为模式"强调的是基于团队高效协作的项目管理工作方式；"以计划为基础"强调的是目标实现首先必须是基于事先的有效计划；"以控制为手段"强调的是实现目标的过程必须加强动态的过程监控手段；"以客户为中心"强调的是项目管理的交付成果必须满足客户的需求。

（2）项目管理的管理方式具有"程序化、动态化、体系化、可视化"的特点。"程序化"反映了项目管理教给我们一步一步进行工作的程序化工作方法；"动态化"反映了项目管理的工作过程强调项目计划的不断调整和有效监控；"体系化"反映了项目管理具有完善的项目管理知识体系并以此作基础支撑；"可视化"反映了项目管理提供了一整套可视化的方法、图表、工具作为管理手段。

（3）项目管理的管理特征是"优化整合、责权结合"。"优化整合"是讲项目管理一方面强调企业内部资源的最优化发挥，另一方面强调如何用企业最小的资源整合最大化的社会资源；"责权结合"是项目管理模式的一种基本原则，强调在任务目标责任落实的基础上必须赋予项目经理调用所需资源的权力。

（4）成功项目管理的目标是"利益相关者的满意"。现代项目管理所强调的是全面的项目管理，所追求的不仅仅是项目的进度、费用及质量目标的完成，它还需要创造一种环境，以满足不同利益相关者的需求。"利益相关者的满意"成为现代项目管理成功的唯一衡量标准。

从未来企业的发展来看，我们认为"战略管理""项目管理"和"营销管理"将是最为重要的三门管理学科。"战略管理"是面向企业未来的发展，是企业发展的方向性问题，也是企业发展的核心。"项目管理"是面向成果实现的过程，项目管理是战略和营销中间的载体和过渡，它既是一种思维方式和工作方法，也是一种先进的文化理念。"营销管理"是面向成果，企业的产出及服务必须能够得到客户的认可，否则只有死路一条，这是企业发展的命脉。

1.3.3 项目管理的特点

与传统的部门管理相比，项目管理的最大特点是注重于综合性管理，并且项目管理工作有严格的时间期限。项目管理必须通过不完全确定的过程，在确定的期限内生产出不完全确定的产品。日程安排和进度控制常对项目管理产生很大的压力，具体表现在以下几个方面。

1. 项目管理的对象是项目或被当作项目来处理的运作

项目管理是针对项目的特点而形成的一种管理方式，因此其适用对象是项目，特别是大型的、比较复杂的项目。鉴于项目管理的科学性和高效性，有时人们会将重复性"运作"中的某些过程分离出来，加上起点和终点当作项目来处理，以便在其中应用项目管理的方法。实际上，这就是"项目化管理"的基本理念。

2. 项目管理的全过程都贯穿着系统工程的思想

项目管理把项目看成一个完整的系统，依据系统论"整体—分解—综合"的原理，可将系统分解为许多责任单元，由责任者分别按要求完成任务，然后汇总、综合成最终的成果。同时，项目管理把项目看成一个有完整生命周期的过程，强调部分对整体的重要性，促使管理者不要忽视其中的任何阶段，以免造成总体效果不佳甚至失败的结果。

3. 项目管理的组织具有特殊性

项目管理最为明显的一个特征是其组织的特殊性，其特殊性表现在以下几个方面。

（1）有了"项目组织"的概念。项目管理的突出特点是将项目本身作为一个组织单元，围绕项目来组织资源。

（2）项目管理组织的临时性。由于项目是一次性的，而项目的组织是为项目的建设服务的，项目终结了，其组织的使命也就完成了，项目管理组织也就解散了。

（3）项目管理组织的柔性化。所谓柔性，即可变的特性。项目的组织打破了传统的固定建制的组织形式，根据项目生命周期各个阶段的具体需要适时地调整组织的配置，以保障组织的高效、经济运行。

（4）项目管理组织强调其协调与控制职能。项目管理是一个综合管理过程，其组织结构的设计必须充分考虑到有利于组织各部分的协调与控制，以保证项目总体目标的实现。因此，目前项目管理的组织结构多为矩阵结构，而非直线职能结构。

4. 项目管理的体制是一种基于团队管理的个人负责制

由于项目系统管理的要求，需要集中权力以控制工作正常进行，因此项目经理是一个关键角色,他要具体负责项目的实施和项目成果的实现。但项目工作的实现是通过团队成员的共同努力而完成的,项目中的每一项工作都要落实其责任人,项目团队的每一位成员都有其所要完成的项目工作。责任分解和责任落实是项目团队管理的基本理念。

5. 项目管理的方式是目标管理

项目的实施具有明确的目标和约束,因此项目管理是一种多层次的目标管理方式。由于项目涉及的专业领域往往十分宽广,而任何项目管理者都无法成为所有专业领域的专家,对某些专业虽然有所了解但不可能像专门研究者那样深刻。因此项目管理者只能以综合协调者的身份,向被授权的专家讲明应承担工作的责任和意义,协商并确定目标以及时间、经费、工作标准的限定条件,具体的工作则由被授权者独立处理。同时,经常反馈信息、检查督促并在遇到困难需要协调时及时给予各方面的相关支持。可见,项目管理只要求在约束条件下实现项目的目标,其实现的方法具有灵活性。

6. 项目管理的要点是创造和保持一种使项目顺利进行的环境

有人认为,"管理就是创造和保持一种环境,使置身于其中的人们能在集体中一道工作以完成预定的使命和目标"。这一特点说明项目管理是一个管理过程,而不是技术过程,处理各种冲突和意外事件保证项目顺利进行是项目管理者的主要工作。

7. 项目管理的方法、工具和手段具有先进性、开放性

项目管理采用科学先进的管理理论和方法。比如采用网络图编制项目进度计划;采用目标管理、全面质量管理、价值工程、技术经济分析等理论和方法控制项目总目标;采用先进、高效的管理手段和工具,如使用电子计算机进行项目信息处理等。项目管理学科的发展是在不断吸收各种管理学科的核心理念与方法,项目管理也在实践应用过程中不断地创新与发展。

1.3.4 项目管理与作业管理

企业中有组织的活动可以分为两种类型,即项目(Project)和作业或称运作(Operation)。

作业在如下三个方面有明显的特点。

(1)产生且只产生两种类型的变化,产品本身的生产技术过程以及增加产量、扩大再生产的过程,并通过这两个过程来不断改善其性能。

(2)作业是以一系列混合的经济指标作为工作目标的,各指标的优先级常常是彼此矛盾的,特别是关于时间、成本和质量等方面的约束指标。

(3)作业包含多种资源,通常在某个经理的指导下通过现有的组织系统进行运作。作业不是单一的,而是重复地执行既定的工作任务的。

项目与作业最重要的不同点是一次性、独立性,两个极端的例子是罐头食品生产与航天飞行器的发射(或开发一种新食品罐头)。据此可以推导出项目与作业的诸多不同点,如表1-1所示。

表1-1 项目与作业的不同点

项 目	作 业
独一无二	重复
有限时间	无限时间(相对)
革命性的改变	渐进性的改变
目标之间不均衡	目标相对均衡
多变的资源需求	稳定的资源需求
柔性的组织	稳定的组织
效果性	效率性
以完成任务、达到目的为宗旨	以完成任务、指标为宗旨
风险和不确定性	经验性

(1)项目是独一无二的,作业是重复进行的。

(2)项目存在于一个有限的期间内,作业运作于一个长期稳定的环境中。

(3)项目所导致的是对事物产生一些根本性的变革、改观,而作业所带来的是改良性的、渐进性的改变。

(4)由于革命性(根本性)的变革,项目必然处于不平衡(非均衡)的状态,而作业总是强调处于动态均衡的状态。

(5)由于不平衡的产生,项目经理所考虑的关键是化解和分散问题,而作业经理的目标是通过平衡矛盾的指标来保持均衡。

(6)项目聘用的是短期(临时)人员,而作业则是建立稳定的队伍。

以上各点决定了项目管理充满了不确定因素,跨越了部门的界限,并且有严格的时间期限要求;而一般的作业管理则注重对效率和质量的考核,注重当前执行情况与前期进行比较。所以,两者的主要区别体现在以下几个方面。

首先,管理对象不同。项目管理的对象是一个或多个具有一次性、独特性的项目,管理的是有关项目的评估、决策、实施与控制;而作业管理的对象是企业生产和运营的决策、实施与控制等这些周而复始的日常作业。

其次,管理方法不同。项目管理的方法中有许多针对具体任务的管理技术与方法,而作业管理中有更多的部门协调、指挥命令等针对日常作业的滚动计划方法和工具。在典型的项目环境中,尽管一般的管理办法也适用,但管理结构须以任务(活动)定义为基础来建立,以便进行时间、费用和人力的预算控制,并对技术、风险进行管理。

再次,管理周期不同。项目管理的周期是一个项目的生命周期,这是有明确起点和终点的,而作业管理的周期则是周而复始的。

1.4 项目管理的核心内容

1.4.1 项目管理的两个层次

1. 企业层次的项目管理

在新的商业环境下,企业为了生存和发展,应对由于快速变化所带来的挑战,越来越多地引入项目管理的思想和方法,将企业中的各种任务按项目进行管理,不但对传统的项目型任务实行项目管理,而且还将一些运作型的业务当作项目对待,实行项目管理。随着企业中"项目化"的工作越来越多,企业每天面对的不仅仅是几个项目,而是成百上千个不断发生变化的项目。在多项目并存、快速变化和资源有限的情况下,企业就需要从企业战略层面,站在企业高层管理者的角度来考虑如何有效地对企业中的各项任务实行项目管理,如何从企业层面创造和保持一种使企业各项任务都能有效实施项目管理的企业组织环境和业务平台。因此,企业层次的项目管理,即企业项目管理的主导思想是按项目进行管理。

企业层面的项目管理关心的是企业所有项目目标的实现。一个企业在同一时间内可能会有很多项目需要完成,如何经济、高效地同时管理好众多项目是企业层面项目管理的核心问题。为了一些经济方面的原因和有效地使用资源,企业层面的项目管理常常采用多项目管理的方法,即一个项目经理同时管理多个项目。

企业项目管理的重点是企业项目管理体系的建立,主要涉及企业项目管理组织架构、企业项目管理制度体系、项目经理的职业化发展等,其成果是企业项目管理执行指南,这是企业项目管理的纲领性文件。

2. 项目层次的项目管理

项目层次的项目管理是指一般项目管理的范畴。随着项目管理的快速发展,与传统的项目管理相比,现代项目管理的范畴越来越丰富,表现在现代项目管理应用范围已不再局限于传统的建筑、国防和工程等领域,而扩展到了各种领域、各种项目都可使用的范围。现代项目管理理论认为,所有一次性、独特性和具有不确定性的任务都属于项目的范畴,都需要现代项目管理。此外,现代项目管理已经形成自己系统的知识体系,不仅很多国家已经推出本国的项目管理知识体系,同时随着项目管理国际化的发展,全球范围内互认的具有普遍意义的项目管理知识体系也已经形成。

因此,项目层次的项目管理关注的重点是单个项目的成功,如何通过计划、安排与控制等管理活动实现项目的目标,使项目利益相关者满意。

项目层次的项目管理的重点是建立项目管理操作手册,其主要涉及项目操作流程体系设计、项目管理的标准模板建立以及项目管理方法的应用。项目管理操作手册是项目经理和项目管理人员实施项目的业务操作指南,反映项目执行过程的各个方面,通过各种流程与表格予以体现,强调的是标准化、流程化的管理提升管理效率和项目成果的交付率。

1.4.2 项目管理的四个阶段

项目管理的四个阶段是基于项目生命周期的概念来进行划分的,对于一般的项目来说,项目生命周期可以分为四个大的阶段,即概念阶段、规划阶段、实施阶段及结束阶段。不同阶段的项目管理的内容是不相同的,项目管理的内容多以其生命周期过程为重点进行展开,这使得人们能够从开始到结束对整个项目的实施有个全面、系统而又完整的了解。如图1-3所示的就是从项目生命周期的角度,对项目的C、D、E、F四个阶段工作内容的概括描述。

但是,项目生命周期的阶段划分,不同的行业领域一般各不相同,有的划分成四个或五个阶段,有的甚至划分成九个或十个阶段。即使在同一应用领域内,不同的组织、不同的项目之间也有可能存在很大差别。例如,一个组织的软件开发项目生命周期阶段的划分可能只有一个设计阶段,而另一个组织却可能将其分为功能设计和详细设计两个单独的阶段。

一般来说,划分阶段的首要标志是项目工作的相同性。一般情况下,相

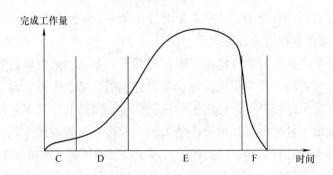

C—概念阶段	D—规划阶段	E—实施阶段	F—结束阶段
•明确需求、策划项目 •调查研究、收集数据 •确立目标 •进行可行性研究 •明确合作关系 •确定风险等级 •拟订战略方案 •进行资源测算 •提出组建项目组方案 •提出项目建议书 •获准进入下一阶段	•确定项目组主要成员 •项目最终产品的范围界定 •实施方案研究 •项目质量标准的确定 •项目的资源保证 •项目的环境保证 •主项目计划的制订 •项目经费及现金流量的预算 •项目的工作结构分解（WBS） •项目政策与程序的制订 •风险评估 •确认项目有效性 •提出项目概要报告，获准进入下一阶段	•建立项目组织 •建立与完善项目联络渠道 •实施项目激励机制 •建立项目工作包，细化各项技术需求 •建立项目信息控制系统 •执行WBS的各项工作 •获得订购物品及服务 •指导/监督/预测/控制：范围、质量、进度、成本 •解决实施中的问题	•最终产品的完成 •评估与验收 •清算最后账务 •项目评估 •文档总结 •资源清理 •转换产品责任者 •解散项目组

图 1-3 项目的生命周期及其主要工作

同性质的项目工作会划分在同一个项目阶段中，而不同性质的项目工作会划分在不同的项目阶段中。次要标志是项目阶段成果（项目产出物）的整体性，即一个项目阶段的全部工作应该能够生成一个自成体系的标志性成果，这种阶段性成果既是这个项目阶段的输出，也是下个项目阶段的输入，或者整个项目的终结。

一个具体的项目可以根据项目所属专业领域的特殊性和项目的工作内容等因素划分成不同的项目阶段。但对于一般项目而言，基本上都会经历概念阶段、规划阶段、实施阶段和结束阶段四个阶段。

1.4.3 项目管理的五个过程

任何项目都是由一系列项目阶段所构成的一个完整过程，而各个阶段又是由一系列具体活动所构成的具体工作过程。过程是指为了生成具体结果（可度量结果，如产品、成果或服务）而开展的相互联系的一系列行动和活动的组合。一个项目的过程又分为两种类型：一是项目的实现过程，是指人们为了创造项目的产出物而开展的各种业务活动所构成的整个过程，该过程是面向项目产品的过程，称为项目过程，一般由项目生命周期表述，并因应用领域不同而不同；二是项目的管理过程，是指在项目实现过程中，人们开展项目的计划、决策、组织、协调、沟通、激励和控制等方面活动所构成的过程。一般不同项目的实现过程有着相同或相似的项目管理过程，在一个项目的生命周期中，项目管理过程和项目实现过程从时间上是相互交叉和重叠的，从作用上是相互制约和相互影响的。

一般来说，项目管理过程是由五个不同的项目管理的具体过程（或阶段/活动）构成的，这五个项目管理的具体过程构成了一个项目管理过程的循环。一个项目管理过程循环中所包含的具体过程如图 1-4 所示。

图 1-4 中经过扩展的循环可以用于过程组内及其之间的相互关系中。规划过程组与

图 1-4　项目管理的五个过程及其循环

"计划—执行—检查—行动" PDCA 循环中的 "计划" 对应；执行过程组与 PDCA 循环中的 "执行" 对应；而监控过程组与 PDCA 循环中的 "检查" 和 "行动" 对应。此外，因为一个项目的管理是一种有限的努力，所以启动过程组是这些循环的开始，而收尾过程组是其结束。项目管理的综合性要求监控过程组与其他过程组的所有方面相配合。

（1）启动过程。启动过程又称开始过程，处于一个项目管理过程循环的首位。它所包含的管理活动内容有：确定并核准项目或项目阶段，即定义一个项目或项目阶段的工作与活动，决策一个项目或项目阶段的开始与否，或

决策是否将一个项目或项目阶段继续进行下去等。

(2) 规划过程。规划过程又称计划过程，主要是确定和细化目标，并为实现项目而要达到的目标和完成项目要解决的问题范围规划必要的行动路线。它所包含的管理活动内容有：拟定、编制和修订一个项目或项目阶段的工作目标、任务、计划方案、管理计划、范围规划、进度计划、资源供应计划、费用计划、风险规划、质量规划以及采购规划等。

(3) 执行过程。执行过程主要将人与其他资源进行结合，具体实施项目管理计划。它所包含的管理活动内容有：组织协调人力资源及其他资源，组织协调各项任务与工作，实施质量保证，进行采购，激励项目团队完成既定的各项计划，生成项目产出物等。

(4) 监控过程。监控过程又称控制过程，主要是定期测量并监视绩效情况，发现偏离项目目标和项目管理计划之处，采取相应的纠正措施以保证项目目标实现。它所包含的管理活动内容有：制定标准，监督和测量项目工作的实际情况，分析差异和问题，采取纠偏措施，整体变更控制，范围核实与控制，进度控制，费用控制，质量控制，团队管理，利益相关者管理，风险监控以及合同管理等。

(5) 收尾过程。收尾过程又称结束过程，主要是正式验收项目产出物（产品、服务或成果），并有序地进行结束项目或项目阶段。它所包含的管理活动内容有：制订项目或项目阶段的移交与接受条件，完成项目或项目阶段成果的移交，项目收尾和合同收尾，使项目或项目阶段顺利结束等。

在一个项目的实现过程中，即项目生命周期的任何一个阶段，都需要开展上述项目管理过程循环中的各项管理活动。因此，项目管理的五个具体过程是在项目阶段中不断地循环发生的。

一个项目过程循环中的五个具体管理过程之间具有特定的关系，首先它们之间是一种前后衔接的关系。各项目管理的具体过程都有自己的输入和输出，这些输入和输出就是各个具体管理过程之间的相互关联要素。一个项目管理具体过程的输出（结果）是另一个项目管理具体过程的输入（条件/依据），因此各个项目管理具体过程之间都有相应的文件和信息传递，并且这些具体过程之间的输入和输出有的是单向的、有的是双向循环的，这从图1-4中就可以看出。

一个项目管理过程循环中各个具体过程之间的关系，在时间上并不完全是一个过程完成后另一个过程才能够开始的关系，各个具体过程在时间上会有不同程度的交叉和重叠。图1-5展示了一个项目管理过程循环中各具体过程之间在时间上是如何交叉和重叠的。启动过程最先开始，但在其尚未完成之前，规划过程就已经开始了。监控过程在规划过程之前开始，因为监控过程中有很大一部分管理工作属于事前控制工作，因此它必须预先开始并在执行过程之间完成。收尾过程在执行过程尚未完成之前就已开始，这意味着结束工作中涉及的许多文档准备工作可以提前开始，在执行过程完成以后所开展的结束过程工作就只剩下移交性工作了。

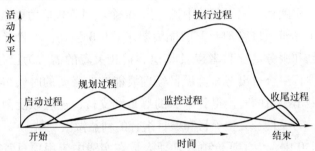

图1-5 项目管理五个过程的交叉与重叠

1.4.4 项目管理的十个领域

现代项目管理知识体系包括很多方面的内容，这些内容可以按照多种方式去组织。美国项目管理协会（PMI）从不同的管理职能角度，将现代项目管理知识体系划分为十个知识领域，包括项目整合管理、项目范围管理、项目时间管理、项目成本管理、项目质量管理、项目人力资源管理、项目沟通管理、项目风险管理、项目采购管理和项目利益相关者管理，如图1-6所示。

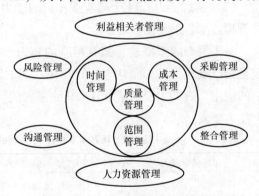

图1-6 项目管理的十大知识领域

项目管理的十大知识领域是不同性质、不同规模、不同行业进行项目管理的通用核心内容，也是任何组织推行项目管理、建立项目管理制度体系的核心内容。

1.4.5 项目管理的29个能力要素

为了促进项目经理的职业化发展并为项目管理从业人员提供一套能力提升的基准，IPMA（国际项目管理协会）推出了国际项目管理专业资质能力基准（IPMA Competence Baseline，ICB）。ICB 中对项目经理的从业能力进行了分类界定，对项目管理资质认证所要求的能力标准进行了定义和评价。ICB 将项目管理能力定义为：知识＋经验＋个人素质，ICB 4.0 从与情景相关、与人相关和与实践相关三大范畴中挑选出 29 个项目管理能力要素，来阐明从事项目管理工作对项目管理专家的能力要求。ICB 强调，项目经理应该以满足客户、产品和服务的交付者以及其他利益相关者的需求为己任，为项目、大型项目和项目组合付出努力。项目经理要能够在必要的时候得到专家的帮助，并且在做出决策的时候得到专家的尊重和支持，还应该能激励专家运用知识和经验，为项目、大型项目和项目组合的利益做出贡献。

在 ICB 4.0 中，为了评价项目管理人员在实践中应用项目管理的总体专业能力，其对项目经理的能力要素归纳如下。

（1）情景能力：五个与情景相关的能力要素，涉及理解适合管理项目情景的能力。

（2）人际能力：十个与人相关的能力要素，涉及处理在项目中与人相关的社会能力及人际关系能力。

（3）实践能力：14 个与实践相关的能力要素，涉及在项目实践中应用项目管理技术、工具的能力。

对于每个能力要素，都有相应的知识和经验要求。ICB 认为，知识不仅仅是指准确地记忆，而且应该知晓相互间的联系，了解在实际项目管理环境中的应用。表 1-2 展示了 ICB 4.0 的三大能力要素模块以及它们所包含的 29 个能力要素。

表1-2　ICB 4.0 中项目经理的29个能力要素

	1. 情景能力		2. 人际能力		3. 实践能力
1.01	战略（Strategy）	2.01	自我反思与自我管理（Self-reflection and self-management）	3.01	项目策划（Project/Program/Portfolio/Design）
1.02	治理、结构与过程（Governance, structures and processes）	2.02	诚实与可靠性（Personal integrity and reliability）	3.02	资源（Resources）

(续)

1. 情景能力		2. 人际能力		3. 实践能力	
1.03	遵守的标准与规则（Compliance, standards and regulations）	2.03	人际沟通（Personal communication）	3.03	需求、目标与收益（Requirements and objectives and benefits）
1.04	权力与利益（Power and interest）	2.04	关系与参与（Relations and engagement）	3.04	采购（Procurement）
1.05	文化与价值（Culture and values）	2.05	领导力（Leadership）	3.05	范围（Scope）
		2.06	团队工作（Teamwork）	3.06	计划与控制（Plan and control）
		2.07	冲突与危机（Conflict and crisis）	3.07	时间（Time）
		2.08	智谋（Resourcefulness）	3.08	风险与机会（Risk and opportunities）
		2.09	谈判（Negotiation）	3.09	组织及信息（Organization and information）
		2.10	结果导向（Result orientation）	3.10	利益相关方（Stakeholders）
				3.11	质量（Quality）
				3.12	变更与转换（Change and transformation）
				3.13	财务（Finance）
				3.14	选择与平衡（Select and balance）

ICB 4.0 中对每一项能力要素从以下几个方面进行了描述，包括定义、目的、描述、相关的知识要求、相关的技能和才能要求、涉及的其他能力要素、主要能力指标的描述与测量。ICB 对于项目经理对自身能力的评估与提升具有实际的指导价值，也是企业项目经理能力培养的基准参考。

1.5 项目管理的专业化与项目经理的职业化发展

1.5.1 概述

1. 项目管理的专业化发展

美国 Standish Group（斯坦迪集团）1994 年对超过 8 400 个项目的研究表明，只有 16% 的项目实现了其目标，50% 的项目需要补救，34% 的项目彻底失败。美国国防部 20 世纪 70 年代中期专门针对软件项目失败原因所做的大规模调查显示，70%的失败软件项目都是因为管理不善造成的，而并不是技术实力不够。20世纪90年代，据美国软件工程实施现状的调查，大约只有10%的项目能够在预定的费用和进度下交付。因此我们得出一个结论，即影响项目全局的因素是管理，而技术只影响局部。

J. D. Frame博士于1997年对438位项目工作人员进行了调查，结果表明，项目失败的比例也非常高。根据他的分析，大多数项目的问题来源于以下四个方面的原因之一：①组织方面出现问题；②对需求缺乏控制；③缺乏计划和控制；④项目执行方面与项目估算方面存在问题。

然而，分析项目成功率低的深层次原因，关键是项目负责人的观念以及对项目管理方法的应用和理解。从项目管理的应用来看，项目管理人员更多的是从技术骨干中培养起来的，他们在项目的专业技术上堪称一流，但他们缺乏系统的项目管理知识和丰富的项目管理经验。基于这一深层次原因，国际上逐渐提出了项目管理专业化发展的概念，认为项目管理应该有其自身的系统理论，项目管理从业人员应该具有专业化的项目管理知识，以促进项目管理的成功。

项目管理的专业化发展可以说最早起源于工程建设领域，英国皇家特许建造师学会（CIOB）是这一专业化发展的促进者。之后，随着信息技术的日益应用和发展，项目管理在这一具有典型项目特征的领域也得到了广泛应用，美国项目管理协会（PMI）在促进这一领域项目管理的专业化发展中起到了巨大的促进作用。微软、苹果、IBM、AT&T和朗讯等著名信息领域的企业是项目管理专业化的实践者和最大受益者。

国际上很早就提出了项目管理专业化发展的概念，以促进项目管理的成功，其主要观点：一是认为项目管理应该有其自身的系统理论；二是认为项目管理从业人员应该具有专业化的项目管理知识。

2. 项目经理的职业化发展

作为项目执行的实际领导者，项目经理对项目实施的成败起到非常关键的作用，项目管理的专业化发展就使得项目经理的职业化发展成为一种趋势。其主要原因在于，丰富的项目管理经验是管理好一个项目的基础，专业化的项目管理知识是项目成功的保证。一个项目经理的成长是一个漫长的过程，需要经过许许多多成功与失败项目的系统总结，需要具有应用项目管理工具和方法的基本技能，更需要具有克服重重困难和综合协调的勇气和能力。项目经理的职业化发展使得项目管理人员在职业生涯的规划中，可以将自己的一生就定位在管理大大小小的项目中，从一个小的项目经理逐渐成长为一个大的项目经理，而不是最终脱离项目去担任职能部门的经理。

项目经理的职业化发展对于提高项目管理人员的项目管理能力、发展他们的项目管理职业道路以及树立项目管理的职业荣誉感具有重要作用，它改变了过去拯救困难项目为英雄行为的观点，转而鼓励项目经理从一开始就胜任自己的工作，并善始善终。美国 AT&T 公司在 1988 年就提出了其项目经理职业化发展的方案构架，并得到了有效实施，这也使得其成为行业中项目管理的领先者。

我国项目经理的职业化发展最早也是起源于工程建设领域，20 世纪 80 年代中期鲁布革工程的实施有效地促进了工程项目管理的发展，项目经理责任制有效地促进了项目经理职业化的发展。目前，在建筑工程领域已经培养了超百万名项目经理，其中获得住建部资质的项目经理及建造师就有 80 万人之多，这是我国工程项目经理职业化发展的最好写照。在其他行业领域，项目经理职业化发展的思路也逐渐清晰。国防及 IT 领域中项目管理的应用与扩展，促进了该行业项目经理的职业化发展，从而带动了我国项目经理职业化应用领域的有效发展。

1.5.2　国际项目经理资质认证简介

1. 国际项目管理证书体系的发展

（1）概述。项目管理证书体系的发展是伴随着项目管理科学体系的发展和应用的需要而产生的，其主要是为了证明项目管理从业人员的能力及资质水平。在国际上，最早是在 1984 年由美国项目管理协会（PMI）提出的项目管理专业人员 PMP 认证，随后英、法、德等国也纷纷提出了相应的证书体系，国际项目管理协会（IPMA）于 1996 年在各个国家证书发展的基础上提出了国际项目管理专业资质能力基准（ICB），世界各国开展的国际项目经理资质认证（International Project Manager Professional，IPMP）就是基于这一能力基准进行的。

在国际上，一般人们都认为 PMI 的项目管理知识体系"PMBOK®指南"是针对项目而言的，它强调的是进行项目管理所必须掌握的知识，是人们进行项目管理的方法基础，所以 PMP 更注重从业知识的考核；IPMA 的 ICB 是针对人建立的，它强调的是对从事项目管理的人所应具备的能力要素，是一个对人的能力进行综合考核的评判体系，所以 IPMP 更注重从业能力的考核。

(2) 国际上主要的两大证书体系。

1) PMI 的 PMP。PMI 在 1984 年设立了项目管理资质认证制度（PMP），1991 年正式推广。PMP 认证的基准是美国的 PMBOK®，其将项目管理的知识领域分为十大模块，即范围管理、时间管理、成本管理、质量管理、人力资源管理、风险管理、沟通管理、采购管理、利益相关者管理和整合管理。

首先，PMP 的申请者必须通过对项目管理经历的审查。报考者必须具有学士学位或同等大学学历，并且必须有三年以上、4 500 小时以上的项目管理经历；报考者如果不具备学士学位或同等大学学历，必须持有中学文凭或同等中学学历证书，并且至少具有 7 500 小时的项目管理经历。其次，要求申请者必须经过笔试考核，主要是针对 PMI 的 PMBOK® 中的十大知识模块进行考核，要求申请者参加并通过包括 200 道选择题的考试。通过标准为考生需要在 175 道试题中答对 61% 或以上的试题，这 175 道试题是从 200 道试题中随机删除 25 道试题后生成的。

2) IPMA 的 IPMP。IPMP 是 IPMA 在全球推广的四级证书体系的总称，是 IPMA 于 1996 年开始提出的一套综合性资质认证体系，1999 年正式推出其认证标准 ICB 1.0，2016 年推出 ICB 4.0，目前已经有近 70 个国家开展了 IPMP 的认证与推广工作。IPMA 的 70 多个会员国都参与到 ICB 能力基准 4.0 版的编辑工作中，这确保了所有会员国组织对于项目管理能力的要求和实践经验都能在 ICB 4.0 中得以反映。ICB 4.0 中项目管理专业人员的能力被划分为 29 个能力要素，包括五项与情景相关的能力要素、十项与人相关的能力要素以及 14 项与实践相关的能力要素。

IPMA 能力基准是各成员国开展认证工作的基础，各国认证委员会可以运用这些能力要素来评估申请者。通过在 ICB 中增加特殊能力要素与内容的方式，国家间的文化差异在国家能力标准（NCB）中就可以得以体现。各国的国家能力标准必须通过 IPMA 的审核，这样就可以保证各国的认证体系都与 ICB 保持相对一致。

各国通过 IPMP 认证的人员由各国统一向 IPMA 进行注册，并且公布在 IPMA 的网站以及 IPMA 的认证年报（IPMA Certification Yearbook）上。

2. IPMP 四级证书体系简介

国际项目经理资质认证（IPMP）是 IPMA 在全球推行的四级项目管理专业资质认证体系的总称。IPMP 是对项目管理人员知识、经验和能力水平的综合评估证明，根据 IPMP 认证等级划分获得 IPMP 各级项目管理认证的人员，将分别具有负责项目组合、大型项目、一般项目或具有从事项目管理专业工作的能力。

IPMA 依据 ICB 针对项目管理人员专业水平的不同，将项目管理专业人员资质认证划分为四个等级，即 A 级、B 级、C 级和 D 级，每个等级分别授予不同级别的证书，如表 1-3 所示。

表 1-3 IPMP 四级证书体系

头衔	能力	认证程序			有效期
		阶段1	阶段2	阶段3	
国际特级项目经理 Certified Projects Director(IPMA Level A)	能力＝知识＋经验＋个人素质	A	申请表 履历 项目清单 证明材料 自我评估	项目群管理报告	面试	5年
国际高级项目经理 Certified Senior Project Mamager (IPMA Level B)		B		项目报告		
国际项目经理 Certified Project Manager (IPMA Level C)		C		笔试 二选一： 案例研讨或短项目报告		
国际助理项目经理 Certified Project Management Associate (IPMA Level D)	知识	D	申请表 履历 自我评估	笔试		

IPMP 认证的特点是注重能力考核，能力＝知识＋经验＋个人素质是其基本定义，IPMP C 级以上考核级别越高对于经验的要求越严格。IPMP 笔试考核注重解决实际问题的能力，并且试题考核以案例为导向。Workshop（工作坛）与案例报告是 IPMP 特有的考核形式，对于应试者个人素质及解决问题的能力考核非常重要。IPMP 面试着重于对应试者综合素质的考核，全面了解应试者从事项目管理的理念。

由于各国管理文化的不同，IPMA 允许各成员国的项目管理专业组织结合本国特点，参照 ICB 增加适合本国文化与管理特点的考核要素，这一工作授权给代表本国加入 IPMA 的项目管理专业组织完成。

中国项目管理研究委员会（PMRC）是 IPMA 的成员国组织，并代表中国加入 IPMA 成为 IPMA 的会员国组织，IPMA 已授权 PMRC 在中国进行 IPMP 的认证工作。PMRC 已经根据 IPMA 的要求建立了"中国项目管理知识体系（C－PMBOK）"及"国际项目经理资质认证中国标准（C－NCB）"，这些均已得到 IPMA 的支持和认可。PMRC 作为 IPMA 在中国的授权机构，于 2001

年 7 月开始在中国全面推行国际项目管理专业资质的认证工作，截至 2017 年，已经有超过 5 万人获得了 IPMP 证书。

1.5.3 项目管理与职业发展

著名管理顾问汤姆·彼特斯（Tom Peters）指出，"在当今纷繁复杂的世界中，项目管理是成功的关键"。

美国《财富》杂志指出，"项目管理将成为 21 世纪的最佳职业，项目管理专业人员将成为各国争夺人才的热点"。

在现实的工作和生活中，我们发现，很多人做事缺乏计划性和有效性。同样的一件事情，那些善于计划、思考并有效执行的人做得相对就会比较圆满，反之则会浪费很多资源和时间，结果却事与愿违，不尽如人意！"系统计划，高效做事"不但是在校大学生必备的素质，也是职场人士特别是管理者必备的职业素质之一。

项目管理所强调的系统的思维能力和做事能力将有助于职业生涯的发展。系统的思维实际上就是看待问题的角度、观念和思路的系统性与整体性，要求完整和全面，强调的是基于系统的观念分析与处理问题。系统思维能力的核心涉及：把混乱的东西条理化，强调的是系统的思维；把条理的东西合理化，强调的是科学的管理；把合理的东西细分化，强调的是细节的落实；把细分的东西有机化，强调的是和谐的平衡；把有机的东西最优化，强调追求的目标是"多、快、好、省"。

系统的做事能力是指如何有效地完成一件有待完成的任务的工作能力，这涉及：如何在给定的时间、资源及费用等各种约束下，按期实现任务的目标；如何根据任务的目标、范围及时间要求，制订一份有效的任务实施计划；如何在任务执行的过程中进行有效监控；如何分析任务实施过程中的不确定性和风险，以便更好地完成任务的目标。这些就是系统做事能力的体现，是一个管理者应该具备的基本素质能力，也是任何一个项目经理日常生活中应该具备的基本能力。

项目管理将有助于职业道路的成长，如图 1-7 所示，如果具备了系统的项目管理知识，你将更具有成为企业高层领导的潜力。实际上，项目管理是从技术岗位走向管理岗位的桥梁。

当然，项目经理的能力要求是一个综合的系统能力问题，甚至比专业的职能管理具有更高的要求。个人项目管理能力的提升需要通过多方面进行完

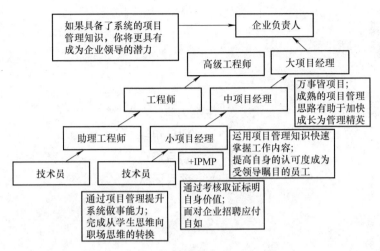

图 1-7　项目管理的职业成长道路

善,但改变观念从而接受项目管理的思维理念是其核心所在。系统地学习项目管理知识体系将有助于树立项目管理的思维理念,有意识地按照项目管理的思维方式去做事将会不断提升自己完成任务的效率。

基于项目经理在企业中的重要价值和项目中的重要角色,项目经理必须不断提升自己的管理能力,以不断促进自己职业生涯的发展。要成为一名优秀的项目经理,参加专业权威的项目经理认证也是必不可少的,行业协会组织的专业认证通常是项目经理能力在专业领域达到某一水平的重要证明和标志。国际上最具权威的项目管理认证当属 IPMA 的 IPMP 认证,这是一个适应多层次、多级别的全球认证,适应项目经理的职业发展需求。从担任项目中的一个角色,到负责一般项目、大型项目,再到项目群的管理的角色,这一认证均有对应的认证级别。

总体来讲,项目经理是企业项目化管理的基石,是项目任务的责任主体,是团队管理的灵魂,是项目目标的管控者,是企业执行力提升的组织者。所以,项目经理应该不断地提升自己的管理能力,并使自己的能力得到行业及专业的认可,才能更好地促进自己的职业发展,并在企业管理效率与效益的提升中体现自己的价值。

主要内容
- ➤ 项目组织
- ➤ 项目经理
- ➤ 项目团队

第 2 章

项目组织与团队管理

本章学习目标

本章主要介绍了项目组织与团队管理的基本理念和核心理论,使读者对项目管理的组织形式、项目经理的能力要求及项目团队的激励理论有一个整体的认识。本章内容包括项目组织的概念、项目管理的组织形式,项目经理的责任与权力、素质与能力要求,项目团队的概念、项目团队的发展、团队管理的激励理论。

- 重点掌握:项目管理的组织形式、项目经理的责任与权力、项目团队的发展与建设。
- 一般掌握:项目组织形式的选择、项目经理的素质与能力要求。
- 了解:组织的概念、团队管理的激励理论。

2.1 项目组织

一个项目一旦确立,首先将面临两个问题:一是必须确定项目与公司的关系,即项目的组织结构;二是必须确定项目内部的组织构成。这就是项目组织管理要解决的问题。一般来讲,组织是在共同目标指导下协同工作的人群组成的社会实体单位。从动态角度来看,它又是建立一定的机构,通过分工合作而协调配合人们行为的组织活动过程。项目能否顺利实施,受到其所在组织的影响。项目所在的组织结构不同,对项目资源及运行效率的影响也将不同。传统的直线制或职能制组织结构下,因为项目的实施,对组织原有的结构提出了新的功能要求。为了顺应项目运作的需要,传统意义上的组织结构发生了一定的改变,于是就出现了我们现在的有项目运作的职能式组织和颠覆性的组织形式——项目式组织,以及融合职能式和项目式特点的矩阵组织。此处需要澄清的一点是,本书所讲到的职能式组织、项目式组织和矩阵式组织是指相对于企业原有组织来讲项目运作所具有的组织结构形式,反映的是项目与所在组织的关系,称为"项目的组织结构",而非项目内部的组织设计。项目组织的形式对于项目经理实施控制项目的权力有很大影响,也影响到项目管理的成效。

2.1.1 职能式组织

职能式组织是指企业按职能以及职能的相似性来划分部门。例如,一般企业要生产市场需要的产品就必须具有计划、采购、生产、营销、财务和人事等职能，于是企业在设置组织部门时就按照职能的相似性将所有计划工作及相应人员归为计划部门，将从事营销的人员归营销部门等，企业便有了计划、采购、生产、营销、财务和人事等部门。

职能式项目组织形式是企业在进行项目工作时，各职能部门根据项目的需要承担本职能范围内的工作。也就是说，企业主管根据项目任务的需要从各职能部门抽调人员及其他资源组成项目实施组织，如果要开发新产品就可能从营销、设计及生产部门各抽调一定数量的人员形成开发小组。这样的项目实施组织特点：一是小组成员完成项目中需本职能完成的任务，同时他们并没有脱离原来的职能部门，其项目实施的工作多属于兼职工作性质；二是项目中各种职能的协调只能由处于职能部门顶部的部门主管或经理来协调；三是项目实施没有专门的项目主管负责项目的实施。例如上述新产品开发项目，若营销人员与设计人员发生矛盾，只能由营销部门经理与设计部门经理来协调处理。同样地，各部门调拨给项目实施组织的人员及资源也只能由各部门主管或经理决定。职能式组织适合公司的内部需要协调工作较少的、规模较小的项目，特别是以某一职能部门工作为主的项目。职能式组织如图2-1所示。

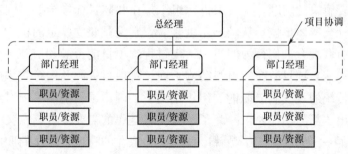

图2-1　职能式组织

例如，某儿童玩具厂主要生产面向0~3岁儿童的玩具，该企业是以职能式作为企业的组织结构。目前，高管层决定在一款儿童玩具汽车上增加新的功能，于是将玩具汽车改造这一项目各部分的工作分配给相应的部门。每个部门按照自己的职能分头完成项目各部分的工作：设计部负责产品功能及外形的修改设计；生产部根据新产品的功能及外观计划新的模具及部件的生产；营销部门则估算新产品的市场、价格及销售渠道等。

1. 职能式组织的优点

（1）有利于企业专业技术水平的提升。由于职能式组织是以职能的相似性来划分部门的，同一部门的人员可以交流经验及共同研究，有利于专业人才专心致志地钻研本专业领域的理论知识，积累经验与提高业务水平。

（2）资源利用的灵活性与低成本。在职能式组织中，项目实施组织中的人员或其他资源仍归职能部门领导，因此职能部门可以根据需要分配所需资源，而当某人从某项目退出或闲置时，部门主管可以安排他到另一个项目中去工作，这样可以降低人员及资源的闲置成本。

（3）有利于从整体协调企业活动。由于每个部门或部门主管只能承担项目中本职能范围的责任，并不承担最终成果的责任，同时每个部门主管都直接向企业主管负责，因此要求企业主管从企业全局出发进行协调与控制。因此，有学者说这种组织形式"提供了在上层加强控制的手段"。这种从整体上对组织的控制，有利于企业的长远发展和稳定性。

2. 职能式组织的缺点

（1）协调的难度。由于项目实施组织没有明确的项目经理，而每个职能部门由于职能的差异性及本部门的局部利益，因此容易从本部门的角度去考虑问题，这会影响企业整体目标和项目目标的实现。

（2）项目组成员责任淡化。由于项目实施组织成员只是临时从职能部门抽调而来，有时工作的重心还在职能部门，因此很难树立积极承担项目责任的意识，这种职能式组织不能保证项目责任的完全落实。

（3）对于环境适应性差。如果项目处于多变的环境中，职能式组织很难快速依据客户的需求来对各种资源进行协调，从而降低了顾客的满意度。

2.1.2 项目式组织

与职能式组织截然相反的是项目式组织，相对公司现有的组织，项目式组织是从公司组织中分离出来作为独立的单元，有其自己的技术人员和管理人员。项目式组织按项目来划归所有资源，即每个项目有完成项目任务所必需的所有资源，每个项目实施组织有明确的项目经理，他是每个项目的负责人，对上直接接受企业主管或大项目经理的领导，对下负责本项目资源的运用以完成项目任务。每个项目组之间相对独立。

项目式组织形式如图2-2所示，图中展示了某企业有A、B、C三个项目，企业主管则按项目A、B、C的需要获取并分配人员及其他资源，形成三个独立的项目组 A、项目组 B、项目组 C，项目结束以后项目组随之解散。这种组织形式实际上是在原有的组织结构上增加了三个基于项目的独立组织。项目式组织形式一般适用于项目规模大、需要集中资源攻关的项目，当公司项目数量较少时也可以采用这种组织形式以确保项目的快速实施。

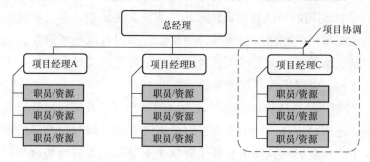

图 2-2 项目式组织

图 2-3 为 Ajex 快速运输项目公司的项目式组织结构，该公司的业务是向城市和乡村提供快速运输服务，每个项目团队致力于一个项目。完成项目后，团队成员要么被分派到另一个项目中去，要么被解雇。每个项目就如同一个卫星公司那样运作，完成每个项目目标所需的所有资源完全分配给这个项目，专门为这个项目服务，专职的项目经理对项目团队拥有完全的项目权利和行政权力。

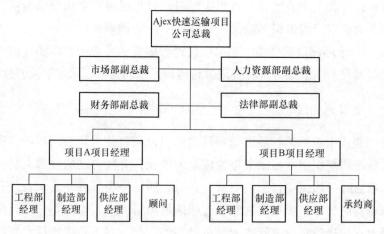

图 2-3 Ajex 公司的项目式组织

1. 项目式组织的优点

（1）目标明确及统一指挥。由于项目式组织是基于项目而组建的，圆满完成项目任务是项目组织的首要目标。而每个项目成员的责任及目标也是通过对项目总目标的分解而获得的,同时项目成员只受项目经理领导,不会出现多头领导的现象。

(2) 有利于项目控制。由于项目式组织按项目划分资源,项目经理在项目范围内具有比较绝对的控制权,因此从项目角度讲有利于项目进度、成本和质量等方面的控制与协调。

2. 项目式组织的缺点

(1) 机构重复及资源闲置。项目式组织按项目所需来设置机构及获取相应的资源,这样一来就会使每个项目都有自己的一套机构,这就造成了机构重复设置。当这些资源闲置时,其他项目也很难利用这些资源,造成闲置成本很大。

(2) 不利于企业专业技术水平的提高。项目式组织并没有给专业技术人员提供同行交流与互相学习的机会,企业也很难集中对专业技术人员进行全面系统的培训,只注重于项目中所需的技术水平,因此不利于形成专业人员钻研本专业业务的氛围。

(3) 不稳定性。项目的一次性特点使得项目式组织随项目的产生而建立,也随项目的结束而解体,因此从企业整体角度讲企业的资源及结构会不停地发生变化。而在项目组织内部,由新成员刚刚组建的组织会发生相互碰撞而不稳定,随着项目进程的进展而进入相对稳定期。但在项目快结束时项目成员预见到项目的结束时,都会为自己的未来做相应的考虑,使得"人心惶惶",而又进入不稳定期。

2.1.3 矩阵式组织

职能式组织和项目式组织各有其优缺点,而且职能式组织的优点与缺点正好对应项目式组织的缺点与优点。如何建立一种组织既有两种组织的优点又能避免两种组织的缺点呢?矩阵式组织则能较好地解决这一问题。矩阵式组织的特点是将按照职能划分的纵向部门与按照项目划分的横向部门结合起来,以构成类似矩阵的管理系统。矩阵式组织首先在美国军事工业中实行,它适应于多品种、结构工艺复杂、品种变换频繁的场合。如图2-4所示是航天五院的矩阵式组织图。

当很多项目对有限资源的竞争引起对职能部门资源的广泛需求时,矩阵式管理就是一个有效的组织形式。在矩阵式组织中,项目经理在项目活动的

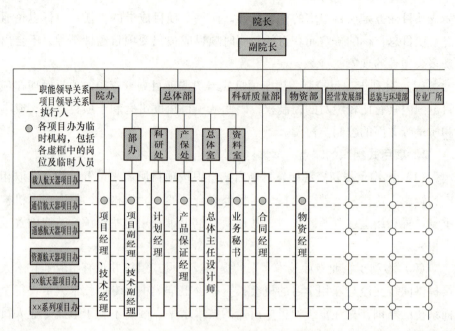

图 2-4　航天五院矩阵式组织结构

内容和时间方面对职能部门行使权力，而各职能部门负责人决定"如何"支持。每个项目经理要直接向最高管理层负责，并由最高管理层授权。而职能部门则从另一方面来控制，对各种资源做出合理的分配和有效的控制调度。职能部门负责人既要对他们的直线上司负责，也要对项目经理负责。

1. 矩阵式组织的基本原则

（1）必须有一个人花费全部的时间和精力用于项目或关注项目目标，有明确的责任制，这个人通常就是项目经理。

（2）必须同时存在纵向和横向两条通信渠道，无论项目经理之间还是项目经理与职能部门负责人之间，都要有确切的通信渠道和自由交流的机会。

（3）要从组织上保证有迅速有效的办法来解决矛盾。

（4）各个项目经理都必须服从统一的计划。

（5）无论是纵向还是横向的经理（或负责人）都要为合理利用资源而进行谈判和磋商。

（6）必须允许项目作为一个独立的实体来运行。

矩阵式组织中的职权以纵向、横向和斜向在一个公司里流动，因此在任何一个项目的管理中都需要有项目经理与职能部门负责人的共同协作，将二者很好地结合起来。要使矩阵式组织能有效地运转，必须考虑和处理好以下几个问题。

问题1：应该如何创造一种能将各种职能综合协调起来的环境？由于具有每个职能部门从其职能出发只考虑项目的某一方面的倾向，考虑和处理好这个问题是很有必要的。

问题2：一个项目中哪个要素比其他要素更为重要是由谁来决定的？考虑这个问题可以使主要矛盾迎刃而解。

问题3：纵向的职能系统应该怎样运转才能既保证实现项目的目标，而又不与其他项目发生矛盾？

要处理好这些问题，项目经理与职能部门负责人要相互理解对方的立场、权力以及职责，并经常进行磋商。

2. 矩阵式组织的几种形式

如图2-5所示是一种典型的矩阵式组织，人们常称之为强矩阵组织。在这种组织形式中，一般由最高领导者或者项目经理主管部门任命对项目全权负责的项目经理，但项目资源均由职能部门所有和控制，每个项目经理根据项目需要向职能部门借用资源。各项目是一个临时性组织，一旦项目任务完成后就解散。各专业人员又回到各职能部门再执行别的任务。项目经理向项目管理部门经理或总经理负责。他领导本项目内的一切人员，通过项目管理职能协调各职能部门派来的人员以完成项目任务。

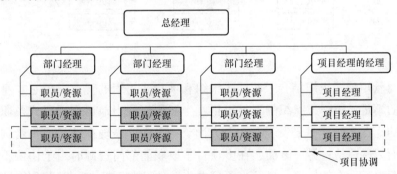

图2-5 强矩阵组织

在实际应用中还有其他两种形式的矩阵式组织，即弱矩阵组织和平衡矩阵组织。弱矩阵组织（见图2-6）基本上保留了职能式组织的主要特征，但是为了更好地实施项目，建立了相对明确的项目实施班子。这样的项目实施班子由各职能部门下的职能人员所组成，但并没有明确对项目目标负责的项目经理。即使有项目负责人，他的角色也只不过是一个项目协调者或项目监督者，而不是真正意义上的项目管理者，对于资源的支配权仍然掌握在职能部门经理手中。

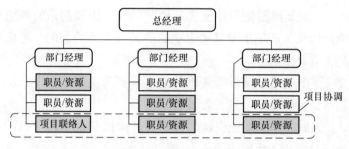

图 2-6　弱矩阵组织

为了加强对项目的管理，对弱矩阵组织进行改进而建立的组织形式就是平衡矩阵组织。与弱矩阵组织相比，平衡矩阵组织在项目实施班子中任命一名对项目负责的管理者，即项目经理。为此，项目经理被赋予完成项目任务所应有的职权和责任，但是这种项目经理并不是独立于职能部门的，他在负责项目的同时还要承担所在部门的工作，如图 2-7 所示。

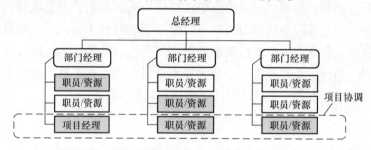

图 2-7　平衡矩阵组织

尽管矩阵式组织结合了职能式组织和项目式组织的优点，但它本身还有一定的不足。矩阵式组织的不足也正发生在如何恰当地运用项目式及职能式组织的优点之时，主要表现在两个方面。一方面，表现在项目成员受到多头领导而无所适从；另一方面，在多项目争取职能部门资源时由于协调不好而使资源得不到有效配置，最后当项目成功之时职能经理与项目经理争抢功劳，而当项目失败之时两者又会争相逃避责任。因此，尽管从图形上看任何一种矩阵式组织形式都是棋盘状，然而现实中可能会出现不规则的鱼网状形态。

另外，在实际中还会出现矩阵式组织与其他组织混合使用的情况。例如，当一个部门的某个小组成员经常为某项目提供服务时，一般可以将该小组作为一个独立的职能单元，而从项目组角度出发可以将这部分服务作为独立子项目转包给这个职能小组。这种复合式矩阵组织如图 2-8 所示。

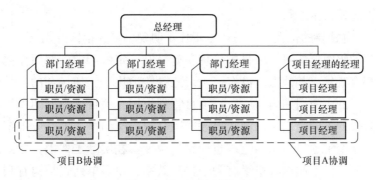

图 2-8　复合式矩阵组织

3. 矩阵式组织的优劣分析

（1）矩阵式组织的优点。

1）强调了项目组织是所有有关项目活动的焦点。

2）项目经理拥有对调拨给的人力、资金等资源相对独立的控制权，每个项目都可以独立地制定自己的策略和方法。

3）职能组织中专家的储备提供了人力利用的灵活性，对所有计划可按需要的相对重要性使用专门人才。

4）由于交流渠道的建立和决策点的集中，对环境的变化以及项目的需要能迅速地做出反应。

5）当指定的项目不再需要时，项目人员有其职能归宿，大都返回原来的职能部门。他们对于项目完成后的奖励与鉴定有较高的敏感度，为个人指出了职业的努力方向。

6）由于关键技术人员能够为各个项目所共用，充分利用了人才资源，使项目费用降低，又有利于项目人员的成长和提高。

7）矛盾较少，并能通过组织体系很容易地解决。

8）通过内部的检查和平衡，以及项目组织与职能组织间的经常性协商，可以得到时间、费用以及运行的较好平衡。

（2）矩阵式组织的缺点。

1）职能式组织与项目式组织间的平衡需要持续地进行监视，以防止双方互相削弱对方。

2）在开始制定政策和方法时，需要花费较多的时间和劳动量。

3）每个项目都是独立进行的，容易产生重复性劳动。

4）对时间、费用以及运行参数的平衡必须加以监控，以保证不因时间和费用而忽视技术运行。

5）双重领导的存在，容易产生责任不明确、多头指挥的现象。

项目的组织形式对于项目的管理实施具有一定的影响，然而任何一种组织形式都有其优点和缺点，没有一种形式是能适用于一切场合的，甚至是在同一个项目的生命周期内。所以，项目管理组织在项目生命周期内为适应不同发展阶段的不同突出要求而加以改变也是很自然的事。项目应围绕工作来组织，工作变了项目组织的范围也应跟着改变。在实际工作中，必须注意这一点。一般来讲，职能式组织有利于提高效率，项目单列式结构有利于取得效果。矩阵式组织兼具两者优点，但也带来某些不利因素。例如，各个项目可能在同一个职能部门中争夺资源；一个成员有两个顶头上司，既难处也难管。

2.1.4 项目组织形式的选择

项目组织形式的选择即使对一个有经验的专业人士来说，也是一件相对困难的事情。前面介绍的三种项目组织形式，即职能式、项目式和矩阵式，各有优、缺点，主要的优缺点如表 2-1 所示。这三种组织形式有着内在的联系，它们可以表示为一个变化的系列，职能式在一端，项目式在另一端，而矩阵式是介于职能式和项目式之间的一种组织形式，如图 2-9 所示。随着某种组织的工作人员人数在项目团队中所占比例的增加，该种组织的特点也渐趋明显；反之，则相反。

表 2-1 三种组织形式的比较

组织形式	优点	缺点
职能式	• 没有重复活动 • 专业职能优异	• 狭隘、不全面 • 反应迟钝 • 不注重客户
项目式	• 能控制资源 • 向客户负责	• 成本较高 • 项目间缺乏知识、信息交流
矩阵式	• 有效利用资源 • 职能所有专业知识可供所有项目使用 • 促进学习、交流知识 • 沟通良好 • 注重客户	• 双层汇报关系 • 需要平衡权力

不同的项目组织形式对项目实施的影响互不相同，表2-2列出了主要的组织形式及其对项目实施的影响。

在具体的项目实践中，究竟选择何种项目的组织形式没有一个可循的公式，一般只能在充分考虑各种组织结构的特点、企业特点、项目特点和项目所处的环境等因素的条件下，才能做出较为适当的选择。因此在项目组织形式的选择时，需要了解哪些因素制约着项目组织的实际选择，表2-3列出了一些可能的因素与组织形式之间的关系。

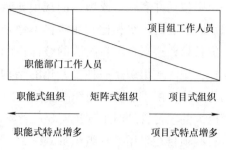

图2-9 组织形式的变化

表2-2 项目组织结构形式及其对项目的影响

组织形式 特征	职能式	矩阵式			项目式
		弱矩阵	平衡矩阵	强矩阵	
项目经理的权限	很少或没有	有限	小到中等	中等到大	很高甚至全权
全职工作人员的比例	几乎没有	0%～25%	15%～60%	50%～95%	85%～100%
项目经理投入时间	兼职	半职	全职	全职	全职
项目经理的常用头衔	项目协调员	项目协调员	项目经理	项目经理	项目经理
项目管理行政人员	兼职	兼职	半职	全职	全职

表2-3 影响组织形式选择的关键因素

组织形式 影响因素	职能式	矩阵式	项目式
不确定性	低	高	高
所用技术	标准	复杂	新
复杂程度	低	中等	高
持续时间	短	中等	长
规模	小	中等	大
重要性	低	中等	高
客户类型	各种各样	中等	单一
对内部依赖性	弱	中等	强
对外部依赖性	强	中等	弱
时间限制性	弱	中等	强

一般来说，职能式组织比较适用于规模较小、偏重于技术的项目。当一

个公司中包括许多项目或项目的规模比较大、技术复杂时,则应选择项目式组织。同职能式组织相比,在对付不稳定的环境时,项目式组织显示出自己潜在的长处,这来自项目团队的整体性和各类人才的紧密合作。同前两种组织相比,矩阵式组织是一种多元化的结构,在充分利用企业资源上显示出巨大的优越性。由于矩阵式组织融合了前两种组织的优点,它在进行技术复杂、规模巨大的项目管理时呈现出明显的优势。

有些项目在采用某种组织形式之后,其组织人员仍可能错误地判断其组织类型。针对这种情况,可根据项目组织中项目经理特征对职能式、项目式和矩阵式组织类型的差异加以区别,如表2-4所示。

表2-4 项目组织形式的项目经理特征

组织形式		特 征
职能式		没有项目经理、没有项目成员扮演项目联络人的角色
矩阵式	弱矩阵式	没有项目经理,但有一个项目成员扮演项目联络人的角色
	平衡矩阵式	没有专职的项目经理,但有一个项目成员扮演项目经理的角色
	强矩阵式	有专职的项目经理,但是没有或只有部分专用的项目资源
项目式		有专职的项目经理,项目有专用的项目资源

2.1.5 项目内部的组织结构

项目组织是指由一组个体成员为实现具体的项目目标而组织的协同工作的队伍。项目组织对于项目的顺利完成很重要,它能为项目经理的工作打好基础。组织设置是否合理,将影响项目经理工作的成效。

项目组织的内部结构实际是指项目内部的围绕项目完成所需而进行的组织设计,它是一种基于职能的构造。从项目组织构建的初衷来看,是为了实现跨功能的协作,实际上项目团队的成员在项目实施过程中分别完成不同的项目任务,发挥着不同的功能作用,也就是说他们承担着不同的职能,但相互之间有着良好的协作。因此,项目内部的组织结构还是一种基于职能的结构划分。前面的Ajex公司是项目式组织形式,而在项目组织内部则是按职能划分的,如项目A中,项目经理下辖着工程部、制造部、供应部和顾问部(见图2-3)。

如图2-10所示是一个大型项目内部采用矩阵式组织的示例,各子项目组的成员分别来自项目指挥部的各职能部门,比如"项目管理部1"的成员分别来自投资控制部、进度控制部、质量控制部、合同管理部、信息管理部、人事管理部和财务管理部等。在项目组中，他们仍然从原来各自部门的职能出发承担着不同的职能工作。比如投资控制部主管项目投融资业务，而质量控制部关注的是项目工作的质量管理，人事部门的主要工作是项目中的人力资源的合理安排和调配。

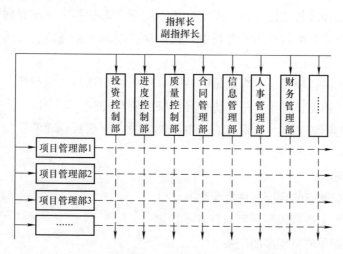

图 2-10　一个大型建设项目采用矩阵组织结构模式的示例

2.2　项目经理

2.2.1　项目经理概述

项目管理是以个人负责制为基础的管理体制，项目经理就是项目的负责人，有时也被称为项目管理者或项目领导者，负责项目的组织、计划及实施全过程，以保证项目目标的成功实现。成功的项目无一不反映了项目管理者的卓越管理才能，而失败的项目同样也说明了项目管理者的重要性。在项目及项目管理过程中，项目管理者起着关键作用。因而，项目经理就是一个项目全面管理的核心和焦点。作为项目的管理者，项目经理也应具有管理者的角色特点。

虽然项目经理也是一个管理者，但他与其他管理者有很大的不同。首先，项目经理与部门经理的职责不同。在矩阵组织形式中可以明显看到项目经理与部门经理的差异，项目经理对项目的计划、组织和实施负全部责任，对项目目标的实现负终极责任；而部门经理只能对项目涉及本部门的部门工作施加影响，如技术部门经理对项目技术方案的选择、设备部门经理对设备选择的影响等。因此，项目经理对项目的管理比起部门经理更加系统全面，必须具有系统思维的观点。其次，项目经理与项目经理的经理或公司总经理职责不同。项目经理是项目的直接管理者；是一线的管理者；而项目经理的经理或公司的总经理是通过项目经理的选拔、使用和考核等来间接管理一个项目的。在一个实施项目管理的公司中，往往项目经理的经理或总经理也是从项目经理成长起来的。

具体来讲，项目经理应该做哪些工作呢？由于项目所处行业、规模、复杂度各异，因此很难给出一个统一且详细的责任描述。下面以一个建筑行业项目经理的职责为例，从管理的基本职能出发，对项目经理的管理职能加以说明。

1. 计划

（1）对所有的合同文件完全熟知。

（2）为实施和控制项目制订基本计划。

（3）指导项目程序的准备。

（4）指导项目预算的准备。

（5）指导项目进度安排的准备。

（6）指导项目的基本设计准则及总体规范的准备。

（7）指导现场建筑活动的组织/实施和控制计划的准备。

（8）定期对计划和相关程序进行检查和评价，在必要的时候对项目的计划和程序进行修改。

2. 组织

（1）开发项目组织图。

（2）对项目中的各职位进行描述，列出项目主要监管人员的职责范围。

（3）参与项目主要监管人员的挑选。

（4）开发项目所需的人力资源。

（5）定期对项目组织进行评价，必要的时候对项目组织结构及人员进行变动。

3. 指导

（1）指导项目合同中规定的所有工作。

（2）在项目组中建立决策系统，以便在适当的层次做出决策。

（3）促进项目主要监管人员的成长。

(4) 设立项目经理目标,并为主要监管人员建立绩效标准。

(5) 培养团队精神。

(6) 辅助解决存在于承担项目的不同部门或小组之间的分歧或问题。

(7) 对项目总体进展情况保持了解,以避免或减少潜在问题的发生。

(8) 对关键问题确立书面的战略指导原则,清楚定义责任和约束。

4. 控制

(1) 监督项目的活动,使项目的进展与项目目标及公司总体政策相一致。

(2) 监督项目的活动,使项目的进展与合同、计划、程序及顾客的要求相一致。

(3) 对人员进行控制,保证其遵守合同条款。

(4) 密切监督项目的有关活动,建立有关"变更"的沟通程序,对有关项目范围可能的变更进行必要的评价和沟通。

(5) 对成本、进度及质量进行监控,保证及时报告。

(6) 与顾客及有关组织保持有效沟通。

2.2.2 项目经理的责任和权力

项目经理作为项目管理组织的核心,其职责和权力都是多方面的。

1. 项目经理的责任

作为项目的负责人,项目经理有相应的责任。简单来说,就是通过项目管理活动使项目目标实现,使项目利益相关者满意。这里的项目利益相关者包括一切参加或可能影响项目工作的所有个人或组织,主要有顾客、消费者、业主、合伙人、资金提供者、承包商、社会及项目组内部人员。

项目经理的责任可以粗略地分为对于所属上级组织的责任、对于所管项目的责任和对于所领导项目小组的责任。

(1) 对于所属上级组织的责任。对于所属上级组织的责任包括资源的合理利用,及时、准确的通信联系,认真负责的管理工作。具体来说,主要表现在以下几个方面。

第一,保证项目目标符合上级组织的目标。项目往往从属于更大的组织,项目与组织的其他工作一起配合协调完成组织的目标,因此在项目目标的确定、目标的分解以及计划制订、实施的全过程都要有利于总目标的实现。

第二,充分利用和保管上级分配给项目的资源。组织的资源是有限的,项目经理应努力使资源在自己的项目内部及项目间有效利用。一方面要充分、有效利用上级分配给项目的资源，使资源的效能得到最大限度地发挥；另一方面要能从企业总体角度出发优化资源的使用。

第三，及时与上级就项目的进展进行沟通。项目与上级组织目标的实现息息相关，及时将项目的进展信息，如进度、成本和质量等向上级汇报，企业就可以从宏观角度进行项目群的管理，同时可以取得上级对本项目各方面的支持。

（2）项目经理对所管项目的责任。

第一，对项目的成功与否负有主要责任。

第二，保证项目的完整性，使其在项目中不受有合法性的当事人不同要求的影响。项目经理应该关心由于委托人的影响而使工程部门做出的变动。同时，合同（或法律代理人）应指出委托人无权提出变动，生产部门也无法适应这种变动。

（3）项目经理对项目小组的责任。

第一，项目经理有责任为项目组成员提供良好的工作环境与氛围。项目经理应努力使项目组成员之间密切配合、相互合作，组成一个真正的工作团队，并适时鼓励团队成员，使其能够全身心地投入到目前的项目活动中。

第二，项目经理有责任对项目小组成员进行绩效考评。项目经理要建立一定的考评制度，以便对成员的绩效进行监督与考评。绩效考评制度的设计不仅要对当前业绩有所激励，还应该对未来的发展产生推动作用。

第三，由于项目小组是一个临时性的集体，项目经理在激励其成员时还应考虑到他们的将来，让他们在项目完成之后有一个好的归属。

2. 项目经理的权力

权责对等是管理的一条原则，权大于责会导致乱拍板，无人承担相应的后果；而责大于权又会使管理者趋于保守，没有创新精神。通常情况下，项目经理应被授予以下几个方面的权力。

（1）项目团队的组建权。一是项目经理班子或者管理班子的组建权；二是项目团队队员的选择权。项目经理班子是项目经理的左膀右臂，因此授予项目经理组建班子的权力至关重要。这包括：对项目经理班子人员的选择、考核和聘用；对高级技术人才、管理人才的选拔和调入；对项目经理班子成员的任命、考核、升迁、处分、奖励、监督、指挥，甚至是辞退等。建立一支高效、协同的项目团队，是保证项目成功的另一个关键因素。这包括：专业技术人员的选拔、培训、调入，管理人员、后勤人员的配备，团队队员的考核、激励、处分甚至是辞退等。

（2）项目财务决策权。一般来讲，这一权力包括以下几个方面。

第一，分配权。即项目经理有权决定项目团队成员的利益分配，包括计酬方式、分配的方案细则。另外，项目经理还有权制定奖罚制度。

第二，费用控制权。即项目经理在项目财务制度允许的范围内拥有费用支出和报销的权力。比如，聘请法律顾问、技术顾问、管理顾问的费用支出，工伤事故、索赔等营业外支出。

第三，资金的融通、调配权力。在客户不能及时提供资金的情况下，资金的短缺势必要影响工期。对于一个项目团队来说，时间也具有价值。因此，还应适当授予项目经理必要的融资权力和资金调配权力。

（3）项目实施控制权。在项目的实际实施过程中，由于资源的配置可能与项目计划书有所出入，有时项目实施的外部环境会发生一定的变化，这使项目实施的进度无法与预期同步。这就要求项目经理根据项目总目标，将项目的进度和阶段性目标与资源和外部环境平衡起来，做出相应的决策以便对整个项目进行有效控制。

授予项目经理独立的决策权，对于项目经理乃至项目目标的实现都至关重要。除了少数重大的战略决策外，大部分问题可以让项目经理自行决策、自行处理。许多问题和商业机会都具有时效性，如果经过冗长、费时的汇报批示，可能会错过时机，甚至可能导致无法挽回的损失。

2.2.3　项目经理的素质与能力要求

实践证明，并不是任何人都可以成为合格的项目经理，项目及项目管理的特点要求项目经理必须具备相应的素质与能力才能圆满地完成项目任务。通常，一个合格的项目经理应该具备良好的道德素质、健康的身体素质、全面的理论知识、系统的思维能力、娴熟的管理能力、积极的创新能力以及丰富的项目管理经验。

1. 良好的道德素质

道德观决定着一个人行为处事的准则，项目经理必须具备良好的道德素质。这种道德素质大致可以分为两个方面：一方面是对社会的道德素质；另一方面是个人行为的道德素质。

（1）社会的道德素质。项目经理应有良好的社会道德素质，必须对社会的环境、安全、文明、进步和经济发展负有道德责任。有些投资项目虽然自身的预期经济效益较为可观，但有可能是建立在牺牲社会利益基础之上的。例如，某一客户欲委托项目经理在风景区投资兴建一个稀有金属的开采项目。此种稀有金属在该自然风景区内含量丰富，国内外市场奇缺，有着广阔的市场前景，该项目的投资建设势必具有很高的经济效益。但从社会、公众的利益角度考虑，该项目的投资建设必然破坏风景区的整体效果，造成环境污染、生态环境的破坏。虽然项目经理并不能阻拦客户的投资动机，但具有高度社会责任感的项目经理可以通过项目规划和建议，将此类项目的社会负效应降到最低限度，最终保证社会利益、客户利益和项目自身利益的统一。

（2）个人的道德素质。个人行为的道德素质决定着一个人的行为方式和原则。在当今市场经济和商品经济的体制下，由于利益的驱动，有些项目经理也会置道德与法律而不顾。许多项目经理管理着大型复杂的工程项目、控制着巨大的财权和物权，如果他们人品不够纯良，很容易出现贪赃枉法、以权谋私的行为。如果项目经理对工程项目偷工减料，损公肥私，很可能导致项目最终失败，对组织的整体目标和声誉造成不良影响，甚至造成不可挽回的重大损失。

因此，好的项目经理还应以身作则，遵循各种法律、规章和准则，同时要严格管理自己的项目班子以及项目团队成员要严格遵纪守法，坚决抵制和杜绝贪污、挪用公款、逃税、漏税和瞒报等各种不法行为。

2. 健康的身体素质

项目经理要带领项目班子和团队成员在一定的约束条件下要达到项目的目标。尤其是一些耗资巨大、耗时漫长的项目，其巨大的工作负荷要求项目经理有相应的身体素质。健康的身体素质不仅指生理素质，也指心理素质。一般来说，项目经理应该性格开朗、胸襟豁达，易于同各方人士相处；有顽强的意志，能承受挫折和暂时的失败；既有主见、不优柔寡断、能果断行事，又能遇事沉着、冷静，不冲动、不盲从；既有灵活性和应变能力，又不失原则等。自然，金无足赤，人无完人，尤其对人的性格也不能过于苛求。

3. 全面的理论知识

在当今时代要对项目进行有效管理，就必须懂得项目及项目管理的相关理论知识。

首先，项目经理是项目管理者，他要具备系统的项目管理理论知识。目前，已经成为一门成熟学科的项目管理为项目经理们提供了完善的项目管理理论知识体系，如美国项目管理协会的项目管理知识体系、欧洲国际项目管理协会制定的项目管理知识体系以及中国项目管理研究委员会制定的中国项目管理知识体系等。

其次，项目经理是相关行业（或项目类型）的专家，一些大型复杂的工程项目，其工艺、技术、设备的专业性要求得越高，对项目经理的要求也就越高。不难想象，作为项目实施的最高决策人的项目经理，如果不懂技术，就无法决策，无法按照工程项目的工艺流程施工的阶段性来组织实施，更难以鉴别项目计划、工具设备及技术方案的优劣，从而对项目实施中的重大技术决策问题就没有自己的见解，就没有发言权。专业技术不扎实往往是导致项目经理失败的主要原因之一。如果项目经理缺少基本的专业知识，要对大量错综复杂的专业性任务进行计划、组织和协调都将十分困难。在沟通交流中，项目的有关当事人经常会用到一些专业知识和术语，如果项目经理不具备一定的专业知识，沟通也是困难的，更不用说做出正确的决策了。当然由于项目经理作为项目的管理者，一般并不需要亲自去做一些较为具体的工作，在知识深度方面并不刻意要求越深越好，但知识的全面性及广度是必需的。

4. 系统的思维能力

一个人解决问题的能力固然和他的经验和知识有着密切的关系，但两者并不是一回事。没有全面系统的知识，肯定不能设计出解决项目与项目管理中问题的方案。但如果不具备系统的思维能力，即使有了相应的知识，也不能有效地运用知识，自然不能保证问题得到圆满解决。现实中这样的案例很常见，有些人知识丰富、思维敏捷、多谋善断而善于解决问题；而有些人尽管"学富五车"，却不能将所学用于解决问题，是所谓的"书呆子"。项目经理要对项目及项目管理全面负责，系统的思维能力更是非常重要的。

系统的思维能力是指项目经理要具备良好的逻辑思维能力、形象思维能力以及将两种思维能力辩证统一于项目管理活动中的能力。系统的思维能力还要求项目经理具有分析能力和综合能力，具有从整体上把握问题的系统思维能力。系统思维的核心就是把研究对象看作由两个或两个以上相互间具有有机联系、相互作用的要素所组成的、具有特定结构和功能的整体，而且其中各个要素既可以是单个事物也可以是一群事物构成的子系统。但是，在运用系统的概念与观点分析处理问题时要注意以下两点。

（1）把研究对象作为一个整体来分析。既要注意整体中各部分的相互联系和相互制约关系，又要注意各要素间的协调配合，服从整体优化的要求。

(2) 综合考查系统的运动和变化，以保证科学地分析和解决问题。研究系统所处的外界环境的变化规律以及其对系统的影响，使系统适应环境变化。

5. 娴熟的管理能力

所谓管理能力，就是把知识和经验有机地结合起来并运用于项目管理的本领。对于项目经理来说，知识和经验固然重要，但归根结底还要靠能力。项目经理应该具有娴熟的管理能力，具体包括以下几种。

(1) 决策能力。项目从开始到结束会出现各种各样的问题，如项目的确定、方案的选择等，问题的解决就是一个决策过程，包括与问题解决相关的情报活动、设计解决问题的方案、评价与抉择方案并利用选择的方案去解决问题的过程。而且在项目中还会有各种各样的决策问题要求用不同的决策方法去解决，因此项目经理必须有很强的决策能力。

(2) 计划能力。计划工作对于任何工作的重要性已经为人们所共知。项目与项目管理也一样，要在一定的约束下达到项目的目标，必须有细致周密的计划，对项目从开始到结束的全过程做一个系统的安排。然而，计划的制订是在项目经理的领导与参与下进行的。项目经理既要了解并运用计划制订的方法和步骤，还必须懂得如何运用计划去指导项目工作。也就是说，项目经理不仅要会计划，还要会控制。

(3) 组织能力。项目经理的组织能力是指设计团队的组织结构，配备团队成员以及确定团队工作规范的能力。显然，拥有较高组织能力的项目经理一方面能建立起科学的、分工合理的、高效精干的组织结构；另一方面能了解团队成员的心理需要，善于做人的工作，使参加项目的成员为实现项目目标而积极主动地工作；最后还能建立一整套保证团队正常工作的有效规范。

(4) 协调能力。项目经理的协调能力是指能正确处理项目内外各方面关系，解决各方面矛盾的能力。一方面，项目经理要有较强的能力协调团队中各部门、各成员之间的关系，全面实施目标；另一方面，项目经理要能够协调项目与社会各方面之间的关系，尽可能地为项目的运行创造有利的外部环境，减少或避免各种不利因素对项目的影响，争取项目得到最大范围的支持。在协调活动中，对项目经理来说最为重要的是沟通能力。

(5) 激励能力。项目经理的激励能力就是调动团队成员积极性的能力。项目团队成员有其自身的需求，项目经理要进行需求分析，制定并实施系统的激励与约束制度，对员工的需求进行管理，调动团队成员的工作积极性，从而有效地完成团队任务。

(6) 人际交往能力。项目经理的人际交往能力就是与团队内外、上下左右人员打交道的能力。项目经理在工作中要与各种各样的人打交道，只有正确处理了与这些人之间的关系才能使项目进行顺利。人际交往能力对于项目经理来说特别重要，人际交往能力强、待人技巧高的项目经理，就会赢得团队成员的欢迎，形成融洽的关系，从而有利于项目的进行，为团队在外界树立起良好的形象，赢得对项目更多的有利因素。

6. 积极的创新能力

由于项目的一次性特点，使项目不可能有完全相同的以往经验可以参照。加上激烈的市场竞争，这就要求项目经理必须具备一定的创新能力。一方面，项目经理要在思维能力上创新；另一方面，项目经理要敢于突破传统的束缚。

7. 丰富的项目管理经验

项目管理是一门实践性很强的学科，项目管理的理论方法是一种科学，但如何把理论方法应用于实践却是一门艺术。通过不断的项目及项目管理实践，项目经理会提升自己对项目及项目管理的悟性，而这种悟性是从运用理论知识与项目实践的反省中得来的。要丰富项目管理经验，不能只局限在相同或相似的项目领域中，而要不断变换从事的项目类型，这样才能成为卓越的项目管理专家。

一个项目经理的职业道路经常是从参加小项目开始的，然后是参加大项目，直到授权管理小项目到大项目。例如，某项目经理的职业道路可能是小项目 U 的工具管理、较大项目 V 的技术管理、大项目 W 的生产管理、大项目 X 的执行项目管理、小项目 Y 的项目经理、大项目 Z 的项目经理。如果一帆风顺，项目经理则可以升任为公司的执行主管、生产副经理、经理直至总经理。

下面是 AT&T 公司项目经理职业道路的设计，其充分结合了项目经理的教育与培养。

（1）项目管理成员：接受 6 个月的项目管理岗位培训。

（2）成本/进度分析工程师：担任 6~18 个月的项目经理助理，直接向项目经理汇报。

（3）现场助理：做 6~12 个月的现场助理，负责一个大型的现场，向现场经理汇报。

（4）现场经理：做 6~12 个月的现场经理，负责一个大型的现场，向大项目经理汇报。

(5) 小项目经理：独立负责一个 100 万～300 万美元的项目。

(6) 项目经理：负责一个 300 万～2 500 万美元的项目。

(7) 大项目经理：负责一个长达多年的 2 500 万元美金以上的项目。

可以看出，项目经理的成长和培养是一个漫长的过程。需要经过专业的培训教育和长期的项目管理实践的提升，最终才能成为一名合格的项目经理。

[案例] 一票通小额支付系统。

2014 年 3 月，一家软件开发公司通过投标获得某网络公司的一票通小额支付系统的项目。

公司任命了有着几个成功项目经历的 P 做这个软件项目的项目经理。P 认为，一个软件项目成功与否，其范围控制至关重要。P 根据中标文件和与用户的交流整理出详细的无歧义的《一票通小额支付系统软件需求说明书》，经用户审阅，无异议后双方签字。这是一个 300 人·天的中等规模的项目。接着，P 根据组内六个人员的专长，按功能模块进行分工。P 的进度计划是这样的：一周阅读讨论需求，两周设计，四周编码，三周测试调优。

在这个项目刚开始的一周里，P 的知识、能力和素质得到了应用。为了让项目组内人员尽快了解用户的需求以及本软件用到的新技术，P 对大家进行了需求和技术方面的培训。事实证明，这次培训起到了事半功倍的效果。项目组在对需求的理解和实现技术无障碍后，如期进入了设计阶段。在设计的过程中，P 的项目经历发挥了作用。面向对象的思想和 UML 工具的使用，使得项目中各个小组之间的交流更加方便和专业化。虽然都是软件项目，但每一个具体的项目都有很多不同的地方，P 的决策能力和创新能力得到了发挥。当组内成员有不同意见，需要项目经理做决策时，P 的做法是这样的：他把有不同意见的小组叫到一起，分别听取他们的陈述，然后讲明如何做才是对项目最有利的，用户友好性、系统运行时的性能、对进度的影响以及各组的接口是否方便等都是需要考虑的，讲明做项目要有大局观念。这样，各组就心悦诚服地按照 P 的方法去做了。

P 做项目的条理性对整个项目组的进度产生了积极的影响。他把项目的 WBS 分解图、进度计划、每周的完成情况、存在的问题，及时通报整个项目组，有问题及时解决。在整个项目开发周期中，项目经理 P 的执行力非常有力地保证和促进了项目的如期向前推进。经过十周的紧张工作，最后这个项目如期完工，通过了用户的验收。

从 P 在项目中的表现可以看出，他已经具备了一个优秀的项目经理所具备的基本素质。他具备本行业的专业知识和开发经验,并且具有项目管理的系统思维,能从整体上把握项目,凭借出色的计划组织能力制订了项目计划,并且和成员进行了深入沟通,在项目的执行过程中及时监控项目的进展情况,在遇到问题时都能有效协调、妥善解决,最终带领团队顺利地实现了项目目标。

2.3 项目团队

2.3.1 项目团队的概念

团队是指在工作中紧密协作并相互负责的一小群人,他们拥有共同的目的、绩效目标以及工作方法,且以此自我约束。或者说,团队就是指为了达到某一确定目标,由分工与合作及不同层次的权力和责任构成的人群。团队的概念包含以下内容。

(1) 团队必须具有明确的目标。任何团队都是为目标而建立和存在的,目标是团队存在的前提。

(2) 没有分工与合作也不能称为团队。分工与合作的关系是由团队目标确定的。

(3) 团队要有不同层次的权力与责任。这是由于分工之后,就要赋予每个人相应的权力和责任,以便团队成员能充分发挥自己的价值并实现团队目标。

团队是相对部门或小组而言的。部门和小组的一个共同特点是:存在明确内部分工的同时,缺乏成员之间的紧密协作。团队则不同,队员之间没有明确的分工,彼此之间的工作内容交叉程度高,相互间的协作性强。团队在组织中的出现,根本上是组织适应快速变化环境要求的结果,"团队是高效组织应付环境变化的最好方法之一"。为了适应环境变化,企业必须简化组织结构层级和提供客户服务的程序,将不同层级中提供同一服务的人员或服务于同一顾客的不同部门、不同工序人员结合在一起,从而在组织内形成各类跨部门的团队。

项目团队,就是为适应项目的实施及有效运作而建立的团队。项目团队的具体职责、组织结构、人员构成和人数配备等方面因项目性质、复杂程度、规模大小和持续时间长短而异。项目团队的一般职责是项目计划、组织、指挥、协调和控制。项目组织要对项目的范围、费用、时间、质量、风险、人力资源、利益相关者和沟通等多方面进行管理。

由以上定义可知,简单地把一组人员调集在一个项目中一起工作并不一定能形成团队,就像公共汽车上的一群乘客不能称为团队一样。项目团队不仅是指被分配到某个项目中工作的一组人员,更是指一组互相联系的人员同心协力地一起进行工作,以实现项目目标和个人目标,满足客户需求。要使这些人员发展成为一个有效协作的团队,一方面需要项目经理做出努力,另一方面需要项目团队中每位成员积极地投入到团队中。一个有效率的项目团队不一定能决定项目的成功,而一个效率低下的团队则注定要使项目失败。概括来讲,项目团队的特点如图2-11所示。

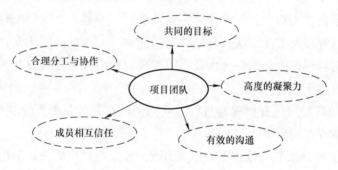

图2-11 项目团队的特点

[案例] 小矮人的故事。

相传在古希腊时期,有七个小矮人因受到可怕咒语的诅咒,而被关到一个与世隔绝的城堡里。他们住在一间潮湿的地下室里,找不到任何人帮助,也没有粮食,也没有水。这七个小矮人越来越绝望。

在这七个小矮人中,阿基米德是第一个受到守护神雅典娜托梦的。雅典娜告诉他,在这个城堡里,除了他们待的那个房间外,其他的25个房间里的一间里有一些蜂蜜和水,够他们维持一段时间,而在另外的24个房间里有石头,其中有240块玫瑰红色的灵石,收集到这240块灵石,并把它们排成一个圆圈的形状,可怕的咒语就会解除,他们就能逃离厄运,重归自己的家园。

第二天,阿基米德迫不及待地把这个梦告诉了其他的六个伙伴。伙伴们也愿意和他一起努力。在开始的几天里,有人想先去找些木材生火,这样既能取暖又能让房间里有些光线。而也有人想先去找那个有食物的房间;还有人想快点把240块灵石找齐,好快点让咒语解除。由于意见无法统一,于是他们决定各找各的。但几天下来，大家都没有成果，反而都搞得筋疲力尽。

失败让他们意识到应该团结起来。商量后他们决定，先找火种，再找吃的，最后大家一起找灵石。这是个灵验的方法，他们很快就在左边第二个房间里找到了大量的蜂蜜和水。在经过了几天的饥饿之后，小矮人们狼吞虎咽了一番。解决了温饱问题后，他们开始寻找灵石。

为了提高效率，阿基米德决定把七个人兵分两路：爱丽丝和苏格拉底各带一组，三个人一组继续从左边找，另外四个人一组则从右边找。当然事情并不像想象得那么顺利，先是苏格拉底和特洛伊那组，他们总是嫌另外一个组太慢。后来当过花农的梅里莎发现，大家找来的石头里大部分都不是玫瑰红的；最后由于地形不熟，大家经常日复一日地在同一个房间里找石头。大家的信心又开始慢慢丧失。

阿基米德非常着急。这天傍晚，他把另外六个人都召集在一起商量办法。可是，交流会刚刚开始，就变成了相互指责的批判会。

性子急的苏格拉底先开口："你们怎么回事，一天只能找到两三个有石头的房间？"

"那么多的房间，门上又没有写哪个有石头、哪个没有石头，当然会找很长时间了！"爱丽丝答道。

"难道你们没有注意到，门锁是圆孔的都是没有石头的，门锁是十字形的都是有石头的吗？"苏格拉底反问道。

"干吗不早说啊，害得我们做了那么多无用功！"其他人听到这儿，似乎有点生气。

经过交流大家才发现，原来他们有些人可能找准房间很快，但可能在房间里找到的石头都是错的；而那些找得非常准的人，往往又速度太慢。他们完全可以将找得快的人和找得准的人组合起来。于是，这七个小矮人进行了重新组合。并在爱丽丝的提议下，大家决定开一次交流会，交流经验和窍门。然后把很有用的那些方法都抄在能照到亮光的墙上，提醒大家，省得再走弯路。

在反复的沟通和通力协作下，小矮人们终于找齐了所有的240块灵石，成功解除了诅咒，重新回到了温暖幸福的家园。

这七个小矮人最开始只是住在一起的室友，称不上一个团队。虽然他们有着找齐灵石、重回家园的共同目标，但开始时他们有点像一群乌合之众，相互埋怨、打击。经过磨合砥砺，他们终于具备了相互间的信任。又通过深入地沟通和相互协作构建了一个充满凝聚力的高效团队，最终实现了他们的目标。因此，作为项目经理只有使项目组成员组成的群体具备团队的上述五个特点，他们才能成为一个真正的项目团队。

2.3.2 项目团队的发展与建设

1. 项目团队的发展

一个项目团队从开始到终止，是一个不断成长和变化的过程。这个发展过程可以描述为五个阶段，即组建阶段、磨合阶段、正规阶段、成效阶段和解散阶段。几乎所有的项目团队都经历过大家被召集到一起的初始组建阶段。在组建阶段，团队成员从原来不同的组织被调集到一起，大家开始互相认识。这一时期的特征是成员们既兴奋又焦虑，而且有一种主人翁感。他们必须在承担风险前相互熟悉，这是一个短暂的时期，很快就进入磨合阶段。在这个阶段，成员之间还不了解，时常感到困惑，有时甚至会产生许多矛盾从而引发敌对心理，在实际工作中各方面的问题逐渐显露出来。接下来在强有力的领导下，经受了磨合阶段的考验，团队成员之间、团队与项目经理之间的关系已确立好，绝大部分个人矛盾已得到解决。总体来说，这一阶段的矛盾程度要低于磨合阶段，这就意味着正规阶段的到来。随着个人期望与现实情形——要做的工作、可用的资源、限制条件、其他参与的人员相统一，队员的不满情绪也就减少了，这正是成效阶段的标志。此时，项目团队完全接受了这个工作环境，项目规程得以改进和规范化。团队的工作方式在正规阶段得以统一，经过前一阶段，团队确立了行为规范和工作方式。项目团队积极工作，急于实现项目目标。这一阶段的工作绩效很高，团队有集体荣誉感，信心十足，协作意识较高。在这种状态下完成某项任务后，实现了项目目标。随着项目的竣工，该项目团队准备解散。这时，团队成员开始躁动不安，成员们需要考虑自身去向和今后的发展，思考"我以后怎么办"，并开始做离开的准备。这五个阶段的关系如图 2-12 所示。

图 2-12 项目团队的五个发展阶段

2. 项目团队的建设

团队建设——把一组人员组织起来实现项目目标是一个持续不断的过程，

是项目经理和项目团队的共同职责。团队建设能营造一种开放和自信的气氛，成员有统一感，强烈希望为实现项目目标做出贡献。

使团队成员社会化会促进团队建设，团队成员之间相互了解得越深入，团队建设得越出色。项目经理要确保个体成员之间能经常相互交流沟通，并为促进团队成员间的社会化创造条件。当然，团队成员也要努力创造出这样的条件。

项目团队可以要求团队成员在项目过程期间，被安排在同一个办公环境下进行工作。当团队成员被安排到一起工作时，他们就会有许多机会走到彼此的办公室或工作区进行交谈。同样，他们也会在走廊这样的公共场所更经常地碰面，从而有机会在一起交谈。谈论未必总是围绕工作。团队成员很有必要在不引起反感的情况下，了解彼此的个人情况并熟悉个人的工作风格和习惯。项目过程中会发展许多个人的友谊。安排整个团队在一起工作，就不会出现因为团队一部分成员在大楼或工厂的不同地方工作而产生"我们对他们"的思想。这种情形只会导致项目团队成为一些小组，而非一个实际的团队。

项目团队可以举办社交活动庆祝项目工作中的事件。例如，取得重要的阶段性成果——系统通过测试，或与客户的设计评审会成功，也可以是为放松压力而定期举办活动。为了促进社会化和团队建设，项目团队也可以组织各种活动。例如，下班后的聚餐或聚会、会议室的便餐、周末家庭野餐、观看一场体育活动或剧院演出等，一定要让团队中的每个人都一起参加这类活动。也许有些成员无法参加，但一定要邀请到每个人，并鼓励他们尽量参加。团队成员要利用这个机会，尽量与更多的其他团队成员（包括参加活动的家庭成员）相互结识，增进了解，便于大家快速融入这个团队当中。一个基本规律是试图与不太熟悉的人在一起聊天，提出一些问题，听他谈论，发现共同兴趣。要尽量避免让人们形成几个人组成的小团体，并在每次活动中老是聚集在一起。参加社会化活动，不仅有助于培养忠诚友好的感情，也能使团队成员在项目工作中更容易地进行开放、坦诚的交流沟通。

除了组织社交活动外，团队还可以定期召开团队会议。相对于项目会议来说，团队会议的目的是广泛讨论下面这些类似问题：作为一个团队，我们该怎样工作？有哪些因素妨碍团队工作（如工作规程、资源利用的先后次序或沟通）？我们应如何克服这些障碍？我们怎样改进团队工作？如果项目经理参加团队会议，对他应一视同仁。团队成员不应向项目经理寻求解答，项目经理也不能利用职权否决团队的共识。因为这是团队会议，而不是项目会议，只讨论与团队相关的问题，而与项目无关。

2.3.3 团队的激励理论

激励的过程就是通过影响人的需求或动机达到引导行为的目的，其实质就是一种对行为的诱发和强化过程，如图2-13所示。

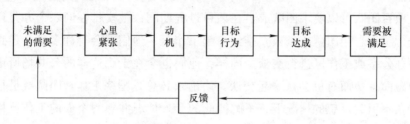

图 2-13 激励的基本过程

因此，激励人行为的心理过程可以简单表述为：需求引发动机→动机支配行为→行为指向目标。动机是需求和行为的中介。具体来说，首先是内外诱因对员工加以刺激，唤起员工对工作的需求，从而产生紧张感。为了使自身的紧张感减轻或消除，员工会采取各种行动来满足其需求。当员工达到了工作目标，需求得到了满足后，此次的激励过程也就宣告完成，新的激励过程又会开始。

激励理论就是围绕人的需求和动机展开，探讨如何通过这些行为的原动力来对行为进行激励的。一般来说，激励理论分为内容型激励理论、过程型激励理论、行为改造型激励理论和综合激励理论。

1. 内容型激励理论

内容型激励理论主要包括：马斯洛需求层次理论、双因素理论和成就动机理论。

（1）马斯洛需求层次理论。马斯洛将人的需求归纳为五个基本的方面，由低到高依次为：生理需求、安全需求、社会需求、尊重需求和自我实现需求。同时，马斯洛认为需求的满足有一个逐层发展的过程。低层级需求是人们希望首先得到满足的，当这些低层级的需求得到满足以后，人们就会转向高层级的尊重和自我实现的需求。马斯洛认为，只有高层级的需求才能够持续地激发人们的工作积极性。低层级的需求很容易得到满足，而高层级的需求永远不会得到最终满足，将持续地激励人们工作。

第一,生理需求。这是人类维持自身最基本的需求,包括衣、食、住、行和性等方面的需求。

第二,安全需求。这是人类要求保障自身安全、摆脱失业和丧失财产的威胁、避免心理伤害和环境以及职业病侵害、解除严酷监督等方面的需求。比如,企业为员工提供安全的工作条件和工作保障等,满足了员工的安全需求。

第三,社会需求。人人都有希望参与团队管理活动的需求,这实际上是一种归属于一个群体的需求。人人都在爱他人的同时也渴望得到他人的爱,希望成为群体中的一员,并互相关心和照顾。

第四,尊重需求。尊重需求包括:①内部尊重即自尊,指在各种不同的情境下充满自信、独立自主;②外部尊重,指个体希望受到别人尊重、信赖和良好评价,如组织的认可,给予其晋升或加薪。

第五,自我实现需求。它是指实现个人抱负、远大理想,完成了与自己能力相称的一切事情的需求。比如,接受并完成具有挑战性或创造性的工作。

(2)双因素理论。双因素理论是由赫茨伯格在1959年提出的。赫茨伯格把凡是能促使员工产生工作满意感的因素都称为激励因素(又称为内部因素),而把凡是能防止员工产生不满意感的因素都称为保健因素(又称外部因素)。保健因素得到满足不能使员工感到满意,但如果保健因素没有得到满足,员工只会感到不满意。保健因素通常与工作的外部条件相关,包括公司政策、监督管理、人际关系、工资报酬和工作条件等。激励因素则是趋向与满意相联系的因素。激励因素得不到满足不会导致员工不满意,但如果激励因素得到满足则能使员工感到满意。激励因素通常与工作本身相关,包括工作成就感、工作本身、责任和晋升成长等。

(3)成就动机理论。成就动机理论是由麦克里兰提出的,他将人的高级需求分为权力需求、归属需求和成就需求。他认为,管理者的需求与一般人的需求内容有所不同。管理者以下方面的需求才是最主要的:成就需求、权力需求与合群需求,并以成就需求为主导。

首先,成就需求是指追求卓越、实现目标、争取成功的内驱力。具有高成就需求的人,对工作的成功有强烈的要求,他们乐于接受具有挑战性的工作,善于表现自己。这种人喜欢长时间工作,即使失败也不过于沮丧。

其次,组织中管理者的权力可分为两种:①个人权力,追求个人权力的人表现出来的特征是围绕个人需要来行使权力,在工作中需要及时反馈,并倾向于亲自操作;②职位权力,职位权力要求管理者与组织共同发展,自觉地接受约束,从体验行使权力的过程中得到一种满足。

再次,合群需求是指建立友好和亲密的人际关系的内驱力。合群需求强烈的人努力获得友谊,他们喜欢合作的环境而不喜欢竞争的环境,而且希望人与人之间十分默契。

2. 过程型激励理论

过程型激励理论着重研究人从动机产生到采取行动的心理过程,主要包括期望理论、公平理论和目标设置理论。

(1)期望理论。美国心理学家维克多·弗鲁姆在《工作和激励》(1964年)一书中提出了期望理论。该理论的基本观点是:人之所以能够积极地从事某项工作,是因为这项工作或组织会帮助他达成自己的目标,满足自己某方面的需求。所以弗鲁姆认为,某项活动对某人的激励力取决于该活动的结果给此人带来的价值以及实现这一结果的困难性,用公式可以表示为:

$$M = V \times E$$

其中,M 表示激励力,即个人所受激励的程度;V 表示效价,即活动的结果对个人的价值大小的主观估计;E 表示期望值,是个人对实现这一结果的可能性判断。期望理论表明,当行为者对某项工作及其结果的效用评价很高,并且估计自己获得这种结果的可能性很大时,领导者用这种方法来激励他就可以收到很好的效果。

(2)公平理论。公平理论由美国心理学家亚当斯于1965年提出。公平理论认为,人类社会个人的工作动机不仅受绝对报酬的影响,还受到相对报酬的影响。每个人都会把自己所得的报酬与付出劳动之间的比例与其他人进行比较,也会把自己现在的投入产出比例与过去的投入产出比例进行比较,并且根据比较的结果决定今后的行为。如果个人比例(报酬/贡献)与他人比例相等,他就会认为公平、合理,从而心情舒畅、努力工作。否则,他就会感到不公平,降低工作积极性。另外,个人历史比例比较也会产生同样的心理。比较的过程可以用公式表示为:

$$\frac{O_1}{I_1} = \frac{O_2}{I_2}$$

(3)目标设置理论。美国马里兰大学教授洛克发现,外来的刺激都是通过目标来影响动机的。目标能引导人们的注意,使人们根据难度的大小来调整努力的程度,并影响行为。洛克于1967年最先提出"目标设定理论",认为目标本身就具有激励作用。目标能把人的需求转变为动机,使人们的行为朝着一定的方向努力,并将自己的行为结果与既定的目标相对照,及时进行调整和修正，从而实现目标。

洛克等人在实验中还发现，从激励的效果来说，有目标比没有目标好，具体的目标比泛泛的目标好，能被执行者接受而又有适当难度的目标比唾手可得的目标好。个体的目标设置并不是对所有任务都具有相同效果。当任务是简单的而不是复杂的时，是经过仔细研究的而不是突发奇想的时，是相互独立的而不是相互依赖的时，目标对工作绩效似乎更有实质的影响。对于相互依赖性强的任务来说，群体目标更为可取。

所以，后人在目标设置的要求中，列明了 SMART 的准则。设置目标看似一件简单的事情，其实好的目标在设置的同时满足以下五点要求并不容易。这五点要求是这样的：S 代表 specific，要求目标必须是具体的；M 代表 measurable，要求目标的执行必须是可测量的；A 代表 attainable，要求目标必须是可实现的；R 代表 relevant，要求目标与总体目标之间具有相关性；T 代表 time-based，要求目标必须具有明确的截止期限。

3. 行为改造型激励理论

（1）强化理论。强化理论是研究行为的结果对动机影响的理论。所谓强化，是指为了增加或减少某种行为出现的概率而提供的积极或消极的刺激，它可分为正强化、负强化、消退和惩罚。能使人的行为（反应）得到加强以致重复出现的刺激叫正强化，如表扬、奖励和晋升等。负强化是指消除或削弱令个体不愉快或不希望的刺激，从而使个体的某种行为变得更加可能发生，如员工在绩效改进后不再对其批评。消退就是取消或忽视令个体愉快或所希望的事物，使个体的某种行为变得更不可能发生，如对工作绩效不好的员工取消其带薪休假的福利。惩罚就是给予个体不愉快或不希望发生的事件，使个体的某种行为变得更不可能发生，如批评、罚款和扣分等。

（2）归因理论。归因理论由美国的行为科学家凯利和韦纳等人在前人研究的基础上提出。所谓归因，是指为了预测和评价人们的行为，并对环境和行为加以控制而对他人或自己的行为结果所进行的因果解释和推论。归因理论的要点是：根据人们行为的外部表现，对其心理活动进行解释和推论；研究人们心理活动的产生，主要应归纳其原因，并对其未来行为进行预测。

4. 综合激励理论

波特和劳勒的综合激励理论是在期望理论、公平理论和强化理论的基础上形成的。这一理论是以期望理论为基础的，它表明先有激励，激励导致努力，努力导致绩效，绩效导致满足。综合激励理论认为，激励过程是外部刺激、个体内部条件、行为表现、行为结果的相互作用的统一过程。综合激励理论包括四个主要变量,即努力的程度、工作绩效、奖酬和满足,如图2-14所示。

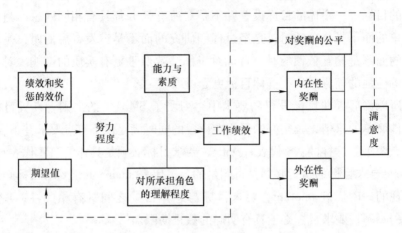

图2-14 波特和劳勒的综合激励理论模型

5. 激励实践的基本原则

(1) 物质激励与精神激励相结合原则:物质激励是基础,精神激励是必不可少的,物质激励必须与精神激励相结合。

(2) 正激励与负激励相结合原则。

(3) 内在激励与外在激励相结合原则。

(4) 组织目标与个人目标相结合原则。

[案例] 海底捞的激励措施。

爱吃火锅的人没有不知道海底捞的,从四川简阳街边的一家麻辣烫摊子起家,如今的四川海底捞餐饮股份有限公司在北京、上海、西安、郑州、天津、南京、杭州、深圳、厦门、广州、武汉、成都和昆明等57个城市有189家直营餐厅,在中国台湾有两家直营餐厅。在国外,已有新加坡四家、美国洛杉矶一家、韩国首尔三家和日本东京一家直营餐厅。

海底捞对员工创造性的激发和激励做得很好,同时在员工物质福利方面投入较大,这或许可以视为"海底捞特色的人性化"。海底捞内部有一本定期出版的《红宝书》,员工主动为顾客服务的事迹都会体现在上面。在每一间海底捞的办公室里,墙上都会贴着一张"金点子排行榜",这就是海底捞思想火花的来源。每个月,由各大部长、片区经理组成的创新委员会,会对员工提出的创意服务做出评判,一旦评上就会推广到各个分店,员工可以获得 200~2 000 元不等的奖励。员工的创意一旦被采纳,就会以发明者的名义来命名,发明的员工还可收取专利使用费。如此一来,对于海底捞的员工来说不但得到了尊重,还给更多的员工以鼓励。

海底捞的员工宿舍离工作地点不会超过 20 分钟的行程,全部为正规住宅小区,并且都会配备空调,有专人负责保洁以及洗衣服;公寓甚至配备了能上网的电脑;如果员工是夫妻,则考虑给单独房间。仅是住宿这一项,一个门店一年就要为此花费 50 万元。海底捞在简阳当地赞助了一家学校,海底捞员工子女在该学校上学全部都是寄宿制管理。海底捞有一个传统,就是将员工奖金中的一部分直接寄给他们的父母等亲人,虽然每月只有 400~500 元,但这让员工的家人也分享到了这份荣耀。

在海底捞,员工可以享受一个特权:200 万元以下的财务权都交给了各级经理,基层服务员可以享有打折、换菜甚至免单的权利。只要员工认为有必要,都可以给客人免费送一些菜,甚至免掉一餐的费用,事后口头说明即可。

海底捞的管理者知道,要让员工感到幸福,不仅要提供好的物质待遇,还要让人感觉公平。海底捞不仅让这些处在社会底层的员工得到了尊重,还给了他们希望。海底捞只有财务总监和采购总监是从外部招聘的,其他所有的干部都是服务员出身。这些大孩子般的年轻人管理着几百名员工,每年创造几千万元的营业额。海底捞的薪金构成是建立在"员工发展途径"之上的,没有管理才能的员工通过任劳任怨地苦干也可以得到认可。普通员工如果做到功勋员工,工资只比店长差一点,如果不能升职也可以通过评级提高工资。2010 年 6 月,海底捞公司还成立了作为内部培训机构的海底捞大学,为提升员工价值又迈出了新的一步。

最终取得的效果是:员工似乎不知疲倦地平均一天连续工作 10~12 小时,每个星期工作 6 天,脸上却始终挂着自然、真诚的微笑,服务能让顾客感觉到其发自内心的主动、殷勤和真诚。公司的业绩也节节攀升,曾先后在四川、陕西和河南等省荣获"先进企业""消费者满意单位""名优火锅"等十几项称号和荣誉,创新的特色服务为其赢得了"五星级"火锅店的美名。

海底捞的激励政策之所以能够成功,是因为他们能够从这批来自农村的员工的实际需求出发,制定符合他们需求的激励措施。这些都可以从马斯洛的需求层次理论、赫茨伯格的双因素理论、期望理论、公平理论和强化理论中找到理论支撑。如海底捞包吃包住、住宿均为正规小区、安保到家、为已婚的员工配备单独住房等都是基于员工生理和安全需求的；海底捞的员工均来自农村，相互推荐，乡土情深，则是针对员工们的归属需求；而《红宝书》、金点子排行榜则满足了员工自我实现的需求等。

主要内容
- ➢ 项目计划与控制综述
- ➢ 项目启动
- ➢ 项目范围管理
- ➢ 项目时间管理
- ➢ 项目费用管理
- ➢ 项目进度控制
- ➢ 项目验收

第 3 章

项目计划与控制

本章学习目标

本章主要介绍了项目计划与控制的核心理念和工具方法，使读者对项目管理的核心计划工具和方法有系统的认识，并能够应用其制定一份可行的项目计划，能够对项目计划执行过程的有效管控形成整体的认识。本章内容包括项目计划与控制的概念、层次与流程，项目启动，项目范围管理及工作分解结构，项目时间管理及网络计划技术，项目费用管理及资源负荷图和费用负荷图，项目进度控制及其挣值分析法，项目验收、交接与清算等。

- 重点掌握：里程碑、项目范围管理、工作分解结构、项目时间管理、网络计划技术、项目费用管理、资源负荷图、费用负荷图和挣值分析法。
- 一般掌握：项目计划与控制的概念、项目启动和项目验收。
- 了解：项目计划与控制的层次与流程、交接与清算。

3.1 项目计划与控制综述

3.1.1 项目计划与控制的概念

按项目进行管理的要求是目标明确，没有明确目标要求的任务不是项目管理的对象。同时，项目通常处在复杂多变的环境之中。项目管理者面临的关键问题就是：如何在这样的环境中实现项目的目标，图3-1示意性地表达了项目目标实现的基本过程。

1. 明确目标

在认识项目的基础上，明确项目的目标。

2. 策划

针对项目实施过程中将会涉及的问题进行策划，如项目的范围、组织、管理、进度、资源、费用、质量、风险、采购、沟通和信息等。

3. 形成计划文件

策划的结果是形成各类计划文件。

4. 执行

计划需要得到贯彻和落实，因此应采取各种有效措施，建立有效的执行机制，使得计划得以实现。

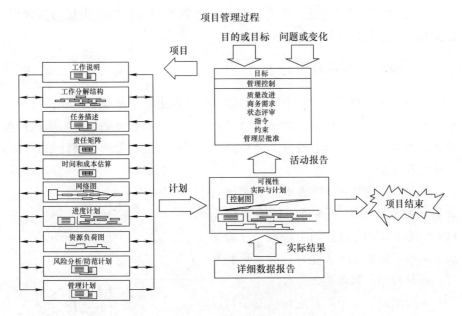

图 3-1　项目目标实现的基本过程

5. 跟进

由于项目的复杂性、可变性和未来性，项目的实际状态不可能完全按计划进行。变化是绝对的，不变是相对的，偏差的产生是必然的。所以在项目实施过程中，必须不断进行检查、采集项目信息、进行偏差分析，以掌握项目状态。

6. 问题处置

根据项目实际发生的状况，及时采取措施加以处置。

上述过程循环往复、周而复始，直到项目完成、目标实现为止。这一过程实际上可归纳为 PDCA 循环，即计划、实施、检查和处理的循环过程，其核心是计划、执行与控制。

Standish Group（斯坦迪集团）2003 年公布的调查数据中显示，在被调查的 1.35 万个项目中，绝对成功的项目比例仅为 34%，彻底失败的项目比例为 15%，介于两者之间的项目比例为 51%，这些项目被定义为存在费用超支、工期拖延的项目。通过对这些项目的分析，其结论是：有效的计划与控制是项目管理的重要职能，也是决定项目成败的两个重要环节。正如美国项目管理专家曾给项目管理下的一个定义：PM = PP + PC，即项目管理就是项目的计划与控制。

项目的计划与控制是一个有机整体,计划为项目控制提供指南和依据,控制是保证项目按计划实施的手段。

3.1.2 项目计划与控制的层次

项目是一个总系统、一个有机整体,该系统由若干子系统组成,每个子系统又由若干小系统组成。对整个项目要从总体上编制计划,并组织执行与控制;而对该项目所包含的每个分项目及其子项目也应分别编制计划,并组织执行与控制。

项目总体应依据 PDCA 循环原理进行计划与控制,每个分项目同样需要依据 PDCA 循环原理进行计划与控制,这就形成了大小不同的 PDCA 循环,即大环套小环,环环相扣,如图3-2所示。

一般来说,一个项目应包括总项目计划与控制、分项目计划与控制、子项目计划与控制以及作业计划与控制。

总项目计划与控制是对项目的总体管理,一般由决策层负责;分项目及子项目

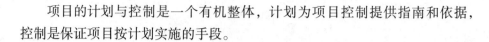

图 3-2 大环套小环的计划与控制原理

计划与控制是对分项目和子项目的管理,一般由项目管理层负责;作业计划与控制是对具体作业、工序和活动等的管理,一般由作业层负责。但这些层次之间应是紧密协调的,分项目计划与控制应与总项目相协调,子项目计划与控制应与分项目相协调,作业计划与控制应与子项目相协调。就计划而言,分层次的计划并非在总项目开始前就可全部形成,项目开始前只能形成总项目计划,其他各层次的计划是在项目进展过程中逐步展开、逐步深入、逐步完善的。

3.1.3 程序化的项目计划与控制流程

成功的项目管理离不开规范化的项目管理流程,成功的项目管理工作流程应该具有体系化、程序化、可视化和动态化的特点。根据众多项目管理的实践,总结出的成功项目管理的可视化工作流程如图3-3所示。

由图3-3可见,项目计划与控制的基本流程具体如下所述。

(1)明确项目目标。

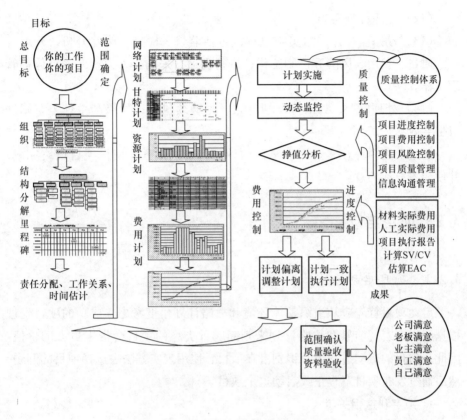

图 3-3 项目计划与控制的可视化流程

（2）建立项目组织。

（3）进行项目结构分解。

（4）制订里程碑计划。

（5）进行责任分配。

（6）确定工作关系及工作时间。

（7）编制网络计划。

（8）形成甘特图计划。

（9）编制资源计划，包括人力、材料、设备等，形成资源数据表、资源负荷图等资源计划图表。

（10）编制费用计划，包括费用估计、费用预算，形成费用数据表、费用负荷图、累计费用负荷图等费用计划图表。

（11）编制项目的其他计划，包括项目的质量计划、风险计划、采购计划和沟通计划等。

（12）组织计划实施。

（13）动态监控计划的实施过程，包括监督、检查、偏差分析；开展进度、质量、费用、风险等控制工作；进行沟通、采购、人力资源、整体等管理工作。

（14）处理偏差，如果与计划一致，则继续执行；如果产生偏差，则进行引导或纠正。

通过上述循环往复、周而复始的计划与控制流程，使得项目最终完成，并使相关方都满意。

3.2 项目启动

3.2.1 项目启动概述

启动项目首先应从组织整体环境和战略计划角度考虑，成功的项目经理根据组织的宏观前景和战略计划来判断哪种类型的项目会带来最大的价值。因此，项目的启动过程涉及识别潜在项目、使用现实方法去选择项目的问题，然后通过发布项目章程正式启动这个项目。

1. 锁定利益相关者

项目是为了给其利益相关者创造价值并使其满意，因此项目启动的出发点应该从分析、识别和定义其利益相关者入手。

实践证明，识别清楚利益相关者并让他们承担起对项目的责任并不是一件容易的事。明确利益相关者，为下一步项目发起准备了条件。

2. 项目发起

所谓项目发起，就是让同项目有切身利益的相关方承认项目的必要性，让他们根据自己的义务投入人力、物力、财力、信息或精力。项目发起人可以是投资者、项目产品或服务的用户或者提供者、项目业主等。项目发起人可以来自政府或民间。

在发起一个项目，寻求他人支持时，要有书面材料交给可能的支持者，使其明自项目的必要性和可能性。这种书面材料可以叫作项目发起文件，项目建议书是一种项目发起文件。

3. 项目核准

项目选定之后，大项目特别是需要由政府投资的公益性和基础性项目，还必须经过核准,即由项目实施组织最高决策者正式承认项目的必要性,把完成项目所需的全部权力交给项目管理班子的过程。也有些项目,比如一些小项目,由选定项目的个人或组织自己实施,无须由他人核准,也就不存在项目委托人了。

4. 项目启动的过程

项目启动就是项目管理班子开始项目或项目阶段的具体工作,包括项目或项目阶段的规划、实施和控制等过程。只有在项目的可行性研究结果表明项目可行或项目阶段必备的条件成熟或已经具备的时候,才可以启动项目。

项目启动过程完成的标志有两个:一是任命项目经理,建立项目管理班子;二是发布项目章程。

一般来说,应当尽可能早地选定项目经理,并将其委派到项目上。无论如何,项目经理必须在项目计划执行之前到岗。如果项目经理和项目管理班子是接受他人的委托,对已经由委托人选定的项目进行管理,则项目经理在接受委托时一定要同委托人明确四件事,即资金、权限、要求和时间。如果是项目经理和项目管理班子自己选定和发起的项目,项目经理也应明确和落实资金、权限、要求和时间。

项目章程也叫项目许可证,是正式承认某项目存在的一种文件。它可以是一个特别的文件形式,也可以用其他文件代替,如企业需求说明书、产品说明书等。项目章程中有关于项目目标的记载,可以从项目章程中了解总体项目需求以及关于项目产品的总体描述,并据此制定详细的产品需求。

5. 项目立项

有些项目特别是大中型建设项目,还要列入政府的社会和经济发展计划。项目经过项目实施组织决策者和政府有关部门的批准,并列入项目实施组织或者政府计划的过程,叫作项目立项。

6. 明确项目要求

项目要求是项目发起人或项目客户对项目的期望。项目要求包括多个方面的内容,比如范围、费用、时间、质量、风险、人力资源、沟通和采购等。我们可以把这些不同的方面叫作项目变数或项目参数。项目经理在接受委托之后、准备启动项目之前,必须弄清楚项目委托人对各项目变数的要求,一定要明确以下问题并进行相应工作。

(1) 哪些人或单位是项目的利益相关者?
(2) 他们对项目的期望究竟是什么?

(3) 我们打算如何满足这些期望？

(4) 我们怎么知道他们的期望已得到满足？

(5) 满足这些期望后我们能得到什么？

7. 策略提出并评价

评价项目策略的准则应当现实、可行，反映出项目的终极目标。通过评价选取最优或满意的行动路线，即项目策略。

8. 初步项目管理计划的制订

在此阶段，项目管理者要制订初步的项目管理计划。制订项目管理计划是对定义、编制、整合和协调所有子计划（如进度计划、费用计划和质量计划等）所必需的行动进行记录的过程。项目管理计划确定项目的执行、监控和收尾方式，其内容会因项目的复杂性和所在应用领域而异。编制项目管理计划，需要整合一系列相关过程，而且要持续到项目收尾。

3.2.2 项目目标

确定项目目标是指在项目的假设前提和约束条件下，利益相关者描述他们对项目的期望的过程，如图 3-4 所示。

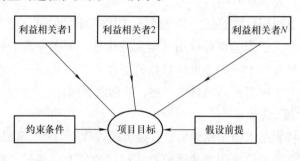

图 3-4 项目目标的确定

1. 确定项目目标的过程

项目目标一般由项目的发起人或项目的提议人来确定，记录在项目建议书中。一般情况下，项目建议书的起草人是项目经理。因此，项目经理是确定项目目标的重要主体。项目经理对项目目标的正确理解和定义决定了项目的成败。项目目标的确定是一个由一般到具体的逐渐细化的过程。

一般项目的目标确定是按系统工程方法有步骤地进行的，它通常包括对情况的分析、对问题的定义、提出目标因素、建立目标系统、研究目标系统各因素之间的关系等工作。

(1) 分析情况。目标设计是以环境和系统上层状况为依据的。情况分析是在项目构思的基础上对环境和上层系统状况进行调查、分析和评价,以作为目标设计的基础和前导工作。经验证明,正确的项目目标设计和决策需要良好的计划条件、良好的环境和大量的信息。

(2) 定义问题。经过情况的分析,可以从中认识和引导出上层系统的问题,并对问题进行界定和说明(定义)。项目构思所提出的主要问题和需求表现为上层系统的症状,而问题定义是目标设计的诊断阶段,从中研究并得到问题的原因、背景和界限。

(3) 提出目标因素。

1) 目标因素。目标因素通常由两个方面决定:一是问题的定义,即按问题的结构解决其中各个问题的程度,即目标因素;二是有些边界限制也形成项目的目标因素,由于边界条件的多方面约束,造成了目标因素的多样性和复杂性。一个工程项目的目标因素可能有如下几类:问题解决的程度、项目自身的(与建设相关)目标及其他目标因素。

2) 目标因素的确定。目标因素的提出应尽可能明确、具体,并尽可能定量化,可以分析、对比。

(4) 建立目标系统。在目标因素的基础上进行集合、排序、选择、分解和结构化,形成目标系统,并对目标因素进行定量化描述。

(5) 研究目标系统各因素之间的关系。目标因素按性质可以分为:①强制性目标,即必须满足的,通常包括法律的限制、官方的规定以及技术规范的要求等;②期望性目标,即尽可能满足的,可以作优化的目标因素。目标因素之间经常有矛盾,比如环保要求和经济效益,自动化水平和就业人数等。通常,在确定目标因素时尚不能排除目标之间的争执。但在目标系统设计时,则必须解决这个问题。在这个过程中,各目标因素被分析、对比、逐步修改、联系、变异、增删和优化,并与情况分析联系在一起,形成一个反复的过程。

2. 项目总目标的描述

在项目实施的开始,项目经理最主要的任务是准确地界定项目的总目标,通过对总目标的分解便可得到项目实现的目标体系。也就是说,项目目标确定的结果应该是一个目标体系,它们分别涉及项目的时间、费用、技术与产品等方面,每个方面都可能有一些具体的要求及相对应的目标体系,这也体现了目标的层次性。

为此,在对项目目标描述的时候就应该确定项目的总目标,而总目标的描述应该具体、明确，并尽可能定量化。项目总目标的确定，通常需确定以下内容。

（1）工作范围。即对可交付成果、交付物的描述，主要是针对项目实施的结果——产品。

（2）进度计划。说明实施项目的周期、开始及完成时间。

（3）成本。说明完成项目的总成本。

例如，某项目总目标可描述为：在10个月内，在200万美元的预算内，把一种新型电子家用烹调产品打入市场，并达到预先规定的性能指标。

当然，有时我们对目标的描述可能是"建成一所房屋"，这一总目标的描述是否合理？显然，"一所房屋"的界定范围非常广阔，可能是几间平房，也可能是一栋豪华别墅。"建成一所房屋"的较好描述应该是：在15万美元的预算内，根据5月15日的楼面布置图样和说明书，在10月31日前建成这所房子。成本、范围及工期都给予了准确界定。

[案例] "某无人驾驶小型气象探测飞机研制项目"的目标描述。

某飞机制造公司承担无人驾驶的小型气象探测飞机研制生产项目。项目拟于2013年7月开始实施，市场需求为50~100架，首架交付日期为2016年12月。项目目标包括飞机研制和为保证飞机性能的特种设备/设施采购，为保障小型气象探测飞机研制与试飞任务的顺利进行，项目总投资为1.2亿元人民币。

问题：对该项目的总体目标应该如何进行描述呢？

按照目标描述的思路，可以从以下三个方面进行描述。

（1）可交付成果：无人驾驶的小型气象探测飞机样品。

（2）工期：首架交付日期2016年12月，研制时间从2013年7月到2016年12月，总工期为3.5年。

（3）费用：研制总经费为1.2亿元人民币。

3. 项目目标管理的成果

项目目标确定的成果是形成项目目标文件，其内容包括项目说明书、项目的各种限制条件和项目的假设条件。通过对项目的详细描述，项目目标文件设定了项目成功的标准。另外，项目目标文件还可以作为项目结束后验收的依据。

3.2.3 里程碑计划

里程碑计划是以项目中某些重要事件或标志性成果的完成或开始时间作

为基准所形成的计划,是一个战略计划或项目框架,以中间产品或可实现的结果为依据。里程碑计划显示了项目为达到最终目标必须经过的条件或状态序列,描述了项目在每一阶段应达到的状态,而不是如何达到的。

里程碑计划可用里程碑图或里程碑表来表示,如表 3-1 所示的是里程碑表的例子。

表 3-1 里程碑表

里程碑事件	1月 上中下	2月 上中下	3月 上中下	4月 上中下	5月 上中下	6月 上中下
技术方案确定	30/1▲					
研究实验结束				15/4▲		
技术设计结束					15/5▲	
制作组装结束						23/6▲

3.3 项目范围管理

3.3.1 范围管理综述

项目范围管理是指为了成功达到项目目标,对完成项目全部规定所要做的工作,而且仅仅是规定要做的工作进行管理的过程。这个过程确保项目团队和利益相关者对作为项目结果的项目产品以及生产这些产品所经历的过程有一个共同的理解。简单来说,项目范围管理就是为项目划定一个工作界限,划定哪些方面是项目应该做的、哪些是不应该包括在项目之内的,从而确定项目的目标和主要的项目可交付成果。因此,范围管理对项目管理可以产生如下作用。

(1) 提高费用、时间和资源估算的准确性。项目的工作边界定义清楚了,项目的具体工作内容明确了,这就为项目所需的费用、时间、资源的估算打下了基础。

(2) 确定进度计划与控制的基准。项目范围是项目计划的基础,项目范围确定了,就为项目进度计划与控制确定了基准。

(3) 有助于清楚地分派责任。项目的范围确定意味着确定了项目的具体工作任务,从而为进一步分派任务和责任打下了基础。

所以,正确的范围管理对项目的成功非常重要。如果项目的范围确定及管理得不好，有可能造成项目最终费用的提高，容易导致意外的发生，从而打乱项目正常的实施节奏，造成返工，延长项目完成时间。一般认为，项目范围管理的内容主要包括项目的范围定义、范围分解、范围确认和范围控制四个阶段。

1. 范围定义

（1）范围定义的概念。范围定义就是把项目的产出物进一步分解为较小的、更易管理的单元，据此分解定义出项目全部工作的一种项目管理活动。项目范围的定义要以项目产出物的范围定义为基础，这是一个由一般到具体、层层深入的过程。即使一个项目的产出物只是一个单一的产品，但产品本身可能又包含一系列组成要素，每个组成要素可能又有其相对独立的范围。例如，安装一部新的电话可能包含四个组成要素——硬件、软件、培训及安装施工。其中，硬件和软件是具体产品，而培训和安装施工则是服务过程，具体产品和服务过程构成了安装一部新电话这一项目的整体。

因此，项目的范围包括产品范围和项目范围两个概念的总和。其中，产品范围是指一个产品（有形或无形）应该具有的特性和功能，项目范围是指为提交上述具有该特性与功能的产品所必须完成的各项活动的集合。产品范围的定义就是对产品要求的度量，而项目范围的定义在一定程度上是产生项目计划的基础。这两种范围的定义要紧密结合，从而保证项目的工作结果能够最终交付一个或一系列满足特定要求的产品。

（2）范围定义的依据。

1）项目章程。

2）需求建议书。

3）用于制定项目范围说明书的政策、程序和模板。

4）以往项目的项目档案。

5）历史资料。其他项目的相关历史资料，特别是经验教训，也应在确定范围定义时考虑。

（3）范围定义的方法。

1）专家判断。即利用各领域的专家来帮助项目团队制订项目范围计划。通常，每一个应用领域都应有一个可提出详细项目范围说明书内容的专家。

2）利益相关者分析。即识别各种各样的利益相关者的影响和利益，并将其需要、愿望与期望形成文件，从而编写出需求说明书。

3）方案识别。即提出执行与实施项目工作的不同办法的一种技术，最常用的是头脑风暴法与横向思维法。

4）成果分析。即通过对预期成果的分析加深对项目成果的理解，预测项目结果，确定多余的、没有价值的结果，可以用价值工程的方法。

5）成本效益分析。即通过估算项目实施方案的内部成本与收益以及外部成本与收益，计算项目投资的收益率、投资回收期等财务指标，从而制定项目范围和方案。

（4）范围定义的结果。

1）项目范围说明书。项目范围说明书详细地说明了项目的可交付成果以及为提交这些可交付成果而必须开展的工作。它可以帮助项目利益相关者就项目范围达成共识，为项目实施提供基础。具体包括：①项目合理性说明，即为何要进行这一项目，从而为以后权衡各种利弊关系提供依据；②项目成果的简要描述；③可交付成果清单；④项目目标的实现程度。

2）项目范围管理计划。这是项目管理计划的组成部分，包括如何管理变更的请求、范围稳定性评价等。

2. 范围分解

范围分解是项目范围定义的基本方法，它能够使项目的工作范围进一步细化并分解为具体的工作内容。通过范围分解，可以把项目工作分解成较小的更便于管理的多项工作。每分解一个层次，意味着对项目工作更详细的说明。

（1）范围分解的依据。

1）项目范围说明书。

2）需求文件。

3）用于创建工作分解结构的政策、程序和模板。

4）以往项目的项目档案。

5）历史资料。

（2）范围分解的方法。进行项目范围分解的主要方法为工作分解结构（Work Breakdown Structure，简称 WBS），分解的思路主要有结构优化分解、过程化分解和模板法分解三种。

1）结构化分解。任何项目系统都有它的结构，都可以进行结构分解。例如，项目的工程技术系统可以按照一定的规则分解成子系统、功能区和专业要素，项目的目标系统可以分解为系统目标、子目标、可执行目标，项目的总成本可以按照一定的规则分解为相关成本要素。此外，项目的组织系统、管理信息系统也可以进行结构分解。分解的结果通常为树型结构图。

2) 过程化分解。项目由许多活动组成，活动的组成形成过程。因此，项目可以分为许多相互依赖的子过程或阶段。具体来说，可以从如下几个角度进行过程分解。

首先，项目实施过程。根据系统生命周期原理，把某些项目（比如工程项目）可以科学地分为若干阶段（如前期策划、设计与计划、实施、运行等），每一个阶段还可以进一步分解成许多工作过程。当然，不同项目的实施过程会有些差别。例如，美国海军部就将武器研制项目分为七大阶段，即任务需求评估、初步可行性研究、可行性研究、项目决策、计划与研制、生产及使用阶段。

其次，管理工作过程。整个项目的管理过程可以分为不同的职能管理过程，其中每一种职能管理（如成本管理、合同管理和质量管理等）过程都可以进一步分解成许多管理活动（如预测、决策、计划、实施控制和反馈等）。

再次，行政工作过程。例如，在项目实施过程中存在着各种申报和批准的过程、招标/投标过程等。

最后，专业工作的实施过程。这种分解对工作包内工序（或更细的工程活动）的安排和构造工作包的子网络是十分重要的。

在上述四个过程中，项目实施过程和项目管理过程是项目管理者最重要的过程。项目管理者必须十分熟悉这些过程，项目管理的实质就是对这些过程的管理。

3) 模板法分解。模板法分解是指可以借用项目所需专业技术领域中的标准化和通用化的项目工作分解结构模板，然后根据项目的具体情况和要求，进行必要的增加和删减而得到项目工作分解结构的方法。该方法可以应用到多数项目的工作分解中，主要工作是先确定项目工作分解的模板，然后根据项目的具体情况进行工作增加或减少，最后进行项目工作分解结构的分析和检验。其中，在选择工作分解模板时，可以借用项目所属专业技术或行业的标准化和通用化的项目工作分解结构模板，也可以使用某个相似历史项目的工作分解结构模板，甚至可以专门设计该项目的工作分解结构模板。

(3) 范围分解的成果。

1) 项目工作分解结构图。工作分解结构（WBS）确定了项目的整个工作范围。也就是说，WBS 以外的工作不在项目范围之内。

2) 工作分解结构（WBS）词典。制作工作分解结构过程时生成的并与工作分解结构配合使用的文件称为工作分解结构词典。WBS 词典包括编码、工作包描述（内容）、成本预算、时间安排、质量标准或要求、责任人或部门或外部单位（委托项目）、资源配置情况及其他属性等。

3. 范围确认

范围确认是指项目利益相关者（比如项目启动方、项目承接方及项目使用方等）对项目范围的正式认可和接受的工作过程。范围确认要明确所有与项目有关的工作均已包括在项目范围中，并且与项目无关的工作均未包括在项目范围中。范围确认不仅要确认项目的整体范围，还要对分解后的子工作范围进行确认。

（1）范围确认的依据。

1）项目范围说明书。

2）项目工作分解结构图。

3）工作分解结构词典。

4）需求文件。

5）确认的可交付成果。

（2）范围确认的方法和工具。

1）项目范围核检表。项目范围核检表从整体上对项目范围进行核检，比如目标是否明确、约束和假定条件是否符合实际、风险是否可以接受等。

2）项目工作分解结构核检表。项目工作分解结构核检表主要以工作结构分解图为依据，检查项目交付物的描述是否清楚、工作包分解是否到位、层次分解结构是否合理等。

（3）范围确认的成果。范围确认的成果应有正式的项目确认文件，表明项目范围已被项目所有的利益相关者确认，同时这也是项目沟通管理中的正式文件之一。

4. 范围控制

范围控制是指对造成项目范围变更的因素施加影响，并控制这些变更造成的后果。项目范围变更及控制不是孤立的。因此，在进行项目范围控制时，必须同时全面考虑对其他因素的控制，特别是对时间、成本和质量的控制。

（1）范围控制的原因。

1）项目的外部环境。比如，政府新颁发的法律法规、国家通货膨胀政策等。

2）新的生产技术、手段或方案等。如果被采用，对项目产生较大影响。

例如，项目开始后出现了可以大幅度降低费用的新技术。

3）项目团队本身发生变化。比如，人事变动、组织结构调整等。

4）制订范围计划时存在失误和遗漏。

5）利益相关者对项目提出了新的要求。

(2) 范围控制的依据。

1）项目范围说明书。

2）工作分解结构。

3）项目范围管理计划。

4）批准的变更请求。

(3) 范围控制的方法。

1）范围控制系统。该系统用来定义项目范围变更处理程序，包括计划范围文件、跟踪系统、偏差系统与控制决策机制。

2）偏差分析。偏差分析就是将项目实施结果的测量数据与范围基准相比较，评价偏差的大小并判断偏离范围基准的原因，以及决定是否应当采取纠正措施。

3）进度报告。

4）计划调整。很少有项目能严格按计划实施。在充分认识这一客观事实的基础上，需要不断进行项目工作再分解，并以此为基础建立多个可选的、有效的计划调整方案。

(4) 项目范围控制的结果。

1）变更请求。变更请求包括预防措施、纠正措施或缺陷补救。变更请求需要由实施整体变更控制过程来审查和处理。

2）更新的项目范围说明书。

3）更新的工作分解结构。

4）更新的范围基准。

5）更新的项目管理计划。

3.3.2 工作分解结构的制定

1. 工作分解结构的定义

工作分解结构（WBS）是项目管理中的一种基本方法，主要应用于项目范围管理，是一种在项目全范围内分解和定义各层次工作包的方法。该方法按照项目发展的规律，依据一定的原则和规定，对项目范围进行系统化、相互关联和协调的层次分解。结构层次越往下层，说明项目范围的分解越详细。

WBS 最后构成一个层次清晰的树状结构，该结构确定了项目的整个范围，可以作为项目实施的工作依据。WBS 通常是一种面向"成果"的"树"，最底层是细化后的"可交付成果"。

WBS 把项目范围分解成更小、更易于管理和控制的单元，为后续的具体实施提供依据，主要作用如下。

（1）保证项目结构的系统性和完整性。分解结果代表被管理的项目范围和组成部分，包括项目应该包含的所有工作，并且没有重复和遗漏，这是项目结构分解最基本的要求。

（2）通过工作结构分解，使项目的概况和组成明确清晰，使人们对项目一目了然，甚至使不懂项目管理的业主、投资者也能把握整个项目，从而方便观察、了解和控制整个项目过程。

（3）为项目的工期计划、成本和费用估计，以及资源分配提供依据。

（4）便于建立项目目标保证系统。工作分解结构能够将项目实施过程、项目成果和项目组织有机地结合在一起，是进行项目任务承发包、建立项目组织、落实组织责任的依据。工作分解结构可与项目组织结构有效地结合在一起，有助于项目经理根据各个项目单元的要求，赋予项目各部门和各职员相应的职责。

（5）将项目质量、工期、成本（投资）目标分解到各项目单元，这样便于对项目各单元进行详细设计，确定实施计划和风险分析，便于实施控制，并对完成情况进行评价。同时，工作分解结构也是编制项目进度计划的主要依据。在编制进度计划时，根据工作分解结构可以确定活动之间的逻辑关系进而构成活动网络，再确定活动所需要的持续时间和开始时间，就可以编制整个项目的进度计划了。

2. 编制工作分解结构的步骤

步骤一：识别项目的主要组成部分。

（1）问题：实现项目目标需要完成哪些主要工作？

（2）技巧：可以按照项目生命周期的阶段、项目的主要提交成果、产品、系统或者专业来分解。

（3）层次：处于 WBS 中的第二层上，并在结构图形上标示出来。

步骤二：判断。

（1）在已经分解的基础上，判断能否快速方便地估算各个组成部分各自所需的费用和时间,以及责任分配的可能性与合理性。

(2) 如果不可以,进入第三个步骤;如果可以,则进入第四个步骤。

步骤三:识别更小的组成部分。

(1) 要完成当前层次上各个部分的工作,还需要做哪些更细的工作?

(2) 这些工作是否可行、可核查?

(3) 这些工作之间的先后顺序是怎样的?

(4) 在 WBS 中的第三、第四层上,并标示出来。

(5) 判断:能否快速方便地估算该层的各个组成部分各自所需的费用和时间,以及责任分配的可能性与合理性。如果不行继续第三步;如果可以则进入第四个步骤。

步骤四:检查工作。

(1) 如果不进行这一层次的工作,上一层的各项工作能否完成?

(2) 完成了该层的所有工作,上一层的工作就一定能完成吗?

(3) 对当前层的工作进行增加、删除或者修改,或者对上层工作进行适当的整理。

步骤五:完成项目范围说明书。

WBS 各层工作的内容、范围和性质是否都已经明确?如果回答肯定,则需要写出相应的范围说明书,该范围说明书就是项目工作包的范围说明书;如果回答否定,则需要进行必要的修改和补充。

3. 编制工作分解结构的思路

(1) 基于功能(系统)的分解结构,如图 3-5a 所示。

(2) 基于成果(系统)的分解结构,如图 3-5b 所示。

(3) 基于工作过程的分解结构,如图 3-5c 所示。

(4) 基于样板的分解结构。一个组织过去所实施项目的工作分解结构通常可以作为新项目的工作分解结构的样板。虽然每个项目都是独一无二的,但仍有许多项目彼此之间存在着某种程度的相似之处。许多应用领域都有标准或半标准的工作分解结构作为样板,如图 3-6 所示。

4. 工作分解结构词典的建立

项目(特别是那些较大的项目)通常会被分解成许多工作层次,因此对最底层的工作需要有全面、详细和明确的文字说明。于是,常常把这些所有的工作文字说明汇集在一起,建立一个项目的工作分解结构词典,以便需要时查阅。WBS 词典通常包括编码、工作包描述(内容)、成本预算、质量标准或要求、责任人或部门或外部单位（委托项目）、资源配置情况和其他属性等。如表 3-2 所示的就是一个 WBS 词典的示例。

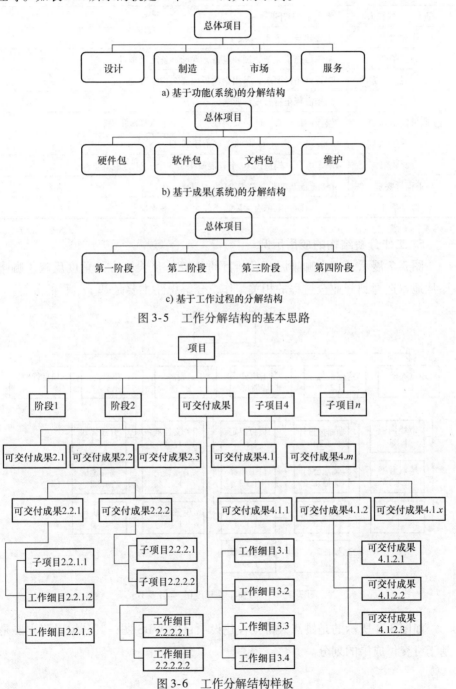

图 3-5　工作分解结构的基本思路

图 3-6　工作分解结构样板

表 3-2 工作分解结构词典示例

作业编号	A1020
责任人/授权人	张大千/李开明
作业内容	主楼建筑工程 3~4 层
施工条件	第二层施工完毕，图样具备，现场具备施工条件
标准、规范、方法	按设计图样要求，采用钢模板现浇结构混凝土
施工成果	结构混凝土符合设计要求，不包括……
质量控制方法	模板质量检查、面板安装检查、混凝土浇筑质量检查
开工/完工日期	2002 年 7 月 21 日 ~ 2002 年 8 月 29 日
资源要求	吊车 1 台、模板工 10 个、混凝土工 3 个、84 方混凝土
工程量要求	150m^2 面板架设，浇筑 84 方混凝土
假设条件	天气晴朗、电源有保障、不发生安全事故

5. 工作分解结构的应用示例

图 3-7 展示了一个咖啡屋开设项目的 WBS，从投资方的角度反映了咖啡屋从地点选择到开业全过程的相关工作，分解思路主要是基于过程的分解。

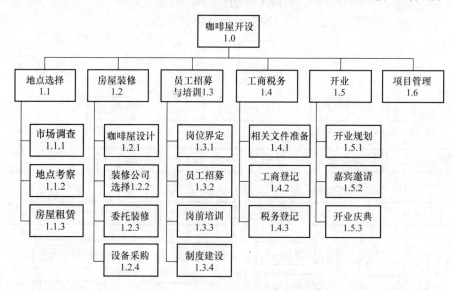

图 3-7　一个咖啡屋开设的项目 WBS

如图 3-8 所示的是姚江大桥工程建设项目的 WBS 图，其分解思路主要是基于可交付成果的划分。

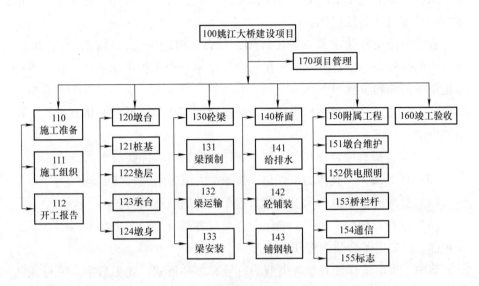

图 3-8　姚江大桥建设项目 WBS 图

3.3.3　工作责任分配矩阵的建立

1. 责任分配矩阵的概念

责任分配矩阵是一种将所分解的工作任务落实到项目有关部门或个人，并明确表示出他们在组织工作中的关系、责任和地位的一种方法和工具。责任分配矩阵在工作分解结构的基础上建立，以表格形式明确地表示出工作分解结构中的每项工作由谁负责、由谁具体执行，并且明确了每个人在整个项目中的地位。此外，责任分配矩阵还系统地阐释了个人与个人之间的相互关系，能使组织或个人充分认识到与他人配合当中应承担的责任，进而能够充分、全面地认识到自己的全部责任。

在项目实施的过程中，如果项目中某项活动出现了问题，很容易从责任分配矩阵中找出该活动的负责人和具体执行人，还可以针对某个子项目或某个活动分别制定不同规模的责任分配矩阵。

2. 责任分配矩阵的制定

责任分配矩阵是由线条、符号和简洁文字组成的图表，不但易于制作和解读，而且能够比较清楚地反映项目各工作部门或个人之间的工作责任与相互关系，目前已经得到广泛应用。因此，责任分配矩阵可以使用在 WBS 的任何层次,比如战略层次的里程碑责任矩阵、项目分级的程序责任矩阵以及战术级的日常活动责任矩阵。

责任分配矩阵通常是一种矩阵图,行表示组织单元,列表示工作单元,矩阵中的符号表示项目组织单元在每个工作单元中承担的角色或责任。责任分配矩阵的编制步骤如下:

(1) 确定工作分解结构中所有最低层次的工作包,并将其填在责任分配矩阵列中。

(2) 确定所有项目参与者,填在责任分配矩阵的标题行中。

(3) 针对每一个具体的工作包,指派个人或者组织对其负全责。

(4) 针对每一个具体的工作包,指派其余的职责承担者。

(5) 检查责任分配矩阵,确保所有参与者都有责任分派,同时所有的工作包都已经确定了合适的责任承担人。

其中,表示工作任务参与类型的符号有多种形式,比如数字、字母或几何图形。如果用字母来代表工作参与角色和责任(比如说某项目的管理角色和责任),可用如下字母表示。

X——执行工作　　D——单独或决定性决策　　d——部分或参与决策
P——控制进度　　T——需要培训工作　　　　C——需要咨询的
I——必须通报的　A——可以建议的

另外一个项目的管理角色和责任,可用如下符号表示。

▲——负责　　●——辅助　　○——审批
△——承包　　□——通知

表 3-3 是以符号表示的一个责任分配矩阵示例,表 3-4 是以字母表示的一个责任分配矩阵示例。

表 3-3　以符号表示的责任矩阵

WBS	组织责任者	项目经理	项目工程师	程序员
	确定要求	○	▲	
	设计	○	▲	
开发	修改外购软件包	□	○	▲
	修改内部程序	□	○	▲
	修改手工操作流程	□	○	▲

(续)

WBS	组织责任者	项目经理	项目工程师	程序员
测试	测试外购软件包	□	●	▲
测试	测试内部程序	□	●	▲
测试	测试手工操作流程	□	●	▲
安装完成	完成安装新软件包	●	▲	
安装完成	培训人员	●	▲	

表 3-4 以字母表示的责任矩阵

活动 \ 责任人	职能部门领导	管理者	团队领导	项目经理	项目支持办	地产管理者	网络管理者	信息技术	作业者	全体人员
召开项目定义会议	DX			X	PX	X				
确定收益	D	DX			PX	X				
草拟项目定义报告	D	DX			PX	X	I	I	I	I	I
召开项目启动会议	X	X			PX	X	X	X	X	
完成里程碑计划	D	D	D		PX	X	C	C	A	C
完成责任图	D	D	D		PX	X	C	C	A	A
准备时间估算			A		P	X	A	A	A	A
准备费用估算			A		P	X	A	A	A	A
准备收益估算	A	A	A		P					
评价项目活力	D	D	D		PX					
评价项目风险	D	D	DX		PX	X	C	C	C	C
完成项目定义报告	D	D	DX		PX	X	C	C	C	C
项目队伍动员	D	D	DX		PX	X	X	LX		I

3.4 项目时间管理

3.4.1 时间计划制订的基础

项目时间管理是指在规定的时间内,制订出合理且经济的时间(进度)计划(包括多级管理的子计划),进而执行该时间计划。在执行该计划的过程中,需要经常检查实际进度是否按计划要求进行。若出现偏差,就要及时找出原因,采取必要的补救措施或调整、修改原计划,直至项目完成。

项目时间（进度）计划的制订是根据项目工作范围的界定、项目工作顺序的安排、工作的时间以及所需资源的估算，从而编制出项目时间（进度）计划。制订项目时间计划的目的是控制项目时间，以保证项目能够在满足其时间约束条件的前提下实现总体目标。项目时间（进度）计划是项目进度控制的基础，是确保项目在规定合同工期内完成的重要保证。其中，工作关系的确定和工作持续时间的估计是制订项目时间计划的基础。

1. 工作关系的确定

（1）工作关系的分类。一个项目有若干项工作（活动），这些工作（活动）在时间上的先后顺序称为紧前紧后关系。紧前紧后关系可以进一步分为两大类：其一是客观存在的、无法改变的紧前紧后关系，也称为逻辑关系。例如建一座厂房，首先应进行基础施工，然后才能进行主体施工。其二是可以人为进行变更的紧前紧后关系，也称为组织关系。这类紧前紧后关系随着人为约束条件的变化而变化，也随着实施方案、人员调配、资源供应条件等的变化而变化。例如，一个项目有三项工作A、B、C，如果A、B、C之间不存在客观、必然的逻辑关系，那么要完成这个项目，这三项工作之间的关系就有多种不同的方案。虽然不同的方案最终都能完成该项目，但效果可能大不相同。可见，优化工作之间的关系主要就是指对组织关系的优化。因此，在确定工作关系时，首先应分析确定工作之间客观存在的逻辑关系，然后分析研究工作之间的组织关系。

通常，项目工作之间的关系包括以下几种方式。

1）单行关系。单行关系也称为串行关系，是指按顺序依次开展各项工作。该方式的优点是管理简单，随之带来的问题是这些工作全部完成所需的总时间是各项工作的时间之和，有可能导致项目的总工期延长。

2）并行关系。并行关系也称为平行关系，是指若干工作同时开展。该方式的优点是可以有效缩短项目总工期，但管理要复杂得多。

3）搭接关系。根据工艺要求或组织要求确定的相邻工作之间的关系，搭接关系有多种类型。

（2）工作关系确定需要考虑的因素。在项目时间计划制定的过程中，首先要确定相邻工作之间的关系。相邻工作之间的关系用紧前工作和紧后工作的概念来进行描述。紧前工作是相对于紧后工作而言的，即该工作的完成是其后续工作开始的前提条件。紧后工作是相对于紧前工作而言的，即紧前工作完成后即可开始该工作。确定紧前、紧后工作关系时，需要考虑以下几个因素。

1）如果以提高经济效益为目标，选择所需费用最少的工作关系方案。

2）如果以缩短工期为目标，选择能有效节省工期的工作关系方案。

3）优先安排重点工作，比如持续时间长、技术复杂、难度大的工作，以及先期完成的关键工作。

4）应考虑资源利用和供应之间的平衡，均衡、合理地利用资源。

5）应考虑环境、气候对工作关系的影响。

（3）工作关系确定的主要内容。

1）强制性逻辑关系的确定，这是工作关系确定的基础。通常，客观存在的工艺关系是逻辑关系确定的基本依据，主要根据项目工作的工艺、技术和空间关系等因素来确定，通常由管理人员与技术人员共同完成。

2）可变的组织关系的确定。这类工作关系的确定具有一定的随意性，其结果将直接影响进度计划的总体水平。该类工作关系的确定通常难度较大，需要通过方案分析、研究、比较和优化等过程才能确定。但是，可变的组织关系的确定对项目的成功实施是至关重要的。

3）外部制约关系的确定。项目工作和非项目工作之间通常会存在一定的影响。因此，在项目工作计划的安排过程中，应考虑外部工作对项目工作的制约和影响，这样才能正确地把握项目的发展。

4）实施过程中的限制和假设。为了制订切实可行的进度计划，应考虑项目实施过程中可能受到的各种限制，同时还应考虑项目进度计划制订所依赖的假设条件。

总体来说，确定工作之间的关系，应该按照"先强制性逻辑关系后组织关系"的原则进行。即先找出工作之间具有的强制逻辑关系，这是建立网络图的最基本条件。只有在强制性逻辑关系确定正确的前提下，才能对组织关系进行合理的处理。通常，对一个熟悉项目任务情况的计划人员来说，找出工作之间的强制性逻辑关系并不是一件难事。实际上，关键之处是确定工作之间的组织关系。它不仅仅要求计划人员对项目任务有深入的了解，对资源和空间等约束条件有充分的考虑，而且还必须具备良好的统筹分析能力和技巧。可以说，工作之间组织关系确定得合理与否，几乎决定了时间计划制订的好与坏。

工作关系确定的结果就是明确项目各工作之间的紧前和紧后关系，从而形成项目工作关系表。如表3-5所示的就是某一个项目的工作关系表。

表 3-5 某项目工作关系表

序号	工作代号	紧后工作	持续时间/天	资源强度/(人数/天)
1	A	B	3	10
2	B	E、F	2	7
3	C	D	4	3
4	D	F	4	12
5	E	G	7	7
6	F	G	10	12
7	G	—	3	10

在表 3-5 中，工作 A 与 C 之间的关系可以人为确定，即可以 A 在 C 前，也可以 C 在 A 前，也可以 A 和 C 同时进行。当然，在没有资源和人员等的约束条件下，A 与 C 同时进行是最佳方案，有利于项目目标的更快实现。除此之外，表中其他工作之间的关系都是客观存在、不能改变的逻辑关系。

2. 工作持续时间的估计

工作持续时间是指在一定的条件下，直接完成该工作所需时间与必要停歇时间之和，单位可为日、周、旬或月等。工作持续时间是计算其他网络参数和确定项目总工期的基础。因此，工作持续时间的估计是制订项目进度计划的一项重要的基础工作，要求客观正确。如果工作时间估计太短，则会造成被动紧张的局面；相反，则会延长工期，造成不必要的浪费。在估计工作时间时，不应受工作的重要性及项目完成期限的限制，而要在考虑资源供应、技术、工艺、现场条件、工作量、工作效率和劳动定额等多种因素的情况下，将工作置于独立的正常状态下进行估计。

(1) 估计工作持续时间的依据。

1) 活动清单。

2) 活动属性。

3) 资源需求。工作持续时间受到分配给该工作的资源以及该工作实际需要资源的制约。例如，当人力资源减少一半时，工作持续时间将可能增加一倍。

4) 资源日历。资源日历是在估算活动资源过程中编制的，包括人力资源的种类、可用性与能力等。此外，也应该考虑对工作持续时间有显著影响的设备和材料资源，比如类型、数量、可用性和能力等。

5) 项目的约束和限制条件。这是指估计工作持续时间时所应依据的各种约束条件和假设前提条件。

6）历史信息。类似的历史项目工作资料有助于对项目工作时间的确定，这些历史信息包括项目文件、工作时间估计数据库及项目工作组的知识等。

(2) 估计工作持续时间的主要方法。

1）专家判断法。工作持续时间的估计通常涉及众多因素，很难找到一种通用的计算方法，此时专家判断法将是进行时间估计的行之有效的方法之一。专家判断法就是由专家根据历史经验、信息及专家自己的判断能力来估计工作持续时间，其结果具有一定的不确定性和风险。

2）类比估计法。类比估计法就是根据先前类似的实际项目的工作时间来估计当前项目各工作的持续时间。当项目的某些详细信息缺乏时，尤其是当前项目与类比项目比较类似时，类比估计法是一种最常用、最有效的方法。

3）参数估算法。参数估算法是利用历史数据与其他变量之间的统计关系，来估算诸如持续时间、费用、资源等活动参数。其中，参数估算的准确性在很大程度上取决于参数模型的成熟度和基础数据的可靠性。

4）单一时间估计法。采用这种方法在估计各项工作的持续时间时，只估计一个最可能的持续时间，对应于关键路径 CPM 网络。采用单一时间估计法时，应以完成该工作可能性最大的持续时间为准，不受工作重要程度和合同工期的影响。该方法主要适用于工作内容简单、不可知因素较少的状况，或有类似项目的工作资料可以借鉴的情况。

5）三个时间估计法。对于工作具有高度不确定性、涉及面广、技术复杂、工程量大的项目，可以采用三个时间估计法来估计各项工作的持续时间。该方法先估计三个时间值，然后根据概率统计的原理和方法来确定工作的持续时间，对应用于 PERT 网络。其中，估计的三个时间分别是最乐观时间、最可能时间和最悲观时间。

① 最乐观时间（t_o）。它是指在最顺利的情况下，完成该工作可能需要的最短时间。经验规律表明，在估计的最乐观时间之内完成工作的概率仅有 10%。

② 最可能时间（t_m）。它是指在正常情况下，完成某项工作最可能需要的时间，即假设该工作在相同条件下重复多次，完成时间中出现次数最多的时间值。

③ 最悲观时间（t_p）。它是指在最不利的情况下，完成该工作可能需要的最长时间。经验规律表明，在超出估计的最悲观时间完成活动的概率也仅

有 10%。

实际上，t_0、t_m 和 t_p 这三个时间都是基于概率统计，在综合分析项目特点、工作特点、环境等因素的基础上做出的估计。根据统计，某项工作实际消耗的持续时间及其出现的频率分布为正态分布。若以 t_e 表示某项工作的估计持续时间，则有 $t_e : N(\bar{t_e}, \sigma^2)$。

接下来，根据工作的三个时间估计值可以为该工作计算一个期望工时 $\bar{t_e}$。期望工时 $\bar{t_e}$ 可以用以下公式进行计算：

$$\bar{t_e} = \frac{t_0 + 4t_m + t_p}{6}$$

仅仅知道工作的期望工时还不能预测某一工作在期望工时内完成的可能性。为了反映工作时间概率分布的离散程度，还可以通过计算方差的方法加以判断。方差的计算公式如下：

$$\sigma^2 = \left(\frac{t_p - t_0}{6}\right)^2$$

其中，σ 的数值越大，表明工作时间概率分布的离散程度越大，则期望工时的可靠性就越小；反之，σ 的数值越小，则期望工时的可靠性就越大。

3.4.2 网络计划技术

1. 网络计划技术简介

网络计划技术是以网络图为基础的计划模型，已经成为项目进度计划的主要核心工具和方法。网络计划技术最基本的优点是能直观地反映项目各工作之间的相互关系，使一个项目进度计划构成一个整体，从而为实现进度计划的定量分析奠定基础。对一个项目来说，要制订出科学的进度计划，网络模型是必不可少的。网络计划技术的两个基本形式是计划评审技术（Program Evaluation and Review Technique，PERT）与关键路径法（Critical Path Method，CPM），两者有时统一记为 PERT/CPM。

（1）关键路径法（CPM）。关键路径法可以确定出项目各工作的最早、最迟开始和结束时间，通过最早与最迟时间的差额可以分析每一个工作相对时间的紧迫程度及工作的重要程度。这种最早与最迟时间的差额称为时差，时差为零的工作通常称为关键工作。关键路径法的主要目的是确定项目中的关键工作和关键路径，以保证实施过程中能抓住重点工作和主要矛盾，从而保证项目的如期完成。

(2)计划评审技术(PERT)。计划评审技术是一种应用工作前后逻辑关系及不确定时间来表示的网络计划图,其基本形式与CPM网络计划基本相同,只是在工作持续时间方面与CPM有一定的区别。CPM仅需要一个确定的工作时间,而PERT则需要三个估计的工作时间,即最乐观时间、最可能时间和最悲观时间,然后计算出工作的期望时间。

网络计划是在网络图的基础上加注工作的时间参数等而编制成的进度计划。因此,网络计划主要由两大部分组成,即网络图和网络参数。网络图是由箭线和节点组成的用来表示工作关系的有向、有序的网状图形。按照节点和箭线表示的内容不同,网络图可以分为单代号网络图和双代号网络图。单代号网络图又可分为普通单代号网络图和搭接网络图。其中,搭接网络图主要是为了反映工作之间执行过程的相互重叠关系而引入的一种网络计划表达形式。而双代号网络图又可分为双代号时间坐标网络图和双代号非时间坐标网络图。网络参数主要是指根据网络图计算出的工作的各种时间参数,包括工作最早开始时间、工作最迟开始时间、工作最早结束时间、工作最迟结束时间及工作总时差等。

2. 单代号网络图

单代号网络图是一种用节点表示工作、箭线表示工作关系的网络图,是大多数项目管理软件包所使用的方法。它包括四种类型工作关系:紧前紧后关系即结束到开始的关系、结束到结束的关系、开始到开始的关系以及开始到结束的关系。其中,结束到开始的关系最为常用,这是一种最典型的逻辑关系。如图3-9所示的就是一个典型的单代号网络图。

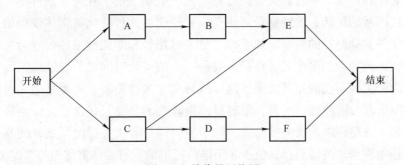

图3-9 单代号网络图

(1)单代号网络图的组成。

1)节点。在单代号网络图中,节点及其编号用圆圈或矩形表示,表示一项工作,如图 3-10 所示。

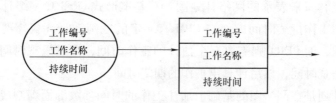

图 3-10　单代号网络图中节点的表示方法

节点必须编号,节点号即为工作的代号。由于一项工作只有唯一的节点和唯一的编号,故称为"单代号"。节点编号标注在节点内,可连续编号,也可间断编号,但严禁重复编号,而且箭尾节点的编号应小于箭头节点的编号。

2)箭线。单代号网络图中用箭线表示相邻工作之间的逻辑关系。箭线可画成直线或折线,箭线的水平投影方向应自左向右,表示工作的进展方向。

3)路径。从开始节点出发,沿着箭线的方向连续通过一系列箭线和节点,最后到达结束节点的通路称为路径。每一条路径都有自己确定的完成时间,该时间等于该路径上各项工作持续时间的总和,该路径也称为路长。

根据路径的长度,路径可分为关键路径、次关键路径和非关键路径。路长最长的路径称为关键路径或主要矛盾线,位于关键路径上的所有工作称为关键工作。关键工作完成时间的长短直接影响整个项目总工期的长短。此外,关键路径往往不止一条,可能同时存在若干条关键路径,即这几条关键路径的路长是相同的。而且,关键路径并不是一成不变的。在一定条件下,由于受干扰因素的影响,关键路径可能会发生变化。这种变化通常体现在两个方面:一是关键路径的数量增加了,二是关键路径和非关键路径可能会发生相互转化。例如,如果非关键路径上某些工作的持续时间延长导致该路径的路长超出了关键路径的路长,则该路径就转变为关键路径,而原来的关键路径就转变为非关键路径。通常,最容易发生转变的是路长仅次于关键路径路长的路径,该路径称为次关键路径。除了关键路径和次关键路径之外的其他所有路径均称为非关键路径,位于非关键路径上的所有工作都称为非关键工作。

(2)单代号网络图的绘制规则。

1)必须正确表达项目各工作之间的关系。在绘制网络图之前,首先应正确确定工作之间的关系,然后是正确绘制。

2)不允许出现循环回路。循环回路是指从某一个节点出发顺着箭线的方向又回到该节点,如图 3-11 所示。出现这种状况可能是关系分析错误,也可能是绘图错误造成的。总之,循环回路所表示的关系是错误的,在工作顺序上是相互矛盾的。

3) 在节点之间不能出现带双向箭头箭线或无箭头连线。网络图是有向的,箭头所指的方向就是工作进展的方向。因此,一条箭线只能有一个箭头,不能出现方向矛盾的双向箭头和无方向的无箭头箭线,如图 3-12 所示。

4) 不能出现无箭头节点或无箭尾节点的箭线,如图 3-13、图 3-14 所示。

5) 关于箭线交叉。在绘制网络图时,箭线不宜交叉。当交叉不可避免时,可采用过桥法和指向法,如图 3-15、图 3-16 所示。

6) 关于起始节点和终止节点。在单代号网络图中,只能有一个开始节点和终止节点。当出现多个开始节点或多个终止节点时,需要增加虚拟的开始节点或终止节点,并使之与多个开始节点或终止节点相连。

图 3-11 循环回路

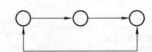
图 3-12 双向箭头箭线和无箭头连线

图 3-13 无箭头节点的箭线

图 3-14 无箭尾节点的箭线

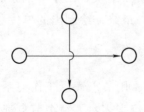
图 3-15 过桥法

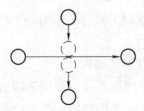
图 3-16 指向法

在绘制网络图时，可以根据紧前工作和紧后工作的任何一种关系进行绘制。按紧前工作关系绘制时，从无紧后工作的工作开始，依次进行，将紧前工作一一绘出，并将最后的工作结束于一点，以形成一个终止节点。按紧后工作关系绘制时，也应从无紧前工作的工作开始，依次进行，将紧后工作一一绘出，直至无紧后工作的工作绘完为止，并形成一个终止节点。使用一种方法绘制完成后，可利用另一种方法进行检查。或者根据项目工作关系表所描述的工作关系进行检查，若与项目工作关系表所描述的工作关系一致，则说明网络图正确地表达了工作关系。

（3）单代号网络图绘制示例。例如，某仪表检测项目，通过工作关系分析，确定了相邻工作之间的紧前紧后关系，形成了该项目的工作关系表（见表3-6），据此绘制出单代号网络图。为简化，绘制网络图时不需要标注工作名称和持续时间。

表3-6 某仪表检测项目工作关系表

序号	工作名称	工作代号	紧后工作	持续时间/天
1	打开仪表	A	C、D、E	1
2	准备清洗材料	B	F	1
3	电器检查	C	G	2
4	仪表检查	D	G、H	3
5	机械检查	E	F	2
6	机械清洗组装	F	G	2
7	总装	G		2
8	仪表标准	H		3

根据表3-6，可按照紧后工作关系绘图。首先，无紧前工作的是工作A和B，即该项目开始的工作就是A和B。然后依次进行，比如工作A的紧后工作是工作C、D、E，工作B的紧后工作是工作F，工作C的紧后工作是工作G等，直到无紧后工作的是工作G、H。最终，绘制出的单代号网络图如图3-17所示。

3. 双代号网络图

双代号网络图是一种用箭线表示工作，用节点表示工作关系的网络图。其中，每一项工作都用一个箭线和两个节点来表示，每个节点都编以号码，箭线的箭尾节点和箭头节点就是每一项工作的起点和终点，"双代号"即由此而来。如图3-18所示的是一个典型的双代号网络图。

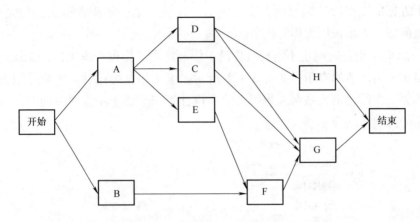

图 3-17 某仪表检测项目的单代号网络图

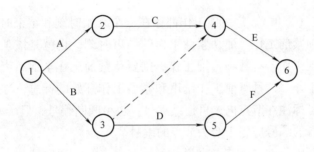

图 3-18 双代号网络图

(1) 双代号网络图的组成。

1) 箭线。在一个项目中,任何一个可以定义名称、独立存在且需要一定时间或资源完成的活动或任务都可以看作工作,其具体内容可多可少、范围可大可小。例如,可以把整个产品设计视为一项工作,也可以把产品设计中的每一道工序、任务视为一项工作。完成一项工作需要人力、物力的参加,占用一定的时间和空间。有些工作(如油漆后的干燥、等待材料等)虽然不消耗资源,但消耗时间,在完成项目的过程中,它们同样是一个不可或缺的过程。这些不消耗资源、需要等待结果的过程也应视为工作。

在双代号网络图中,箭线表示工作,箭线所指方向表示工作的前进方向,箭线的尾端表示工作的开始,箭头表示工作的结束,从箭尾到箭头表示一项工作的作业过程。双代号网络图中的工作通常可以分为以下两种类型。

① 需要消耗时间和资源的工作。这类工作称为实工作,在双代号网络图中用实箭线表示,如图 3-19a 所示。通常,在箭线上方标出工作名称,在箭

线下方标出工作的持续时间,箭尾表示工作的开始,箭头表示工作的完成,节点的编号表示该项工作的代号。

② 既不消耗时间也不消耗资源的工作。这类工作称为虚工作,在双代号网络图中用虚箭线表示,如图 3-19b 所示。虚工作是虚设的,主要是用来表示相邻工作的逻辑关系而人为引入的假设性工作。由于不需要时间,所以虚工作的持续时间为零。

图 3-19 实箭线与虚箭线

2)节点(事项)。每一项工作都存在一个开始时刻和结束时刻。一项工作若只有一项紧前工作,那么紧前工作的结束时刻,也就是该工作的可能开始时刻;一项工作若有数项紧前工作,则要待紧前工作全部结束后,才有可能开始这项工作。这种紧前工作结束和紧后工作开始的标志,称为节点或事项。节点编号标注在节点内,可连续编号,也可间断编号,但严禁重复编号,而且箭尾节点的编号应小于箭头节点的编号。

在网络图中,就一个节点来说,可能有许多箭线通向该节点,这些箭线就称为内向箭线或内向工作;若由同一个节点发出许多箭线,这些箭线称为外向箭线或外向工作。箭线尾部的节点称为箭尾节点或开始节点,标志着工作的开始时刻;箭线头部的节点称为箭头节点或结束节点,标志着工作的结束时刻。

双代号网络图中的第一个节点称为起始节点,标志着一个项目或任务的开始时刻;最后一个节点称为终止节点,标志着整个项目或任务的完成时刻。其他节点称为中间节点,标志着上一项工作的结束时刻和下一项工作的开始时刻。

3)路径。双代号网络图路径的概念与单代号相同。

(2)双代号网络图的绘制规则。

1)必须正确表达项目各工作之间的关系。

2)不允许出现循环回路。

3)在节点之间不能出现带双向箭头或无箭头的连线。

4)不能出现无箭头节点或无箭尾节点的箭线。

5）关于箭线交叉。在绘制网络图时，箭线不宜交叉。当交叉不可避免时，可采用过桥法和指向法，其画法与单代号网络图相同。

6）关于起始节点和终止节点。在双代号网络图中，只能有一个开始节点和结束节点，其他所有节点均为中间节点。

7）关于箭线的画法。

① 箭线形状。箭线可采用直线或折线画法，避免采用圆弧线。

② 箭线方向。对双代号网络图来说，从左往右的方向标志着项目进展的方向，该方向可称为正向；反之，则为反向。因此，箭线的方向应符合项目进展的方向，即从左向右的趋势，避免出现反向箭线。

③ 箭线长短。对于非时间坐标网络图来说，箭线的长短与所表示工作的持续时间无关，应主要考虑网络图的图面布置；而对于时间坐标网络图来说，箭线的长短必与工作的持续时间相对应，如图 3-20 所示。

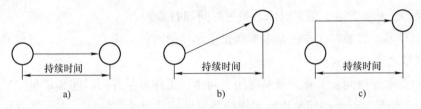

图 3-20　时间坐标网络图中箭线长度与持续时间的对应关系

（3）双代号网络图绘制示例。仍然以表 3-6 某仪表检测项目为例，绘制该项目的双代号网络图。其中，为了表示工作 D 与工作 G 之间的逻辑关系，引入了虚工作。该项目的双代号网络图如图 3-21 所示。

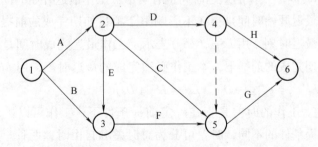

图 3-21　某仪表检测项目的双代号网络图

4. 网络计划时间参数的计算

网络图的绘制仅仅完成了项目进度计划编制的第一项任务。更重要的任务是网络计划时间参数的计算，这是网络计划实施、优化和调整的基础。

（1）网络计划时间参数介绍。网络计划时间参数的计算主要是通过网络图计算各工作的各种时间参数，具体包括工作最早开始时间、工作最迟开始时间、工作最早结束时间、工作最迟结束时间、工作总时差和自由时差等。网络计划时间参数可归纳为以下三类。

1）节点参数。根据节点的时间内涵，节点参数主要有以下两个。

① 节点最早时间。它是指该节点的内向工作均已完成，外向工作可以开始的最早时刻，即以该节点为开始节点的各项工作的最早开始时间，用 ET_i 表示。

② 节点最迟时间。它是指在不影响总工期的前提下，以该节点为完成节点的各项工作的最迟完成时间，用 LT_i 表示。

2）工作参数。工作参数是网络计划最为重要的时间参数，可归纳为四种类型：基本参数、最早时间、最迟时间和时差。

① 基本参数。工作的基本参数是工作持续时间，用 D_{i-j}（D_i，双代号或单代号之分）表示。

② 最早时间。工作的最早时间有两个：工作最早开始时间和最早完成时间。工作最早开始时间是指该工作的各紧前工作已全部完成，本工作有可能开始的最早时刻，用 ES_{i-j}（ES_i）表示。在双代号网络图中，工作的最早开始时间与表示该工作的箭尾节点的最早时间是相等的，即 $ES_{i-j} = ET_i$。工作最早完成时间是指各紧前工作完成后，本工作有可能完成的最早时刻，用 EF_{i-j}（EF_i）表示。显然，$EF_{i-j} = ES_{i-j} + D_{i-j}$（$EF_i = ES_i + D_i$）。

③ 最迟时间。工作的最迟时间也有两个：工作最迟开始时间和最迟完成时间。工作最迟开始时间是指在不影响整个项目如期完成的前提下，本工作必须开始的最迟时刻，用 LS_{i-j}（LS_i）表示。工作最迟完成时间是指在不影响整个项目如期完成的前提下，本工作必须完成的最迟时刻，用 LF_{i-j}（LF_i）表示。显然，$LF_{i-j} = LS_{i-j} + D_{i-j}$（$LF_i = LS_i + D_i$）。

④ 时差。工作的时差是指在一定前提条件下，工作可以机动使用的时间。根据前提条件的不同，时差可分为总时差和自由时差两种。工作总时差是指在不影响总工期的前提下，本工作可以利用的机动时间，用 TF_{i-j}（TF_i）表示。显然，$TF_{i-j} = LS_{i-j} - ES_{i-j}$ 或 $TF_{i-j} = LF_{i-j} - EF_{i-j}$（$TF_i = LS_i - ES_i$ 或 $TF_i = LF_i - EF_i$）。工作自由时差是指在不影响其紧后工作最早开始的前提下，本工作可以利用的机动时间，用 FF_{i-j}（FF_i）表示。若本工作的最早开始

时间为 $ES_{i-j}(ES_i)$，其紧后工作的最早开始时间为 $ES_{j-k}(ES_j)$，则 $FF_{i-j} = ES_{j-k} - D_{i-j} - ES_{i-j} = ES_{j-k} - EF_{i-j}$（$FF_i = ES_j - D_i - ES_i = ES_j - EF_i$）。

3）线路参数。线路参数主要包括计算工期和计划工期。

① 计算工期（用 T_c 表示）是指根据网络时间参数计算得到的工期，计算工期也等于最大线路路长。

② 计划工期（用 T_p 表示）是指按要求工期（T_r）和计算工期（T_c）确定的作为实施目标的工期。当规定了要求工期时，$T_p \leqslant T_r$。

（2）关键工作及关键线路的确定。

1）关键工作的确定。关键工作是网络计划中总时差最小的工作。若按计算工期计算网络时间参数，则关键工作的总时差为0；若按计划工期计算网络参数，则：

$T_p = T_c$ 时，关键工作的总时差为0。

$T_p > T_c$ 时，关键工作的总时差为 $T_p - T_c$，最小且大于0。

$T_p < T_c$ 时，关键工作的总时差为 $T_p - T_c$，最小且小于0。

2）关键线路的确定。

① 根据关键工作确定关键线路。首先确定关键工作，由关键工作所组成的线路就是关键线路。

② 根据关键节点确定关键线路。如果节点的最早时间与最迟时间相等，或者最迟时间与最早时间的差值等于计划工期与计算工期的差值，该节点就称为关键节点。关键线路上的节点一定是关键节点，但关键节点不一定在关键线路上。因此，单凭关键节点还不能确定关键线路。当一个关键节点与多个关键节点相连时，对其连接箭线须根据最大路径的原则——加以判别。

③ 根据自由时差确定关键线路。关键工作的自由时差一定最小，但自由时差最小的工作不一定是关键工作。若从起始节点开始，沿着箭头的方向到终止节点为止，所有工作的自由时差都最小，则该线路是关键线路，否则就是非关键线路。

（3）网络计划时间参数的计算方法。按计算过程来分，网络计划时间参数的计算可分为按节点计算法和按工作计算法两种。就具体计算方法来说，有分析法、表算法、图解法和计算机算法等。分析法是根据参数的含义，用公式进行计算，所以该方法也称为公式法。其他方法都是以分析法为基础，采用不同的计算手段进行的。

按节点计算法计算时间参数，其过程是：首先计算节点参数，然后在此基础上计算其他参数。

按工作计算法计算时间参数，是从工作的最早开始时间算起，然后计算工作的其他参数和线路参数，而不计算节点参数。

1）双代号网络时间参数计算示例。接下来，以图解法为例，给出计算双代号网络时间参数的具体步骤。某项目的双代号网络图如图 3-22 所示，采用图解法计算网络时间参数，并确定关键工作和关键线路。

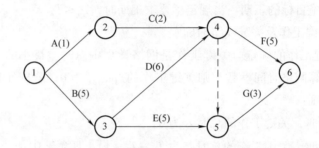

图 3-22　某项目双代号网络图（工作持续时间单位：天）

① 计算工作的最早时间参数。从网络起点开始：

工作 A(1-2)和工作 B(1-3)的最早开始时间、最早完成时间：项目开始的时间就是这两项工作最早可以开始的时间。因为项目的开始时间为 0，所以工作 A(1-2)和工作 B(1-3)的最早开始时间为 0。工作 A(1-2)和工作 B(1-3)的最早开始时间加上各自工时即为最早完成时间，所以工作 A(1-2)和工作 B(1-3)的最早完成时间分别是 1 和 5。

工作 C(2-4)的最早开始时间、最早完成时间：根据最早开始时间的含义，工作 C(2-4)的最早开始时间等于其紧前工作 A 的最早完成时间，因此工作 C(2-4)的最早开始时间为 1，最早完成时间为 3。

同理可以得到工作 D(3-4)的最早开始时间为 5，最早完成时间为 11；工作 E(3-5)的最早开始时间为 5，最早完成时间为 10。

工作 F(4-6)的最早开始时间、最早完成时间：工作 F 的紧前工作 C 和 D 的最早完成时间分别是 3 和 11，所以工作 F(4-6)的最早开始时间应取所有紧前工作最早完成时间的最大值，即为 11，于是最早完成时间为 16。

同理可以得到工作 G(5-6)的最早开始时间为 11，最早完成时间为 14。

② 计算项目的计算工期。根据计算工期的含义可得：本项目的计算工期为 16 天。

③ 计算工作的最迟时间参数。从网络终点开始：

工作 F(4-5)、工作 G(5-6) 的最迟完成时间、最迟开始时间：这两项工作是网络计划完成时的工作。根据最迟完成时间的含义，最迟完成时间即为项目的计算工期，因此工作 F 和工作 G 的最迟完成时间均为 16。最迟完成时间减去工时即可得到最迟开始时间。所以，工作 F 和工作 G 的最迟开始时间分别为 11 和 13。

工作 E(3-5) 的最迟完成时间、最迟开始时间：工作 E 的最迟完成时间等于其紧后工作 G 的最迟开始时间，即为 13，进而可得最迟开始时间为 8。

工作 D(3-4) 的最迟完成时间、最迟开始时间：工作 D 的最迟完成时间等于其紧后工作 F 和 G 的最迟开始时间的最小值，即为 11，减去其工时即可得到工作 D 的最迟开始时间为 5。

同理，可以得到其他工作的最迟完成时间和最迟开始时间。

④ 计算工作的总时差和自由时差。首先，根据总时差的含义，将工作的最迟完成时间减去最早完成时间，或将最迟开始时间减去最早开始时间即可得到该工作的总时差。

例如，工作 C(2-4) 的总时差：该工作的最迟开始时间是 9，最早开始时间是 1；最迟完成时间是 11，最早完成时间是 3。所以工作 C 的总时差为 8。

接下来，根据自由时差的含义，将某工作的紧后工作最早开始时间的最小值减去本工作的最早完成时间，即可得到该工作的自由时差。

例如，工作 C(2-4) 的自由时差：该工作 C 的紧后工作是工作 F(4-6) 和工作 G(5-6)，两者的最早开始时间都为 11，工作 C 的最早完成时间为 3。所以，工作 C(2-4) 的自由时差为 8。

最后，将工作的最早时间参数、最迟时间参数、总时差和自由时差的计算结果直接标注在网络图上，如图 3-23 所示。

⑤ 确定关键工作和关键线路。总时差为 0 的工作是关键工作，所以本项目的关键工作是工作 B、工作 D 和工作 F。关键工作所在的线路即为关键线路，所以本项目的关键线路是 B→D→F（1→3→4→6）。

2）单代号网络时间参数计算示例。如图 3-24 所示的是单代号网络计划时间参数计算的一个结果及计算示例。

3.4.3 时间坐标网络图计划与甘特图计划

项目进度计划的主要结果是项目进度、细节说明、进度管理计划和资源

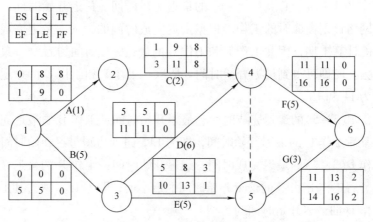

图 3-23 双代号网络图时间参数的图解法计算示例

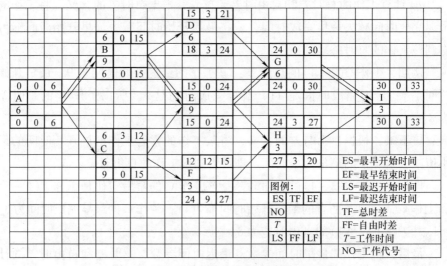

图 3-24 单代号网络计划时间参数计算示例

需求更新等内容。其中，项目进度是项目进度计划的重要内容。尽管项目进度可以表示为表格的形式，但更常用的却是以多种形式的图形方式加以描述。带有时间参数的网络图是表示时间计划的一种主要形式，包括带有时间参数的双代号网络图、单代号网络图、时间坐标网络图、甘特图和带日历的网络图等。接下来，简要介绍一下时间坐标网络图和甘特图。

1. 时间坐标网络图计划

时间坐标网络图计划简称时标网络计划，是以时间坐标为尺度编制的网络计划图。时间坐标网络图绘制在时标计划表上，时间可标注在计划表的顶部，也可以标注在底部，必要时可同时标注在顶部和底部。根据需要，时间单位可以是小时、天、周、旬、月或季等。时标的长度单位必须注明，必要时可在顶部时标之上或底部时标之下加注日历的对应时间。时标网络图的工作以实箭线表示，自由时差以方点线或波形线表示，虚工作用虚箭线表示。当实箭线之后有方点线或波形线且其末端有垂直部分时，其垂直部分用实线绘制；当虚箭线有时差且其末端有垂直部分时，其垂直部分用虚线绘制。时间坐标网络计划图如图3-25所示。

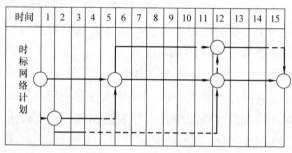

图3-25 时间坐标网络计划图

2. 甘特图计划

甘特图又称条线图或横道图，是最原始的表示工作进度的一种方法，可以表示工作的开始和结束时间，但是不能反映工作之间的相互限制关系，但是其具有直观、易读的特点。甘特图是一个二维平面图，横维表示进度或活动时间，纵维表示工作包内容，如图3-26所示。

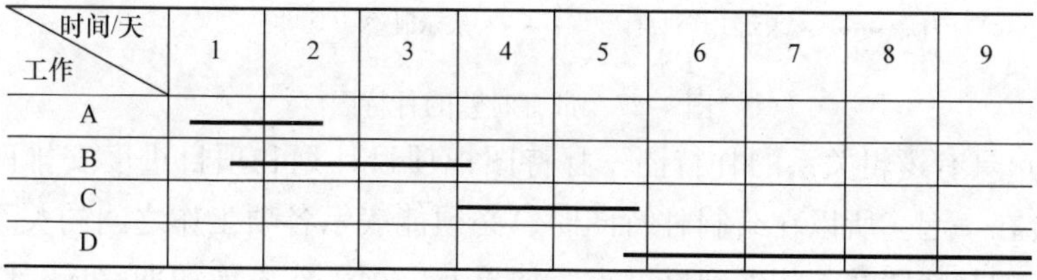

图3-26 甘特图

图3-26中的横线显示了每项工作的开始时间和结束时间，横线的长度表示了该项工作的持续时间。甘特图的时间维决定着项目计划粗略的程度，根据项目计划的需要，可以用小时、天、周、月等作为度量项目进度的时间单位。如果一个项目需要一年以上的时间才能完成，则可选择周甘特图或月甘特图；若一个项目需要一个月左右的时间就能完成，则选择日甘特图将更有助于实际的项目管理。

(1) 甘特图的特点。甘特图的优点是直观、简单、容易操作、便于理解。在资源优化过程中，一般都借助于甘特图。但是，甘特图也存在很多弱点。例如，甘特图不能系统地表达一个项目所包含的各项工作之间的复杂关系，难以进行定量的计算和分析，难以进行计划的优化等。这些弱点严重制约了甘特图的进一步应用。所以，传统的甘特图一般只适用于比较简单的小型项目。甘特图可用于 WBS 的任何层次，除了用于进度计划的编制外，还可以用于进度控制。

(2) 甘特图的类型。在项目管理实践中，通常将网络图与甘特图相结合，使甘特图得到了不断的改进和完善。除了传统甘特图以外，还有带有时差的甘特图和具有逻辑关系的甘特图。

1) 带有时差的甘特图。在网络计划中，在不影响工期的前提下，某些工作的开始和完成时间并不是唯一的，而是往往有一定的机动使用时间，即时差。这种时差在传统的甘特图中并不能表达出来，但在改进后的甘特图中可以表达出来，如图 3-27 所示。

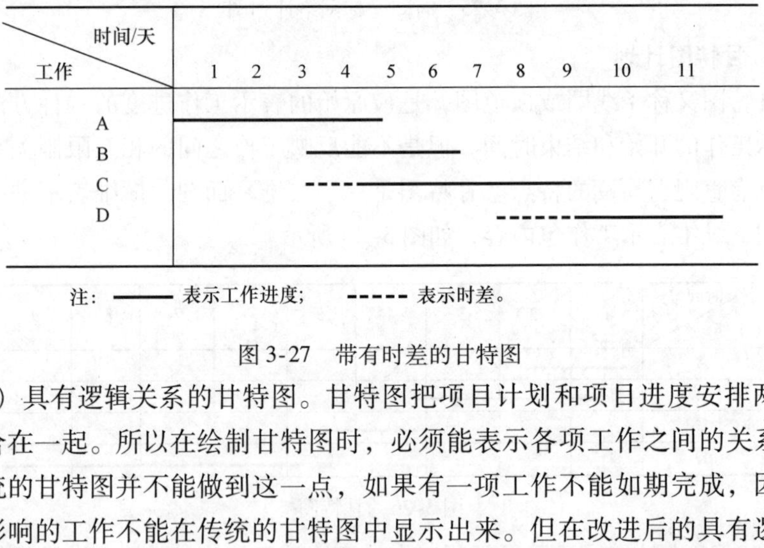

注：—— 表示工作进度； ----- 表示时差。

图 3-27 带有时差的甘特图

2) 具有逻辑关系的甘特图。甘特图把项目计划和项目进度安排两种职能组合在一起。所以在绘制甘特图时，必须能表示各项工作之间的关系。但是传统的甘特图并不能做到这一点，如果有一项工作不能如期完成，因此会受到影响的工作不能在传统的甘特图中显示出来。但在改进后的具有逻辑关系的甘特图中，可以将工作之间的这些关系表示出来，如图 3-28 所示。

上述两种类型的甘特图，实际上是网络计划技术与甘特图两种表达形式进行有机结合的产物，既具备了甘特图的直观性，又具备了网络图各工作的关联性。

(3) 甘特图的应用。甘特图的主要作用之一是通过代表工作包的条形图在时间坐标轴上的点位和跨度来直观地反映工作包各有关的时间参数，通过

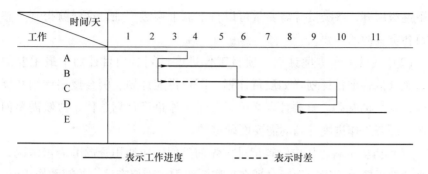

图 3-28　具有逻辑关系的甘特图

条形图的不同图形特征（如实线、波浪线等）来反映工作包的不同状态（如反映时差、计划或实施中的进度），通过使用箭线来反映工作之间的逻辑关系；主要作用之二是进行进度控制，其原理是将实际进度状况以条形图的形式在同一项目的进度计划甘特图中表示出来，以此来直观地对比实际进度与工作进度之间的偏差，作为调整进度计划的依据；主要作用之三是用于资源优化、编制资源及费用计划。

3.5　项目费用管理

3.5.1　项目资源计划的制订

项目资源包括项目实施中需要的人力、设备、材料、能源及各种设施等。项目资源计划涉及决定什么样的资源（人力、设备、材料）以及多少资源将用于项目的每一项工作的执行过程中。因此它必然是与费用估计相对应起来的，是项目费用估计的基础。例如，对于一个建设项目，项目经理应该熟悉当地的建筑规范，像这样的知识如果使用当地提供的劳动力是没有多少费用的，可是如果当地的劳动力极端贫乏，特别是对于要求具有一些特殊建筑技术的人才，这时支出一些额外的费用来聘请一个顾问可能是了解当地的建筑规范最为有效的方式。

1. 资源计划的编制依据

项目资源计划编制的依据涉及项目的范围、项目时间和项目质量等各个方面的计划与要求文件，以及相关各种支持细节文件与资料等。

（1）工作分解结构（WBS）。利用 WBS 系统进行项目资源计划时，工作划分得越细、越具体，则所需资源种类和数量就越容易估计。工作分解自上而下逐级展开，各类资源需要量可以自下而上逐级累加，这样就得到了整个项目各类资源的需要。

（2）项目工作进度计划。项目工作进度计划是项目计划中最主要的工作，是其他各项目计划（如质量计划、图样供应计划、资金使用计划和资源供应计划）的基础。资源计划必须服务于工作进度计划，什么时候需要何种资源是围绕工作进度计划的需要而确定的。

（3）历史资料。历史资料记录了先前类似工作使用资源的需求情况，这些资料如果能够获得，无疑对现在工作资源需求确定有很大的辅助作用。

（4）项目范围说明书。项目范围说明书包括划定哪些工作项目应该做、哪些工作不包括在项目之内以及对项目目标的描述，这些在项目资源计划的编制过程中应特别加以考虑。

（5）资源安排和供给情况的描述。哪些资源（人、设备和材料）是可能获得的，这是项目资源计划必须掌握的，特别是数量描述和资源水平对于资源安排描述是特别重要的。资源供给情况的信息是针对一个项目的资源需求而给出的各种资源供给情况的信息。例如，在工程设计项目执行的早期阶段可能需要大量的中、高级工程师，而在项目的后期阶段又常缺乏关于如何以项目早期的情况判断项目结果的人员。

（6）组织策略。在资源计划的过程中还必须考虑人事组织、所提供设备的租赁和购买策略。比如，工程项目中劳务人员是用外包工还是本企业职工，设备是租赁还是购买等，这些都会对资源计划产生影响。

2. 资源计划编制的方法

（1）专家判断法。在资源计划的制订过程中，专家判断法是最为常用的。专家可以是任何具有特殊知识或经过特别培训的组织和个人，主要包括在履行组织的其他单位、顾问、职业或技术协会以及工业组织等。

（2）项目管理软件法。项目管理软件法是指使用现成的项目管理软件编制项目资源计划的方法。

（3）资料统计法。资料统计法是指使用历史项目的统计数据资料，计算和确定项目资源计划的方法。

（4）标准计算法。标准计算法是指使用国家或民间统一的标准定额和工程量计算规则去制订项目资源计划的方法。

（5）自下而上估算。自下而上估算是指从项目的下级开始进行资源估算，逐级汇总到上一层的方法。

（6）选择确认。选择确认是指制订多种资源安排计划，以供专家选择确认。最常用的方法是头脑风暴法。

（7）数学模型。为了使编制的资源计划具有科学性、可行性，在资源计划的编制过程中往往借助于某些数学模型，如资源分配模型、资源均衡模型等。

3. 资源计划的工具

（1）资源计划矩阵，如表3-7所示。

表3-7 某项目资源计划矩阵

任务	方法学家	课程专家	评估员	科学家	数学家	印刷设备	计算机主机
识别需求	S	P					
建立需求		P					
设计预备课程	S	P		S	S		
评价设计	S		P				
开发科学课程				P			S
开发数学课程					P		S
测试综合课程	S	S	P				S
印刷与分销		S				P	

注：P表示主要，S表示次要。

2）资源数据表。如表3-8所示。

表3-8 某项目资源数据表

资源 时间/周	1	2	3	4	5	6	7	8	9	10	11	12	13
方法学家	2.5	1.5	1.5					1	1	1	1	2	2
课程专家		1	1	1	1	1	1	1	1	1	1	1	1
评估员					1							2	2
科学家								0.7	0.7	0.7	0.7		
数学家								0.7	0.7	0.7	0.7		
合计	2.5	2.5	2.5	1	2	1	1	3.4	3.4	3.4	3.4	5	5

注：资源数据表中的数据指工作的人/周。

（3）资源甘特图，如图3-29所示。

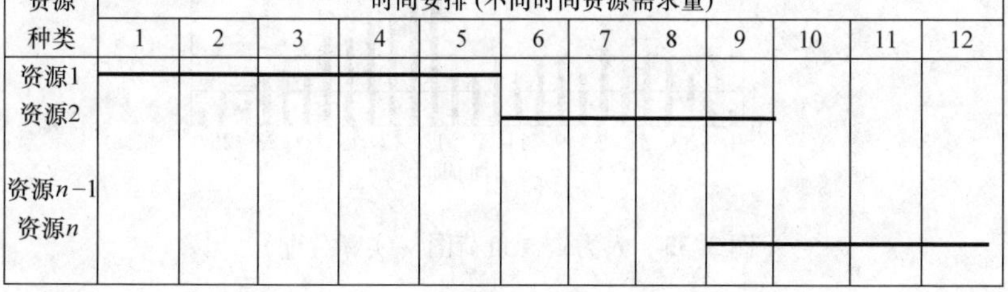

资源种类	时间安排 (不同时间资源需求量)											
	1	2	3	4	5	6	7	8	9	10	11	12
资源1												
资源2												
资源n-1												
资源n												

图3-29 资源甘特图

(4) 资源负荷图或资源需求曲线，如图 3-30 所示。

(5) 资源累计需求曲线，如图 3-31 所示。

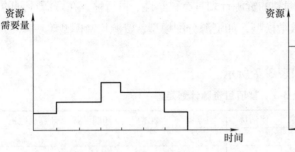

图 3-30　某资源负荷图或资源需求曲线　　　图 3-31　某资源累计需求曲线

4. 资源计划的结果

依据工作分解结构、历史资料、项目范围说明书和组织策略等，通过专家判断、数学模型和项目管理软件进行选择确认，资源计划的结果是制订资源的需求计划，对各种资源需求及需求计划加以描述，资源的需求安排一般应分解到具体的工作上，以上这些结果主要用各种形式的表格予以反映。例如，某项目资源计划矩阵如表 3-7 所示，资源数据如表 3-8 所示，某项目人力资源负荷图如图 3-32、图 3-33 和图 3-34 所示。

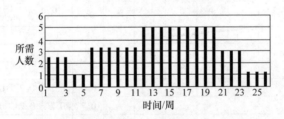

图 3-32　人力资源负荷图

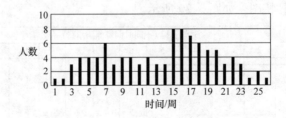

图 3-33　人力资源负荷图（实际分配）

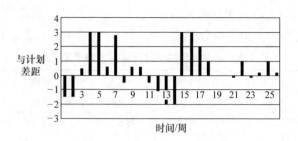

图 3-34 人力资源负荷图（偏差变化）

3.5.2 资源负荷图的绘制

1. 资源负荷图的绘制步骤

（1）确定工程项目进度计划，编制进度计划的横道图。

（2）根据每单位的时间内完成的实物工程量，确定单位时间内需要投入的人力、物力和财力。

（3）根据横道图和每单位时间内的资源需求量做出相应资源的负荷图。

2. 实例

例如，某船舶钢结构分厂建设中人力资源负荷图的绘制过程如下所述。

（1）根据项目的实际情况，编制该项目进度计划的横道图，如图 3-35 所示。

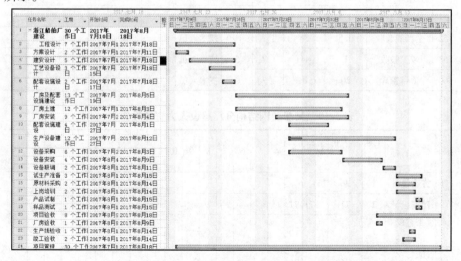

图 3-35 某船舶钢结构分厂建设横道图

(2) 根据该工程每单位时间内完成的实物工程量，确定单位时间内需要的人力资源，做出人力资源分配表和数据表，如表3-9和表3-10所示。

表3-9 某船舶钢结构分厂建设人力资源分配表

编号	任务名称	工作时间/周	人力资源数量	资源名称	资源数量	资源名称	资源数量	资源名称	资源数量	资源名称	资源数量
111	方案设计	1	76	工人	0	技术人员	16	工程师	55	管理人员	5
112	建安设计	2	71	工人	0	技术人员	12	工程师	53	管理人员	6
113	工艺设备设计	1	76	工人	0	技术人员	18	工程师	53	管理人员	5
114	配套设施设计	1	76	工人	0	技术人员	18	工程师	53	管理人员	5
121	厂房土建	9	204	工人	194	技术人员	7	工程师	1	管理人员	2
122	厂房安装	7	371	工人	357	技术人员	9	工程师	3	管理人员	2
123	配套设施建设	4	322	工人	313	技术人员	3	工程师	3	管理人员	3
131	设备采购	3	26	工人	0	技术人员	0	工程师	2	管理人员	24
132	设备安装	2	224	工人	217	技术人员	2	工程师	2	管理人员	3
133	设备调试	1	164	工人	38	技术人员	49	工程师	75	管理人员	2
134	设备联调	1	164	工人	38	技术人员	48	工程师	75	管理人员	3
141	原材料采购	1	46	工人	5	技术人员	5	工程师	33	管理人员	3
142	上岗培训	1	235	工人	175	技术人员	53	工程师	5	管理人员	2
143	产品试制	0.5	295	工人	263	技术人员	25	工程师	5	管理人员	2
144	样品测试	0.5	79	工人	53	技术人员	8	工程师	13	管理人员	5
151	厂房验收	0.5	56	工人	10	技术人员	7	工程师	36	管理人员	3
152	生产线验收	0.5	56	工人	10	技术人员	7	工程师	36	管理人员	3
153	竣工验收	1	41	工人	5	技术人员	6	工程师	20	管理人员	10
160	项目管理	20	8	工人	0	技术人员	0	工程师	6	管理人员	0

表3-10 某船舶钢结构分厂建设人力资源数据表

编号	任务名称	工期/月	总人员分摊	1	2	3	4	5	6	7	8	9	10	11	12	13	14	15	16	17	18	19
111	方案设计	1	76	76																		
112	建安设计	2	71		71	71																
113	工艺设备设计	1	76			76																
114	配套设施设计	1	76			76																
121	厂房土建	9	204				204	204	204	204	204	204	204	204								

114

（续）

编号	任务名称	工期/月	总人员分摊	1	2	3	4	5	6	7	8	9	10	11	12	13	14	15	16	17	18	19
122	厂房安装	7	371							371	371	371	371	371	371	371						
123	配套设施建设	4	322												322	322	322	322				
131	设备采购	3	26												26	26	26					
132	设备安装	2	224															224	224			
133	设备调试	1	164																164			
134	设备联调	1	164																	164		
141	原材料采购	1	46																46			
142	上岗培训	1	235																235			
143	产品试制	0.5	295																		295	
144	样品测试	0.5	79																		79	
151	厂房验收	0.5	56															56				
152	生产线验收	0.5	56																	56		
153	竣工验收	1	41																			
160	项目管理	20	8	8	8	8	8	8	8	8	8	8	8	8	8	8	8	8	8	8	8	8
合计：			总人员	76	71	224	204	204	204	575	575	575	575	575	923	718	348	602	224	164	500	373

(3) 根据项目的进度计划横道图和单位时间内人力资源的需求量给出人力资源负荷图，如图3-36所示。

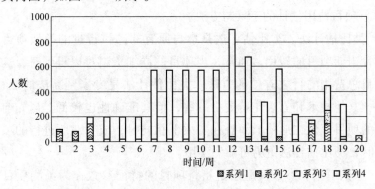

图3-36 某船舶钢结构分厂建设人力资源负荷图

3.5.3 项目费用计划的制订

1. 费用估计

费用估计是指预估完成项目各工作所需资源（人、材料和设备等）的费用的近似值。当项目在一定的约束条件下实施时，费用的估计是一项重要的因素，并且费用估计应该与工作质量的结果相联系。在费用估计的过程中，也应考虑各种形式的费用交换。比如，在多数情况下，延长工作的延续时间通常是与减少工作的直接费用相联系的；相反，追加费用将缩短项目工作的延续时间。因此，在费用估计的过程中，必须考虑费用追加对工程期望工期缩短的影响。

（1）项目费用估计的主要依据。

1）工作分解结构（WBS）。

2）资源需求计划。即资源计划安排结果。

3）资源价格。为了计算项目各工作费用，必须知道各种资源的单位价格，包括工时费、单位体积材料的费用等。如果不知道某种资源的实际价格，就应该对其价格做出估计。

4）工作的延续时间。工作的延续时间直接影响项目工作经费的估算，因为它直接影响分配给它的资源数量。

5）历史信息。同类项目的历史资料始终是项目执行过程中可以参考的最有价值的资料，包括项目文件、共用的项目费用估计数据库及项目工作组的知识等。

6）会计表格。会计表格说明了各种费用信息项的代码结构，这有利于项目费用的估计与正确的会计目录相对应。

（2）项目费用估计的工具与方法。

1）类比估计法。类比估计法是指与原有的已执行过的类似项目进行比较以估计当期项目的费用。通常，当项目的详细资料难以得到时，这是一种估计项目总费用的行之有效的方法。类比估计法是专家判断法的一种形式。它通常比其他技术和方法花费要少一些，但其准确性也较低。当先前的项目与目前的项目不仅在形式上而且在实质上相同时，或者对所进行的项目进行预估计时，类比估计法更为可靠和实用。

2）参数模型。参数模型法是指将项目的特征参数作为预测项目费用数学模型的基本参数，模型可能是简单的（如建筑费用的估计通常是建筑面积的一个简单函数），也可能是复杂的（如软件费用的模型通常需要许多独立因素加以描述）。

3）自上而下估计法。自上而下估计法多在有类似项目已完成的情况下应用。自上而下估计的基础是上层和中层管理人员的经验和判断，以及可以获得的关于以往类似活动的历史数据。上层和中层管理人员估计项目整体的费用和构成项目的子项目的费用，这些估计结果给予下层的管理人员，在此基础上他们对组成项目和子项目的任务和子任务的费用进行估计。然后继续向下一层传递他们的估计，直至最低的基层。

这种过程与层级计划过程相似，费用和项目一样被分解为更丰富的细节，按照 WBS 过程从最上层或者最为综合的层级一层层向下分解。

这种估计法的缺点是：当上层的管理人员根据他们的经验赋予费用估计时，分解到下层时可能会出现下层人员认为不足以完成相应任务的情况。这时，下层人员并不一定会表达出自己的观点，而是与上层人员理智地讨论以得出更为合理的费用分配方案。但现实中往往出现的是，由于下层人员很难提出上层人员判断不合理的看法，而只能沉默地等待上层人员自行发现其中的问题而进行纠正，这有时会使项目的进行出现困难，甚至失败。

自上而下估计法的优点是：总体费用估计往往比较困难，上、中层管理人员的丰富经验往往使他们能够比较准确地把握项目整体的资源需要，从而使项目的费用能够控制在有效的水平上。一般来说，同一类项目的需要往往比较稳定，而且即使看上去相差很大的项目实际上也有很多方面是相似的，这就使得有经验的人做出比较准确的估计是可能的。这种方法的另一个优点是：由于在过程中总是将一定的费用在一系列任务之间进行分配，这就避免了有些任务被过分重视而获得过多费用，同时由于涉及任务的比较，所以不会出现重要的任务被忽视的情况。

4) 自下而上估计法。自下而上估计法通常先估计各个独立工作的费用，然后再从下往上估计整个项目的费用。具体的方法可根据 WBS 体系，结合基本的任务以及日程安排和个体费用来估算。进行这种估算的人需要对任务的时间和预算进行仔细考察，以尽可能精确地加以确定。最初，估算是对资源进行的，如工时和原材料，然后被转换为所需的经费。意见上的差异通过上层和下层管理人员之间的协商来解决。如果有必要，项目经理可以参与到讨论中来，以保证估算的精度。得到的任务的费用被综合起来形成项目整体费用的直接费估计。项目经理在此之上加上适当的间接费用，估计出项目总费用。例如，一般管理费用、应急准备以及最终项目估算中要达到的利润目标。

自下而上估计法在子任务级别上更为精确，关键在于要保证所涉及的所有任务均要被考虑到，这一点比进行自上而下的费用估算更为困难。

自下而上估计法的优点是：比起高层管理人员来，直接参与项目建设的人员更加清楚项目涉及活动所需要的资源量；由于费用出自日后要参与项目实际工作的人员之手，因而可以避免引起争执和不满。

在进行项目费用的估计过程中，采用一些项目管理软件及电子表格软件作为辅助计算是很有必要的。如图3-37所示的是生日晚会费用估计示例。

（3）费用估计的基本结果。

1）项目的费用估计。项目的费用估计描述完成项目所需的各种资源的费用，包括劳动力、原材料、库存及各种特殊的费用项，如折扣、费用储备等的影响，其结果通常用劳动工时、工日及材料消耗量等表示。

2）费用的详细说明。费用的详细说明包括：关于工作估计范围的描述，它通常依赖于 WBS 作为参考；对于估计的基本说明，如费用估计是如何实施的；对于各种所做假设的说明，指出估计结果的有效范围。

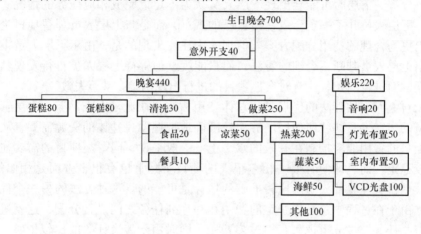

图 3-37　生日晚会费用估计示例

2. 费用预算

项目费用预算是给每一项独立工作分配全部费用，以获得度量项目执行的费用基线，如图3-38所示。

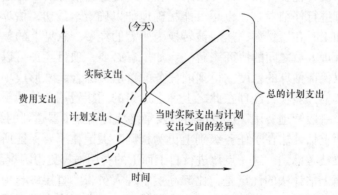

图 3-38　累积费用曲线示意图

项目费用预算可以分为三个部分，即直接人工费用预算、辅助服务费用预算和采购物品费用预算。

（1）项目费用预算的主要依据。项目费用预算的主要依据包括项目费用估计、工作分解结构以及项目进度。

项目预算在整个项目计划和实施过程中起到非常重要的作用，预算与项目进展中资源的使用密切相关。如果预算和项目进度没有联系，那么管理者就可能会忽视一些危险情况，如费用已经超过了项目进度所对应的预算但没有突破总约束预算的情形。在项目的实施中，应该不断收集和报告有关的进度和费用的数据以及对未来问题和相应费用的预计，这样管理者就可以对比预算进行控制，必要时对预算进行修正。

（2）项目预算的技术和方法。项目费用预算的技术和方法与费用估计相同。

为了建立项目的预算，我们必须预测项目需要耗费何种资源、各种资源需要的使用量、何时需要以及相应的成本。其中，要考虑未来通货膨胀的影响。任何预测都带有不确定性，不过不确定性会随着所涉及内容的不同而不同。有时，可以作出相当准确的预测。例如，一个建筑师可以相当准确地估计建筑一堵砖墙所需要的砖的数目，只要根据砖墙的长、宽、高就可以得到所需要的砖的数目，然后加上一定的其他消耗，结果的误差可能在1%以下。但有些时候预测可能相当不确定，例如，在估计某种特别软件所需要的人/时数就是一个例子。有经验的工作人员可以对此进行估计，但结果可能就有相当大的误差。而有些时候，预测可能会非常困难。例如，进行一种全新技术的开发项目，开发结果事前都难以确定，更不用说项目进展的具体过程了。

在一些领域内，成本估计具有一定之规。例如，较大型的公司（组织）的采购人员往往具有关于所需要元件的详细目录，何时、何地、何种价格均能够从中获得，在此基础上按照一定的日常工作程序，成本中相当大一部分就可以加以确定。另外，有经验的工作人员可以根据自己的经验做出相当准确的判断。例如，出版商只要知道关于一本书的几个数据，如字数、开本和印数等，就可以相当准确地预测出出版这本书所需要的成本。

有时候，一些复杂的大型项目往往可以利用一定的经验公式做出相当简明的估计。例如，在建筑业中，对于有经验的工作人员来说，一定的建筑面积对应的成本往往可以通过以往的建筑面积乘以一定的调整因子来获得。当然，这些获得的只是一种近似值，还需要根据项目的具体特性来进行调整，但调整比从空白开始进行估计简单多了。

值得说明的是，项目预算的估算比公司（或者其他组织）日常经费的估算要困难得多，日常经费可以采用上年数额乘以一定的因子来获得。而项目预算的估算则难以利用传统作为估算的起点，通过长期从事同一种行业获得项目建设的经验可以得到新项目预算估算的基础，但是项目之间总是存在很大的差异，很少有简单的重复。不过，确实有一些经验对于这种估算是有作用的。例如，在同一类项目中，花费在研究与开发上的比重往往是比较稳定的。

对于跨越多年的项目，另一个问题就产生了。项目预算是在项目开始之前制定的，但随着时间的流逝，会出现新的可利用的原材料、人员和技术，即使是原有的因素也可能会对应新的价格，这就使预算计划会逐渐失去原来的效力，不可避免地要在项目进行中根据新发生的情况和新的环境重新修正和调整预算。

对于长期存在的公司（或其他组织）来说，总会形成自己一套有特色的组织模式，其中包括会计和预算系统，在公司之间彼此有很多不同。在进行项目预算时，需要注意与这种系统之间的协调，必须熟悉该公司（组织）的会计体系。同时，项目预算和会计之间也存在不同。例如，项目的一种活动需要 50 000 元，五个星期内完成，但是实际支出时，可能是第一个星期没有投入，第二个、第三个星期各投入 20 000 元，以后每个星期各投入 5 000 元。但是在会计记账上，可能是线性分配，每个星期 10 000 元，这不会形成预算上的不同，但却会造成项目的现金流和账面上的不同，也就是时间价值上的差异。在项目管理中，需要注意这一点。

3.5.4 费用负荷图与费用累积曲线的绘制

费用预算的主要结果是获得费用线，费用线将作为度量和监控项目实施过程中费用支出的依据。费用预算的表示方式有两种：一种是在时标网络图上按月编制的成本计划，称为费用负荷图，如图 3-39 所示；另一种是利用时间—成本曲线（S 型曲线）表示的费用累积曲线，如图 3-40 所示。

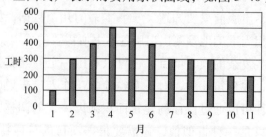

图 3-39　某项目费用负荷曲线

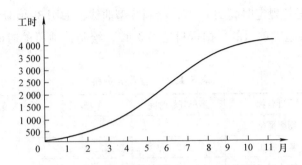

图 3-40　某项目累积负荷曲线（预算基准线）

表 3-11、图 3-39、图 3-40 是某项目费用预算的几种表现形式。

表 3-11　某项目费用预算表

工作名称	预算值	进度日程预算（项目日历/月）									
		1	2	3	4	5	6	7	8	9	10	11
A	400	100	200	100								
B	400		50	100	150	100						
C	550		50	100	250	150						
D	450			100	100	150	100					
E	1 100					100	300	300	200	200		
F	600								100	100	200	200
月计		100	300	400	500	500	400	300	300	300	200	200
累计	3 500	100	400	800	1 300	1 800	2 200	2 500	2 800	3 100	3 300	3 500

1. 费用负荷图的绘制

费用负荷图的绘制步骤如下：

（1）确定工程项目进度计划，编制进度计划的横道图。

（2）根据每单位时间内完成的实物工程量或投入的人力、物力和财力，计算单位时间（月或旬）的成本，在时标网络图上按时间编制成本支出计划，如表 3-11 所示。

（3）计算规定时间 t 计划累计支出的成本额，其计算方法为：各单位时间计划完成的成本累计额累加求和。其公式为

$$Q_t = \sum_{n=1}^{t} q_n$$

式中，Q_t 为某单位时间 t 计划累计支出成本额；q_n 为单位时间 n 计划支出成本额；t 为某规定计划时刻。

（4）根据各规定时间的 Q_t 值，绘制 S 型曲线，如图 3-40 所示。

例如，某施工项目的数据资料见表 3-12，绘制该项目的时间—成本累积曲线。

表 3-12 工程数据资料

编码	项目名称	最早开始时间	工期/月	成本强度/(万元/月)
11	场地平整	1	1	20
12	基础施工	2	3	15
13	主体工程施工	4	5	30
14	砌筑工程施工	8	3	20
15	屋面工程施工	10	2	30
16	楼地面施工	11	2	20
17	室内设施施工	11	1	30
18	室内装饰	121	1	20
19	室外装饰	12	1	10
20	其他工程		1	10

该项目的时间—成本累积曲线绘制步骤如下：

（1）确定施工项目进度计划，编制进度计划的横道图，如图 3-41 所示。

（2）在横道图上按时间编制成本计划，如图 3-42 所示。

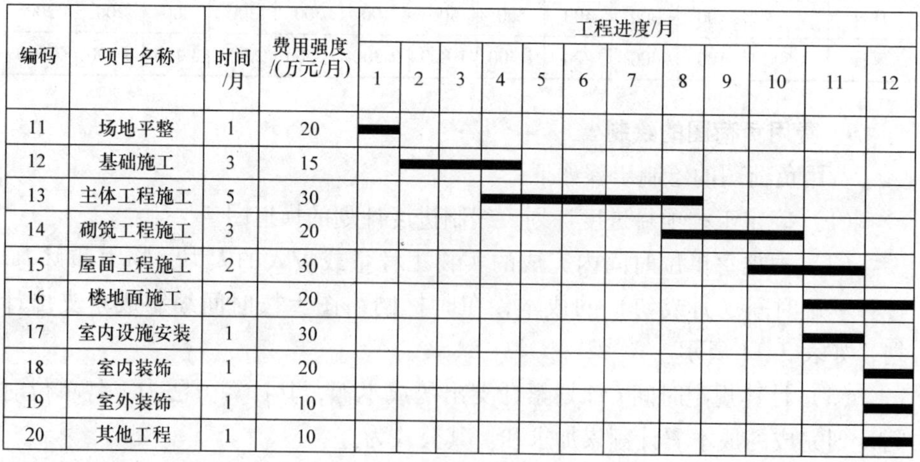

编码	项目名称	时间/月	费用强度/(万元/月)	工程进度/月											
				1	2	3	4	5	6	7	8	9	10	11	12
11	场地平整	1	20												
12	基础施工	3	15												
13	主体工程施工	5	30												
14	砌筑工程施工	3	20												
15	屋面工程施工	2	30												
16	楼地面施工	2	20												
17	室内设施安装	1	30												
18	室内装饰	1	20												
19	室外装饰	1	10												
20	其他工程	1	10												

图 3-41 项目横道图

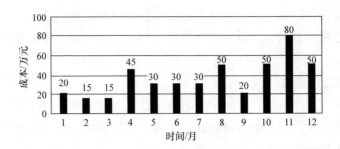

图 3-42 时标网络图上按月编制的成本计划

(3) 计算规定时间 t 计划累计支出的成本额。根据公式 $Q_t = \sum_{n=1}^{t} q_n$ 可得出如下结果：$Q_1 = 20$，$Q_2 = 35$，$Q_3 = 50$，$\cdots$，$Q_{10} = 305$，$Q_{11} = 385$，$Q_{12} = 435$。

(4) 绘制 S 型曲线，如图 3-43 所示。

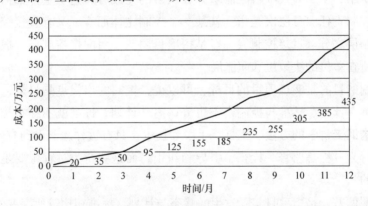

图 3-43 时间成本累积曲线（S 型曲线）

3.6 项目进度控制

3.6.1 项目进度控制概述

为了保证实现项目的工期目标，首先应制订项目进度计划。但项目进度计划在执行过程中将会受到各种因素的干扰，而这些因素中有些是可以预测的，有些则难以预测。项目处在复杂多变的环境中，变化是绝对的，不变是相对的，偏差的产生是必然的。所以，在项目的实施过程中需要时刻对项目进展状态进行监控，了解项目状态，进行偏差分析，采取必要措施，以保证项目按照进度计划进行，最终实现项目目标。以上所述，就是项目进度控制的基本活动。

1. 项目进度控制原理

控制的有效性取决于控制过程的科学性，而控制的科学性取决于所遵循的科学原理。控制的科学原理包括多方面，如控制论、系统论和封闭循环理论等，其中最基本的理论是控制论。

控制的简单定义：一定的主体，为保证在变化着的外部条件下实现其目标，按照事先拟定的计划和标准，采用一定的方法，对被控对象进行监督、检查、引导和纠正的行为过程。

控制通过控制主体实现。控制主体即项目的控制者，而项目控制主体具有多主体、分层次的特点。多主体是指：一个项目的控制主体往往不是一个，而是若干个，至少涉及项目的需求方和项目的完成者，这些主体都需要承担相应的控制责任。分层次是指：就某一个控制主体而言，又有直接控制层和间接控制层之分。直接控制层一般是指项目团队，而间接控制层一般是指项目团队所在单位的决策层和职能层。

控制的目的是实现项目的目标，可以说，控制的出发点是目标，落脚点也是目标。计划、标准与控制密不可分，离开计划、标准就不存在控制。控制必须借助于科学的方法、工具、手段和技术，只有这样才能做到有效控制。控制的行为过程是监督、检查、引导和纠正，而这些行为过程主要是围绕偏差展开的。

所谓偏差，是指项目实际发生的状态与计划、标准相比较所存在的差异。有利于项目目标实现的偏差称为有利偏差，也被称为正偏差，例如进度提前、费用节约和质量提高等。不利于项目目标实现的偏差被称为不利偏差，也叫负偏差，如进度延误、费用超支和质量下降等。

项目实施过程中要不断进行偏差分析，对所出现的偏差应按以下步骤处置。

（1）原因分析：分析产生偏差的原因。

（2）系统分析：站在项目全局分析所出现的偏差，判断对项目整体所产生的影响。

（3）对策分析：根据不同的偏差采取不同的对策。出现有利偏差一般采取引导措施；出现不利偏差一般采取纠正措施。

（4）采取对策：将所确定的对策加以贯彻、落实。

（5）总结、评估：对偏差处置的效果进行总结、评估，判断是否已经解决了所出现的问题。如果仍未见效，则应进入下一个回合。

有效的控制需要建立理想的控制机制，在项目控制中可采用同态调节机制。同态调节机制就是将项目实施结果保持在规定限度内。调节是指用于将项目运行保持在一定轨道上的过程，控制系统中用于实现调节的部分被称为调节器。在调节时，不仅要将系统引入一定的轨道，而且要确定这个轨道，这就是控制。所以控制有两个重要因素：一是确定系统的轨迹，即控制目标和运行轨迹；二是用调节的方法使系统保持在预期轨迹上。

调节可分为三种类型：①通过消除控制对象的实际状态与标准或计划的偏差所进行的调节；②通过避免异常因素的干扰所进行的调节；③通过发现并消除异常因素的影响所进行的调节。

项目控制系统可以相对地分为被控子系统（即控制对象）和控制子系统（被称为控制单元），这两个子系统通过信息流彼此联系起来，如图3-44所示。

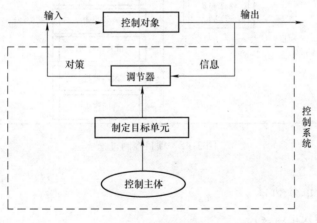

图3-44 控制系统

2. 项目进度控制过程

对项目进行控制的过程包括：根据项目计划和标准控制正在进行的项目活动；实施变更控制。

PMBOK®对项目控制过程进行了陈述，如图3-45所示。

（1）控制项目工作。收集、测量、传递绩效信息，评价测量结果，预测未来趋势，并改进项目状态，以确保及时发现偏差，及时处理偏差。这一过程是典型的被动控制，是控制的一个方面。

控制工作的另一方面是：不断识别干扰因素，采取措施避免干扰因素的发生，降低干扰因素对项目所造成的危害，以防止偏差的产生，实现主动控制。

（2）整体变更控制。控制造成变更的因素，确保变更带来有益后果，判断变更是否已经发生，在变更确已发生并得到批准时对其加以管理。该过程贯穿项目始终。

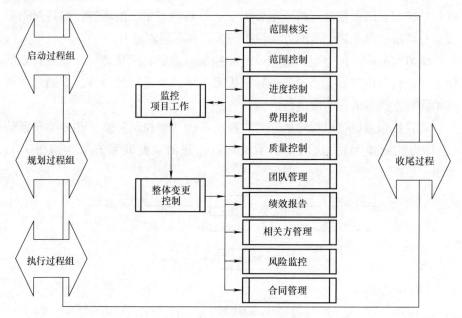

图3-45　项目控制过程

3.6.2　挣值分析法

1. 挣值分析法简介

挣得值分析法简称挣值法或赢得值法。它实际上是一种分析目标实施与目标期望之间差异的方法，是一种偏差分析方法。挣值法通过测量和计算已完成工作的预算费用与已完成工作的实际费用和计划工作的预算费用得到有关计划实施的进度和费用偏差，从而判断项目预算和进度计划的执行情况。挣值分析法的独特之处在于以预算和费用来衡量工程的进度，可用于对项目进度和费用进行综合控制。

"挣值法"因这种分析方法中用到的一个关键数值——挣值（已完成工

作预算）而命名。

（1）挣值法的目标。

1）在项目开始之前制订切实可行的工作计划。

2）按照客观标准评价项目进度。

3）采用 CPM 方法分析进度状态，并与目标计划（Baseline）进行对比。

4）根据已经完成的工作（而不是计划完成的工作）计算挣值。

5）针对 WBS 的不同层次识别问题区域（进度执行指标 SPI、费用执行指标 CPI）。

6）采取纠正措施。

7）预测完工日期和最终成本。

8）对设定的目标预算基准（时间和成本）进行严密监控。

（2）采用挣值法的益处。

1）项目开始前对工作做出明确的界定。帮助现场经理合理取得所需的资源；制订计划，作为绩效评价的依据。

2）实事求是地反映已经完成的工作。帮助现场经理制订现实可行的计划，如果能够在既定的范围、进度安排和预算内完成工作，则信心大增、士气高昂，否则可以找出并解决问题，以免付出更大的代价；帮助经理提出具体的请求；帮助管理层识别需要特别注意的区域。

3）客观反映成本态势。避免出现虚假的成本偏差，有利于报告真实的最终成本，提高现金流预测的精确度。

2. 挣值法的三个基本参数

（1）计划工作量的预算费用（Budgeted Cost for Work Scheduled，简称 BCWS）。BCWS 是指项目实施过程中某阶段计划要求完成的工作量所需的预算工时（或费用）。主要是反映进度计划应当完成的工作量。其计算公式为：

BCWS = 计划工作量 × 预算定额

（2）已完成工作量的实际费用（Actual Cost for Work Performed，简称 ACWP）。ACWP 是指项目实施过程中某阶段实际完成的工作量所消耗的工时（或费用），主要反映项目执行的实际消耗。其计算公式为：

ACWP = 已完成工作量 × 实际价格

（3）已完工作量的预算成本（Budgeted Cost for Work Performed，简称 BCWP）。BCWP 是指项目实施过程中某阶段实际完成工作量及按预算定额计算出来的工时（或费用），即挣值（Earned Value，简称 EV）。其计算公式为：

BCWP ＝已完成工作量×预算定额

3. 挣值法的四个评价指标

（1）费用偏差（Cost Variance，CV）。CV 是指检查期间 BCWP 与 ACWP 之间的差异。其计算公式为：

$$CV = BCWP - ACWP$$

当 CV 为负值时，表示执行效果不佳，即实际消耗人工（或费用）超过预算值，即超支，如图 3-46a 所示；当 CV 为正值时，表示实际消耗人工（或费用）低于预算值，即有节余或效率高，如图 3-46b 所示；当 CV 等于零时，表示实际消耗人工（或费用）等于预算值。

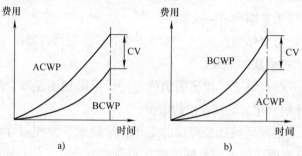

图 3-46　费用偏差示意图

（2）进度偏差（Schedule Variance，SV）。SV 是指检查日期 BCWP 与 BCWS之间的差异。其计算公式为：

$$SV = BCWP - BCWS$$

当 SV 为正值时，表示进度提前，时间提前量 Δt，如图 3-47a 所示；当 SV 为负值时，表示进度延误，时间延误量 Δt，如图 3-47b 所示；当 SV 为零时，表示实际进度与计划进度一致。

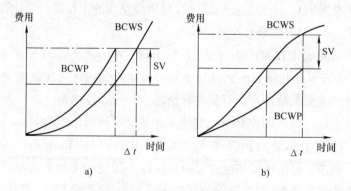

图 3-47　进度偏差示意图

(3) 费用执行指标（Cost Performed Index，CPI）。CPI 是指预算费用与实际费用值之比（或工时值之比）。其计算公式为：

$$CPI = BCWP/ACWP$$

当 CPI > 1 时，表示低于预算，即实际费用低于预算费用；当 CPI < 1 时，表示超出预算，即实际费用高于预算费用；当 CPI = 1 时，表示实际费用与预算费用吻合。

(4) 进度执行指标（Schedule Performed Index，SPI）。SPI 是指项目挣值与计划之比。其计算公式为：

$$SPI = BCWP/BCWS$$

当 SPI > 1 时，表示进度提前，即实际进度比计划进度快；当 SPI < 1 时，表示进度延误，即实际进度比计划进度慢；当 SPI = 1 时，表示实际进度等于计划进度。

4. 预测项目完工情况

根据已知的信息和知识，对项目将来的状况做出估算和预测是挣值分析中的一项重要工作。挣值分析中常用的是按照完成情况估计在目前实施情况下完成项目所需的总费用 EAC（Estimate At Completion），分为以下三种情况。

(1) 当前状态将会延续到项目完成。

$$EAC = 实际支出 + 按照实施情况对剩余预算所做的修改$$

即

$$EAC = ACWP + (总预算 - BCWP) \times ACWP/BCWP = 总预算 \times ACWP/BCWP$$

这种方法通常用于当前的变化可以反映未来的变化时。

(2) 未来项目将会按计划进行。

$$EAC = 实际支出 + 剩余的预算$$

即

$$EAC = ACWP + (总预算 - BCWP)$$

这种方法适用于现在的变化仅是一种特殊情况，项目经理认为未来的实施不会发生类似的变化。

(3) 原计划不再适用。

$$EAC = 实际支出 + 对未来所有剩余工作的重新估计$$

即

$$EAC = ACWP + \sum \{剩余工作重新估计\}$$

这种方法通常用于当过去的执行情况显示了所有的估计假设条件基本失

效的情况下，或者由于条件的改变原有的假设不再适用。如果预测 EAC 不在可接受的范围内，则可为项目团队提供预警信号。

3.6.3 项目变更与控制

1. 项目变更的因素

项目的变更是指相对原来确定的项目计划基准的偏差，这些基准包括项目的目标、范围、要求、内外部环境以及技术质量指标等。项目变化的规律可能因项目而异，但通常情况下，项目变化一般受以下因素的影响。

（1）项目的生存周期。项目的生存周期越长，项目的变化就越多，特别是项目的范围就越容易发生变更。

（2）项目的组织。项目的组织越科学、越有力，则越能有效制约项目的变化。反之，缺乏强有力的组织保障的项目则较易发生变化。人员的流动、协调的困难、管理的随机性等都容易使项目产生较大的变化。

（3）项目经理的素质。高素质的项目经理善于在复杂多变的项目环境中应付自如、正确决策，从而使项目的变化不会造成对项目目标的影响。反之，当项目经理的管控能力较低时，则往往难以驾驭和控制项目。

（4）外部因素。引起项目变化的因素不仅来源于项目自身，更多的则是来源于项目的外部。例如，不良的天气、原材料、设备的供应、法律纠纷、团队成员的消极工作以及有关方面的干预等因素都会使项目发生变化。

当然，除了上述因素以外，还有其他若干因素。例如，要采用新技术、新方法，项目就可能会发生变化；计划出现错误，项目需要变化；原定的某项活动不能实现，项目也需要变化；设计不合理，项目更需要变化等。

项目的变更更多的是来源于顾客的需求和项目团队对项目或服务的改进。随着项目的进展，顾客会越来越清楚地认识到一些在项目初期未能认识到的问题，因此会不断提出更改的需求；项目团队在项目实施过程中，也有可能不断改进技术或发现一些新的方法、工艺或材料。

2. 项目变更的类型

为了保证项目的顺利进行，处理项目变化的最根本的措施是变更。项目变更就是针对项目的变化状况，以实现项目的既定目标为前提，所采取的应变措施。

项目变更是一项复杂的工作。对于可预见的项目变化，可以采取预防措施，以消除变化对项目的影响；而更多的则是项目的变化无法被预测，因此也就无法事先采取对策,以使项目发生合理的变更。

项目的变化要求项目变更,这种变更会发生在项目实施过程中的任一阶段。但根据项目的生命周期理论,项目变更得越早,损失就会越小;变更越迟,变更的难度就越大,损失也就越大。项目在失控的状态下,任何微小变化的积累,最终都可能导致项目质量、费用和进度的变更,这是一个从量变到质变的过程。

在项目进行过程中,项目的变更可能是由客户引起的,也可能是由项目团队引起的或是由不可预见事件的发生引起的。下面举例分别说明。

(1) 客户引起的变更。例如,购房者向建筑商建议,房间应该更大些,窗户的位置应重新设置;客户要求信息系统开发项目团队应提高信息系统的能力,以生成以前未提到过的报告和图表。这些都是由客户引起的变更,这些变更类型代表着对最初项目范围的变更,将会对项目的进度、费用产生影响。不过,影响程度取决于做出变更的时间。

(2) 项目团队引起的变更。例如,在项目实施过程中,项目团队发现项目设计方案不合理,则提出设计变更建议。

(3) 项目经理引发的变更。例如,某位负责为客户开发自动发票系统的承约商提出,为了降低项目成本并加快进度,自动发票系统应该采用现成的标准化软件,而不是为客户专门设计软件。

(4) 计划的不完善引起的变更。在项目计划过程中,忽略了某些环节而引起的变更。例如,在建造房屋时,客户或承约商未将安装下水道列入工作范围,则应进行范围变更。

(5) 不可预见事件引发的变更。例如,地质条件的变化使得原先的设计方案不能满足要求,则需要进行设计变更;暴风雨延缓了项目实施过程,则需要进行进度变更。

3. 项目变更控制的基本要求

(1) 关于变更的协议。在项目早期,项目承约方和客户之间,项目经理和项目团队之间应就有关变更方式、过程等问题进行协商,并形成文件或协议。

(2) 谨慎对待变更请求。对任何一方提出的变更请求,其他各方都应谨慎对待。例如,承约方对客户提出的变更,在没有对这种变更可能会对项目的工期、费用产生何种影响做出判断前,就不能随便同意变更。而应估计变更对项目进度和费用的影响程度,并在变更实施前得到客户的同意。客户同意了对项目进度和费用的修改建议后，所有额外的任务、修改后的工期估计、原材料和人力资源费用等均应列入计划。

（3）制订变更计划。无论是由客户、承约商、项目经理、项目团队成员还是由不可预见事件的发生所引起的变更，都必须对项目计划涉及的范围、预算和进度等进行修改。一旦这些变更被各方同意，就应形成一个新的基准计划。

（4）变更的实施。变更计划确定后，应采取有效措施加以实施，以确保项目变更达到既定的效果。其步骤如下所述。

1）明确界定项目变更的目标。项目变更的目的是适应项目变化的要求，实现项目预期的目标。这就要求明确项目变更的目标，并围绕着该目标进行变更，做到有的放矢。

2）优选变更方案。变更方案的不同影响着项目目标的实现，一个好的变更方案将有利于项目目标的实现，而一个不好的变更方案则会对项目产生不良影响。这就存在着变更方案的优选问题。

3）做好变更记录。项目变更的控制是一个动态过程，它始于项目的变化，而终于项目变更的完成。在这一过程中，拥有充分的信息、掌握第一手资料是做出合理变更的前提条件。这就需要记录整个变更过程，而记录本身就是项目变更控制的主要内容。

4）及时发布变更信息。项目变更最终要通过项目团队成员来实现，所以项目变更方案一旦确定以后，应及时将变更的信息和方案公布于众，使项目团队成员能够掌握和领会变更方案，以调整自己的工作方案，朝着新的方向去努力。同样，变更方案实施以后，也应通报实施效果。

4. 项目变更控制系统

（1）建立变更控制系统的目的。

1）对所有提出的变更要求进行审查。

2）明确所有任务间的冲突。

3）将这些冲突转换成项目的质量、成本和进度。

4）评估各变更要求的得与失。

5）明确产出相同的各替代方案的变化。

6）接受或否定变更要求。

7）与所有相关团体就变更进行交流。

8）确保变更合理实施。

9）准备月报告，按时间总结所有的变更和项目冲突。
（2）建立变更控制系统应遵照的基本工作方针
1）所有项目合同都应包括有关计划、预算和交付物的变更要求的描述。
2）提出变更必须递交项目变更申请。
3）变更要经业主方及上级部门批准，在变更申请上签名。
4）所有的变更在准备变更申请和评估之前，必须与项目经理商讨。
5）在变更申请完成并得到批准之后，必须对项目总计划进行修改，以反映出项目的变更。这样，项目变更申请就成了项目总计划的一部分。

3.7 项目验收

项目实施阶段完成了面向最终交付物的工作过程，项目的核心工作已经完成，因此项目就要走向生命的尽头。在项目最后的阶段中，项目管理者仍面临以下问题。

（1）项目成果是否达到了客户的要求？
（2）项目成果如何才能交付使用？
（3）项目完成效果如何？

上述问题归结下来就是要回答两个问题：项目何时结束，项目如何结束。项目何时结束是指项目结束的时机或条件；项目如何结束是指项目结束所需要做的工作。这些问题的答案构成了一个项目结束所需的工作过程，这就是项目的生命周期的最后一个阶段——项目验收。

3.7.1 概述

1. 项目验收的定义

项目验收又称范围确认或移交，是指项目结束或项目阶段结束时，项目团队将其成果交付给使用者之前，项目接受方会同项目团队、项目监理等有关方面对项目的工作成果进行审查，查核项目计划规定范围内的各项工作或活动是否已经完成，应交付的成果是否令人满意。若检查合格，将项目成果由项目实施方移交至项目业主方，实现投资转入生产或使用。同时，总结经验教训，为后续项目作准备。

对提前结束项目或非正常结束项目，通过验收查明哪些工作已经完成，完成到什么程度，哪些原因造成项目不能正常结束，并将核查结果记录在案，形成文件。

2. 项目验收的范围、方法和结果

（1）项目验收的范围。项目验收的范围是指项目验收对象中所包含的内容和方面，即在项目验收时，对哪些子项目进行验收和对项目的哪些方面、哪些内容进行验收。

从项目层次来看，原则上一切完整的子项目或单元都应列入项目验收的范围。根据项目的业主方与建设性质的不同，验收的形式就有所不同。但所有列入固定资产投资计划的建设项目或单项工程，只要按国家批准的设计文件所规定的内容建成；或工业投资项目经负荷试车考核，试生产期间能够正常生产出合格产品；或非工业投资项目符合设计要求，能够正常使用的，不论属于哪种建设性质，都应及时组织验收，办理固定资产移交。

从项目验收的内容上划分，项目验收范围通常包括工程质量验收和文件资料验收。

（2）项目验收的方法。项目验收应根据项目的不同特点，灵活地采用不同的方法。在实际验收中，采用观测的方法非常普遍。对于生产性项目，可采用试生产的方法，检验生产设备是否能达到设计要求；对于系统开发项目，可采用试运行方法检验项目成果的性能；对R&D项目，可通过测试成果的各项物理、化学、生化等性能指标来检验；对服务性项目，一般通过考核其经济效益或社会效益来验收。为了核实项目或项目阶段是否已按规定完成，验收往往需要进行测量、考察和试验等必要的活动。

（3）项目验收的结果。项目验收完成后，如果验收的成果符合项目目标规定的标准和相关的合同条款及法律法规，参加验收的项目团队和项目接受方人员应在事先准备好的文件上签字，表示接受方已正式认可并验收全部或部分阶段性成果。一般情况下，这种认可和验收可以附有条件。比如，软件开发项目在移交和验收时可规定若在使用中发现软件有问题，软件使用者仍可以要求该软件项目开发人员协助解决。

3. 项目验收的标准及依据

（1）项目验收的一般标准。项目验收标准是判断项目成果是否达到目标要求的依据，因而具有科学性和权威性。只有制定科学的标准，才能有效地验收项目结果。项目验收的标准，一般选用项目合同书、国家标准、行业标准和相关政策法规、国际惯例等。

项目合同书规定了在项目实施过程中各项工作应遵守的标准、项目所要达到的目标、项目成果的形式以及对项目成果的要求等,它是项目实施管理、跟踪与控制的首要依据,具有法律效力。因此,在对项目进行验收时,最基本的标准就是项目合同书。

国家标准、行业标准和相关的政策法规是比较科学的、被普遍接受的标准。项目验收时,如无特殊规定,可参照国家标准、行业标准以及相关的政策法规进行验收。

国际惯例是针对一些常识性的内容而言的,如无特殊说明,可参照国际惯例进行验收。

(2)投资建设项目竣工验收的一般标准。进行投资建设项目验收时,由于建设项目所在行业不同,验收标准也不完全相同。一般情况下,必须符合以下要求方可认为符合标准。

1)生产性项目和辅助性公用设施,已按设计要求完成,能满足生产使用。

2)主要工艺设备配套设施经联动负荷试车合格,形成生产能力,能够生产出设计文件所规定的产品。

3)必要的生活设施,已按设计要求及规定的质量标准建成。

4)生产准备工作能适应投产的需要。

5)环境保护设施、劳动安全卫生设施、消防设施已按设计要求与主体工程同时建成使用。

有的投资建设项目(工程)基本符合竣工验收标准,只是零星土建工程和少数非主要设备未按设计规定的内容全部建成,但不影响正常生产,也应办理竣工验收手续。对剩余工程,应按设计留足投资,限期完成。

若投资建设项目或单项工程已形成部分生产能力,或部分工程已经投入生产使用,近期不能按原定规模续建的,应从实际情况出发缩小规模,报主管部门(公司)批准后,对已完成的工程和设备,应尽快组织验收,移交固定资产。

国外引进设备项目必须按照合同规定,在完成负荷调试、设备考核合格后,进行竣工验收。其他类型的项目在验收前是否需要安排试生产阶段,可按照各个行业的规定执行。

按照我国有关规定,已具备竣工验收条件的项目(工程),在规定的期限内不办理验收投产和移交固定资产手续的,取消企业和主管部门(或地方)的基建试车收入分成,由银行监督全部上缴财政。如在规定期限内办理竣工验收确有困难，经验收主管部门批准，可以适当延长期限。生产性投资项目，如工业项目、一般土建工程、安装工程、人防工程、管道工程和通信工程等，其施工和竣工验收必须按国家批准的《中华人民共和国国家标准××工程施工及验收规范》和主管部门批准的《中华人民共和国行业标准××工程施工及验收规范》执行。

（3）项目验收的依据。在对项目进行验收时，主要依据项目的工作成果和成果文档。工作成果是项目实施后的结果，项目结束应当提供一个令人满意的工作成果。因此，项目验收的重点是针对工作成果进行检验和接收。工作成果验收合格，项目实施才可能最终完结。同时在进行项目验收时，项目团队必须向接受方出示说明项目（或项目阶段）成果的文档，如项目计划、技术要求说明书、技术文件和图样等，以供审查。对不同类型的项目，成果文档所包含的文件不同。

4. 项目验收的组织和程序

（1）项目验收的组织。项目验收的组织是指对项目成果验收的组成人员及其组成，一般由项目接收方、项目团队和项目监理人员构成。但由于项目性质不同，项目验收的组织构成差异较大。对一般小型服务性项目，由项目接收人员验收即可，甚至对内部项目仅由项目经理就可验收。

投资建设项目的竣工验收组织，按原国家计委、建委关于《建设项目（工程）竣工验收办法》的规定组成。大中型和限额以上基本建设和技术改造项目（工程），由原国家计委或原国家计委委托项目主管部门、地方政府部门组织验收。小型和限额以下基本建设和技术改造项目（工程），由项目（工程）主管部门或地方政府部门组织验收。竣工验收要根据工程规模大小、复杂程度组成验收委员会或验收组。验收委员会或验收组应由投资方、银行、环保、劳动、消防及其他有关部门组成，接管单位、施工单位和勘察设计单位参加验收工作。

（2）项目验收的程序。项目验收依据项目的大小、性质、特点的不同，验收环节较多、内容繁杂，因而验收程序也相对复杂，其程序也不尽相同。对大型建设项目而言，由于验收一般程序设计、软件开发或咨询等小项目，验收也相对简单一些。一般来说，项目验收应由下面这些过程组成。

1）前期准备工作。

① 做好项目的收尾工作。当项目接近尾声时，大量复杂的工作已经完成，但还有部分剩余工作需要耐心细致处理。一般情况下，遗留的工作大多

是分散、零星、工作量小的棘手工作。这些工作看似较轻,如果处理不好,将直接影响项目的进行。同时,临近项目的结束,项目团队成员通常有松懈的心理,对项目工作的热情不如项目开始时高涨。这就要求项目负责人把握全局,正确处理好团队成员的工作情绪,保质保量地将收尾工作做好,做到善始善终。

② 准备项目验收材料。项目验收的重要依据之一是项目的成果材料,因而,项目团队在项目的实施过程中,就应不间断地做好各种项目文件的收集工作,编制必要的图样、说明书、合格验收证、测试材料(包括相关的论文、研究报告等)。当项目准备验收时,再将分阶段、分部分的材料汇总、整理、装订入档,形成一整套完整的验收材料。准备一套清晰、完整、客观的项目材料是项目验收的前提,也是顺利通过项目验收的必要保证。

③ 自检。项目负责人应组织项目团队,在项目成果交付验收之前进行必要的自检自查工作,找出问题和漏洞,尽快解决。

④ 提出验收申请,报送验收材料。项目自检合格后,项目团队应向项目接收方提交申请验收的请求报告,并同时附送验收的相关材料,以备项目接收方组织人员进行验收。

2) 验收方应做好验收工作。

① 组成验收工作组或验收委员会。项目业主(接收方)应会同项目监理人员、政府相关人员,如有必要还可吸收注册会计师、律师、审计师和行业专家等人员,组成验收工作组或验收委员会。项目验收班子成员应坚持公正、公平、科学、客观、负责的态度对项目进行全面验收。

② 项目材料验收。项目验收班子对项目团队送交的验收材料进行审查,如有缺项、不全、不合格的材料应立即通知项目团队,令其限期补交,以保证项目的顺利进行。

③ 现场(实物)初步验收。项目验收班子根据项目团队送交的验收申请报告,可组织人员对项目成果现场或项目成果进行初步检查,对项目成果有大体把握。如果检查发现不符合项目目标要求,应通知项目团队尽快整改。

④ 正式验收。项目验收班子在对项目验收材料和项目初审合格的基础上,组织人员对项目进行全面、细致的正式验收,正式验收还可依据项目的特点,实行单项工程验收、整体工程验收,或部分验收、全面验收等。如果验收合格,签署验收报告;如果验收不合格,通知项目团队进行整改后再验收。若在验收中发现较严重的问题,双方难以协商解决,可诉之法律。

⑤ 签发项目验收合格文件。对验收合格的项目，验收班子签发项目验收合格文件。这标志着项目团队的工作圆满结束，项目由接收方使用，投入到下一阶段的生产运营。

⑥ 办理固定资产形成和增列手续。对于投资性项目，当项目验收合格后，应立即办理项目移交，对固定资产的形成和增列办理固定资产手续。

项目验收的程序如图 3-48 所示。

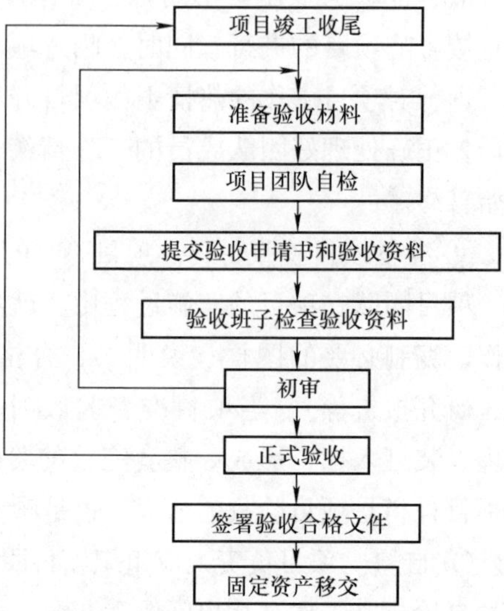

图 3-48　项目验收程序示意图

3.7.2　项目文件验收

1. 项目文件验收的范围与内容

在项目的不同阶段，形成文件的范围与内容也不同。

（1）项目概念阶段。项目概念阶段应验收、移交、归档的资料主要有：

1）项目机会研究报告及相关附件。

2）项目初步可行性研究报告及相关附件。

3）项目详细可行性研究报告及相关附件。

4）项目方案及论证报告。

5）项目评估与决策报告。

（2）项目规划阶段。项目规划阶段应验收、移交、归档的文件主要有：

1）项目背景概况。

2）项目目标文件。

3）项目范围规划说明书（包括项目成果简要描述、可交付成果清单）。

4）项目范围管理计划。

5）项目工作结构分解图。

6）项目计划资料（包括完整的项目进度计划、质量计划、费用计划和资源计划）。

（3）项目实施阶段。项目实施阶段应验收、移交、归档的文件主要有：

1）全部项目的采购计划及工程说明。
2）全部项目采购合同的招标书和投标书（含未中标的标书）。
3）全部合格供应商资料。
4）完整的合同文件。
5）全部合同变更文件、现场签证和设计变更等。
6）项目实施计划、项目安全计划等。
7）完整的项目进度报告。
8）项目质量记录、会议记录、备忘录、各类通知等。
9）进度、质量、费用、安全、范围等变更控制申请及签证。
10）现场环境报告。
11）质量事故、安全事故调查资料和处理报告等。
12）第三方所做的各类试验、检验证明、报告等。

（4）项目收尾阶段。项目收尾阶段应验收、移交、归档的文件主要有：
1）项目竣工图。
2）项目竣工报告。
3）项目质量验收报告。
4）项目后评价资料。
5）项目审计报告。
6）项目交接报告。

2. 项目文件验收的依据与程序

（1）项目文件验收的依据。项目文件验收的依据主要为：合同中有关资料的条款要求，国家关于项目资料档案的法规、政策性规定和要求，国际惯例等。

（2）项目文件验收的程序。项目团队依据项目进行的不同时期，按合同条款有关资料验收的范围及清单，准备完整的项目文件。文件准备完毕，由项目经理组织项目团队进行自检和预验收。合格后将文件装订成册，按文档管理方式妥善保管，并送交项目验收方进行验收。

项目验收班子在收到项目团队送交的验收申请和所有相关的项目文件后，应组织人员按合同资料清单或档案法规的要求，对项目文件进行验收、清点。对验收合格的项目文件立卷、归档；对验收不合格或有缺损的文件，通知项目团队，采取措施进行修改或补充。只有项目文件验收完全合格，才能进行项目的整体验收。

当所有项目文件全部验收合格时,项目团队与项目接收方对项目文件验收报告进行确认和签证,形成项目文件验收结果。

3. 项目文件验收的结果

项目文件验收的结果一般包括项目文件档案和项目文件验收报告。

项目文件档案既是项目文件的卷宗,也是项目文件的结果。一套完整的项目文件档案,就是一个项目的历史。

项目文件验收报告表明了对项目文件质量的客观评价,同时也构成了项目验收的主要内容。对于某些咨询类、策划类的项目,项目文件验收就是项目的成果验收,因而合格的项目文件验收结果非常重要。

项目验收报告是项目正式验收之后,由接收方出具的项目验收合格的鉴定报告。项目验收报告标志着项目成果获得接收方的正式许可,项目的主体工作基本结束。项目验收报告主要包括以下方面的内容。

(1)项目概述。项目概述部分说明项目的总体要求和项目预期达到的目标,具体罗列了项目的成果性目标和约束性目标、完成项目所需的工作内容和质量技术参数,以及在项目过程中对项目范围或目标的变更调整情况。

(2)项目完成情况。项目完成情况部分说明了项目整体实施技术路线,通过努力获得的关键技术保证和管理支持情况,以及对这些内容在科学性、先进性和创新性方面的情况。

(3)项目取得的成果。项目取得的成果部分说明了项目实施成果的概貌,具体说明了项目取得技术发明专利等知识产权管理情况,项目成果的转化应用与应用前景的进一步分析以及项目成果的经济、社会效益等方面的情况。

(4)项目经费使用情况。项目经费使用情况详细说明了项目过程中各项费用的来源去处,以及现有剩余财产的使用情况等,一般要附相关票据或使用情况证明等。

(5)项目验收意见以及存在的不足和建议。这部分给出对项目成果的总体判断性意见,在项目过程中存在的不足和缺陷以及相应的改进意见和建议。

3.7.3 项目交接与清算

1. 项目交接的概念

项目交接是指全部合同收尾后,在政府项目监管部门或社会第三方中介组织协助下,项目业主与全部项目参与方之间进行项目所有权移交的过程。

项目能否顺利移交，取决于项目是否顺利通过了竣工验收。在项目收尾阶段，主要工作由项目竣工、竣工验收和项目交接等三项组成。三者之间紧密联系，但三者又是不同的概念和过程。项目竣工是对项目团队而言的，它表示：

(1) 项目团队按合同完成了任务。

(2) 项目团队组织人员对项目的有关质量和资料等内容进行了自检。

(3) 项目的工期、进度、质量和费用等均已满足合同要求。

项目竣工验收是指项目团队与项目承接方，项目监理和与项目有关的人员组成的验收班子，对竣工的项目进行验收，是验收班子对项目的检查过程。只有当项目质量和资料等项目成果完全符合项目验收标准，达到要求，才能通过验收。当项目通过验收后，项目团队将项目成果的所有权交给项目接收方，这个过程就是项目的交接。项目交接完毕，项目接收方有责任对整个项目进行管理，有权力对项目成果进行使用。这时，项目团队与项目业主的项目合同关系基本结束，项目团队的任务转入对项目的保修阶段。

由此可见，项目竣工验收是项目交接的前提，交接是项目收尾的最后工作内容，是项目管理的完结。项目竣工、项目竣工验收与项目交接三者的关系如图3-49所示。

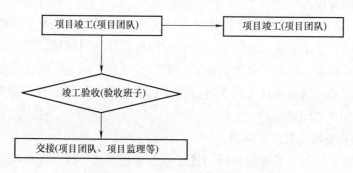

图3-49 项目竣工、验收、交接关系图

2. 项目交接的范围与依据

对于不同行业、不同类型的项目，国家或相应的行业主管部门出台了各类项目交接的规程或规范。下面以投资建设项目为主，依投资主体的不同，分别就个人投资项目、企（事）业投资项目和国家投资项目的交接范围与依据进行讨论。

(1) 个人投资项目交接的范围与依据。对于个人投资项目（如外商投资项目），一旦验收完毕，应由项目团队与项目业主按合同进行移交。移交的范围为合同规定的项目成果、完整的项目文件、项目合格证书及项目产权证书等。

（2）企（事）业投资项目交接的范围与依据。对于企（事）业单位投资项目，如企（事）业利用自有资金进行的技术改造项目，企（事）业为项目业主，应由企（事）业单位的法人代表出面代表项目业主进行项目交接。移交的依据是项目合同。移交的范围为合同规定的项目成果、完整的项目文件、项目合格证书及项目产权证书等。

（3）国家投资项目交接的范围与依据。对于国家投资项目，投资主体是国家，是通过国有资产的代表实施投资行为。一般来说，对中小型项目，通常是地方政府的某个部门担任业主，如业主可能是某城市的建委、城建局或其他单位。对大型项目，通常是委托地方政府的某个部门担任建设单位（项目业主）的角色，但建成后的所有权属于国家（中央）。对于国家投资项目，项目建成后，项目的使用者（业主）与项目的所有者（国家）并非一体。因而，竣工验收和移交要分两个层次进行。

1）项目团队向项目业主进行项目验收和移交。一般是项目竣工，并通过验收班子的竣工验收之后，由监理工程师协助项目团队向项目业主进行项目所有权的交接。

2）项目业主向国家进行的验收与交接。由国家有关部委组成验收工作小组，在项目竣工验收试运行1年左右时间后进驻项目现场，在全面检查项目的质量、档案、环保、财务、预算、安全及项目实际运行的性能指标、参数等情况之后，进行项目交接手续。交接在项目法人与国家有关部委或国有资产授权代表之间进行。

3. 项目交接的程序及结果

工程项目经竣工验收合格后，便可办理工程交接手续，即将项目的所有权移交给建设单位。项目的移交包括项目实体移交和项目文件移交两部分。以工程项目移交为例，移交的内容如下：

（1）工程实体移交即建（构）筑物实体和工程项目内所包括的各种设备实体的交接。工程实体移交的繁简程度因工程项目承发包模式的不同及工程项目本身的具体情况的不同而不同。在工业建筑工程项目中，一些设备还带有备品和安装调试用的专用工机具。在实施单位负责设备订货和交接工作时，凡是合同规定属于用户在生产过程中使用的备品、备件及专用工机具，均应由项目团队向项目接收方移交。

(2) 工程技术档案文件移交。移交时，要编制《工程档案资料移交清单》，如表3-13所示。项目团队和业主按清单查阅清楚并认可后，双方在移交清单上签字盖章。移交清单一式两份，双方各自保存一份，以备查对。

(3) 在办理工程项目交接前，项目团队要编制竣工结算书，以此作为向项目业主结算最终拨付的工程价款的依据。竣工结算书通过监理工程师审核、确认并签字后，通知银行与项目团队办理工程价款的拨付手续。

当项目的实体移交、文件资料移交和项目款项结清后，项目移交方和项目接收方将在项目移交报告上签字，形成项目交接报告。项目交接报告即构成项目交接的结果。

表3-13 工程档案资料移交清单

编号	专业	档案资料内容	人员数	备注
（项目团队）签章 经办人：		（接收单位）签章 接收人：		说明：

4. 项目交接后的回访与保修

(1) 回访的目的和意义。项目验收交接后，按采购合同的条款要求和国家有关规定，在预约的期限，由项目经理组织原项目人员主动对交付使用的竣工项目进行回访，听取项目业主对项目质量、功能的意见和建议。一方面，对项目运行中出现的质量问题，在项目质量回访报告中进行登记，及时采取措施加以解决；另一方面，对于项目实施过程中采用的新思想、新工艺、新材料、新技术和新设备等，经运行证明其性能和效果达到预期目标的，要予以总结和确认，为进一步完善、推广、积累数据创造条件。

项目回访、保修的意义在于以下几项。

1) 有利于项目团队重视管理，增强责任心，保证工程质量，不留隐患，树立向用户提供优质工程的良好作风。

2) 有利于及时听取用户的意见，发现问题，找到工程质量的薄弱环节，不断改进工艺，总结经验，提高项目管理水平。

3）有利于加强项目团队同用户的联系和沟通，增强项目用户对项目团队的信任感，提高项目团队的信誉。

(2) 项目回访的方式。项目移交后，项目团队应定期对用户进行回访，特别是在保修期内，至少应回访一次，如保修期为一年时，可在半年左右进行第一次回访，一年到期时进行第二次回访，并填写回访卡。

对不同的项目，回访的方式不同。以常见的工程项目为例，回访的方式一般有以下三种。

1）季节性回访。大多数是雨季回访屋面、墙面的防水情况；冬季回访锅炉房及采暖系统的情况。发现问题采取有效措施，及时加以解决。

2）技术性回访。这主要了解在工程施工过程中所采用的新材料、新技术、新工艺、新设备等的技术性能和使用后的效果，发现问题，及时加以补救和解决；同时便于总结经验，获取科学依据，不断改进与完善，并为进一步推广创造条件。这种回访既可定期进行，也可以不定期进行。

3）保修期满前的回访。这种回访一般是在保修期即将届满之前进行回访，既可以解决出现的问题，同时也标志着保修期即将结束，使建设单位注意建筑的维护和使用。

回访的方法可采取项目团队人员到现场查询的方法，观察建筑物的状况和机器运转情况；也可采用召集有关人员开座谈会的方法，听取各方面对项目的意见。回访时，态度必须认真，能够真正了解问题并给予满意的答复，并作详细的回访记录，写出回访纪要作为技术档案归档。

(3) 项目保修。项目合同中一般都规定缺陷保修期，并对这段时间内所发生的质量问题以合同条款的形式规定出预先处理方式，项目团队可以按照合同要求进行保修。

在保修期内，用户发现了问题，一般有如下处理方法。

1）确因项目团队施工质量原因造成的问题，应由项目团队无偿进行保修。

2）如因设计原因造成使用问题，则可由用户提出修改方案或由原设计单位提出修改方案，经用户向项目团队提出委托，进行处理或返修，费用原则上由用户负担。

3）如因用户在使用后有新的要求或用户使用不当需进行局部处理和返修时，由双方另行协商解决，如由原项目团队进行处理或施工时，费用由用户负担。

4）对无法协商解决的项目质量及其他问题，可请法律部门调解，也可提交有关仲裁部门仲裁解决。

项目保修要有保修记录，作为项目团队技术资料之一，归入技术档案，以备以后查阅。

5. 项目清算

在项目结尾阶段，如果项目达到预期的成果，即为正常的项目竣工、验收、移交过程。如果项目没有达到预期的效果，并且由于种种原因已不能达到预期的效果，这时项目已没有可能或没有必要进行下去了，就此终止项目。这时项目的收尾就是清算，项目清算是非正常的项目终止过程。

（1）项目清算的条件。项目是否进行清算是要依据一定条件来判定的，如果项目存在下列情况（但不仅限于下列情况）之一，应果断进行清算。

1）项目决策失误，由于在项目概念阶段工作有误，比如，可行性研究报告依据的信息不准确、市场预测失误，重要的经济预测有偏差等诸如此类的原因，造成项目决策失误。其结果必然导致项目失败，因此，必须及时清算。

2）项目规划、设计中出现重大技术方向错误，造成项目的计划不可能实现，这种情况也要进行清算。

3）项目实施过程中出现重大质量事故，并且不可挽回，项目如果继续进行，从经济上衡量不划算，从社会效益上衡量也无价值。这时，只有立即进行清算才是明智的选择。

4）项目虽然顺利进行了交接，但在项目试运行过程中发现项目的技术性能指标或经济效益无法达到项目概念设计的目标，项目的经济或社会价值无法实现，即项目的后评价中对该项目从技术、经济和社会效益几个方面的评价不合格，则必须进行项目清算。

5）因为资金近期无法到位并且无法确定可能到位的具体期限，出现"烂尾项目"。这种因受资金制约的项目有时只能进行清算。

6）由于制约项目运行的相关政策（如环保政策等）的出台，使项目的继续进行成为不可能，也必须进行清算。

7）其他不可预见因素，造成项目清算。

项目清算是项目业主和项目团队都不希望出现的事件，但依据具体情况及时、果断地进行项目清算无论对业主，还是对项目团队都是必要的。对于项目业主，如果出现项目不能顺利进行的情况，以"壮士断腕"般的勇气，果断地进行项目清算，是最大限度减少损失的唯一方法和途径。对于项目团队，在无回天之力的情况下，促使项目业主尽快清算，可减轻对项目承担的责任，是尽快开展新项目的有利举措。对于国家，当项目无意义时，尽快清算，结束项目，可减少对资源的占用和浪费。因而，对不能成功结束的项目，要根据情况，尽快进行清算。

（2）项目清算的程序。项目清算的组织与项目竣工不同，项目清算是由项目业主召集项目团队及其相关人员组成清算班子，执行清算。

项目清算主要以合同为依据。在清算时，按照合同的有关条款，确定相应的责任和损失。

1）由业主召集项目团队、工程监理等相关人员组成项目清算小组。

2）项目清算小组对项目进行的现状及已完成的部分，依据合同逐条进行检查。对项目已经进行的、并且符合合同要求的，免除相关部门和人员的责任；对项目中不符合合同目标的，并有可能造成项目失败的工作，依合同条款进行责任确认、损失估算、索赔方案拟订等事宜的协商。

3）找出造成项目流产的所有原因，总结经验。

4）明确责任，确定损失，协商索赔方案，形成项目清算报告，合同各方在清算报告上签字，使之生效。

5）协商不成则按合同的约定提起仲裁，或直接向项目所在地的人民法院提起诉讼。

项目清算对于有效地结束不可能成功的项目，保证国家资源得到合理使用，增强社会的法律意识都起到重要作用。因此，项目各方要依据项目实际情况实事求是地对待项目成果。如果清算，就应及时、客观地进行。

主要内容
- ➢ 项目利益相关者管理
- ➢ 项目质量管理
- ➢ 项目采购管理
- ➢ 项目信息与沟通管理
- ➢ 项目冲突管理
- ➢ 项目风险管理

第 4 章

项目综合管理

项目管理导论

本章学习目标

本章主要介绍项目管理所涉及的综合知识领域的核心理念和方法，主要是形成对项目所涉及的各个方面的知识要素有一个系统的认识。本章内容包括项目利益相关者管理、项目质量管理、项目采购与合同管理、项目信息与沟通管理、项目冲突管理与项目风险管理等。

- 重点掌握：利益相关者的概念、利益相关者的管理、质量管理的工具与技术、项目沟通管理、项目冲突的概念和来源、项目风险应对的方法。
- 一般掌握：利益相关者的需求识别、项目信息管理、项目冲突的来源和项目风险评估。
- 了解：采购规划、招标投标、项目风险识别和项目风险控制。

4.1 项目利益相关者管理

项目利益相关者管理包括用于开展下列工作的各个过程：识别能影响项目或受项目影响的全部人员、群体或组织，分析利益相关者对项目的期望和影响，制定合适的管理策略来有效调动利益相关者参与项目的决策和执行。利益相关者管理还关注与利益相关者的持续沟通，以便了解利益相关者的需要和期望，解决实际发生的问题，管理利益冲突，促进利益相关者合理参与项目的决策和活动。应该把利益相关者满意度作为一个关键的项目目标来进行管理。

4.1.1 利益相关者的概念

1. 定义

项目利益相关者（Project Stakeholder）是指与项目有一定利益关系的个人或组织，也就是项目的参与方以及受项目运作影响或能够对项目运作产生影响的个人或组织。

传统的项目管理主要侧重于成本、进度和质量三方面的控制。但是随着经济的发展、社会的进步，项目利益相关者对项目管理的要求不断加强，相关利益主体的地位不断上升，对项目与其利益相关者关系的有效管理也成为项目成功的关键。利益相关者是否满意，特别是终端客户是否满意，成为衡量项目价值的重要标准之一。项目管理目标也从实现成本、进度和质量的三大控制转变为让利益相关者满意。例如,建造澳大利亚悉尼歌剧院项目时出现了严重的进度拖期和费用超支,用传统的三大约束作为尺度来衡量这个项目是失败的。可是,悉尼歌剧院落成后即成为澳大利亚公民引以为豪的建筑,几乎每一张澳大利亚的旅游明信片上都有该歌剧院的影子,澳大利亚公民认为这个项目取得了巨大成功。

按照米切尔的界定,利益相关者包含三个层次。

第一层次是指与组织存在利益关系的任何人、组织或机构是利益相关者。他们可以是内部的,如股东;也可能是外部的,如供应商。这一定义包括了既定的受益人和中间人、组织的支持者和反对者以及决策层和非决策层。一般都包括股东、债权人、管理层、雇员、供应商、消费者、政府部门、社会传媒、相关的社会组织和社会团体,周边的社会成员等。

第二层次是指与组织有直接关系的人或团体。

第三层次是指在组织中投入了资源的人或团体,即凡是在组织中投入了专用性资源共享的人或团体都是利益相关者。

2. 分类

按照利益相关者与项目的不同的影响关系,利益相关者可以分为以下两种。

(1) 主要利益相关者:与项目有合同关系的团体或个人,如业主方、承包方、设计方、供货方、监理方和信用机构等。

(2) 次要利益相关者:即那些与项目有隐性契约,但并未正式参与到项目的交易中,受项目影响或能够影响项目的团体或个人,如政府、公众和环保部门等。

根据利益相关者对项目控制权和掌握权的不同,项目利益相关者可以分为以下两种。

(1) 强利益相关者:对项目控制权及掌控权较强的利益相关者。

(2) 弱利益相关者:对项目控制权及掌控权较弱的利益相关者。

以项目为界限,分为项目内部利益相关者和项目外部利益相关者。前者包括项目经理和项目成员;后者包括项目发起人、总经理、职能经理、项目客户(内部客户、外部客户)、分包商、供应商和政府等。

以企业为界限,分为项目内部利益相关者和项目外部利益相关者。前者包括项目发起人、项目经理、职能经理、总经理、内部客户以及项目内部成员等；后者包括政府、分包商、外部客户以及项目外部成员等。

4.1.2 识别利益相关者及其需求

每个项目都有利益相关者，他们受项目的积极或消极影响，或者能对项目施加积极或消极影响。有些利益相关者影响项目的能力有限，而有些利益相关者可能对项目及其期望结果有重大影响。项目经理具备了正确识别并合理管理利益相关者的能力，能决定项目的成败。

识别利益相关者是识别能影响项目决策、活动或结果的个人、群体或组织以及被项目决策、活动或结果所影响的个人、群体或组织，并分析和记录他们的相关信息的过程。这些信息包括他们的利益、参与度、相互依赖、影响力及对项目成功的潜在影响等，目的是帮助项目经理建立对各个利益相关者或利益相关者群体的适度关注。

1. 一般项目的利益相关者

项目成功的第一保证是利益相关者在项目整个生命周期中的有效协作。项目管理包含五个过程，即启动、计划、实施、控制和收尾。如果缺乏利益相关者对其责任的承诺，这五个过程将会演变为狂热、惶恐、寻找替罪羊、惩罚无辜者以及表扬不该得到表扬的人。项目管理团队必须清楚谁是利益相关者，确定他们的要求和期望，然后根据他们的要求对其影响加以管理，确保项目取得成功。

一般项目的利益相关者及其主要关系描述如图4-1所示。

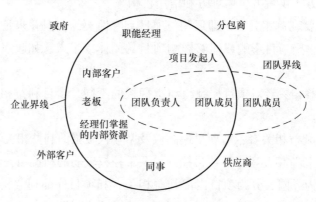

图4-1 项目的利益相关者及其关系

（1）项目经理。项目经理是指负责管理项目的个人，是对保证按时、按照预算、按照工作范围以及要求的性能水平完成项目而全面负责的人。项目经理的作用对于项目的成功非常重要,但在很多情况下,项目经理的职权反而很弱,同时受制于其他利益相关者,而不能完全控制这些结果。

(2) 项目发起人。项目发起人是首先实际命令执行项目的人或团体。他可能是客户,但在许多情况下,他是第三方,例如一位命令开发新产品的市场部主任。项目发起人负责保证项目得到合适的预算款项、决定项目的总体计划、保证达到项目结果所需要的资源。

(3) 客户或委托人。每个项目都有特定的客户,也叫委托人。委托人可能是一个人、一个组织,也可能是由两个或更多的人组成的一个团体,或是对同一项目结果具有相同需求的许多组织。一般客户提出需求向被委托人提交需求建议书之时,也就是项目诞生之时。客户既是项目结果的需求者,也是项目实施的资金提供者,还是项目交付成果的最终使用者。在一些情况下,客户是订购并支付的人,例如建设建筑物、住宅或公路时;在其他情况下,客户是购买由项目开发出来以及后来由公司生产出来的产品的人。

(4) 项目管理团队。项目管理团队是指完成项目工作的团队及直接参与项目管理活动的团队成员。

(5) 供应商。供应商是指为项目的承约商提供原材料、设备、工具等物资设备的商人。为了确保项目实施的进度和质量,每一个承约商一般都有自己相对固定的供应商。长期的协作关系使得承约商和供应商之间有良好的信誉,这使承约商能有效地配置资源,供应商也能获得自己所期望的利润。

(6) 分包商。由于现代项目技术复杂、工程量较大、客户要求较高,一般承约商在承接项目之后,都要将总项目中的一些子项目再转包给不同的分包商。分包商的参与,能有效地发挥各自的特长,使得项目能高质量地完成;但这同时也增加了项目管理的复杂性,使得分包商与承约商之间以及各分包商之间,有时很难得到有效的沟通和协调。

(7) 投资人。投资人是指为项目提供现金或实物财力资源的个人或团体。

(8) 被委托人。被委托人即承接项目满足客户需求的项目承建方,又叫承约商。被委托人承接项目以后,根据客户的需求和要求,开始启动项目。从项目启动、规划到项目实施和结尾的整个管理过程中,被委托人始终处于主导地位。因此,被委托人素质和能力的高低直接关系着项目质量的高低,选择一个好的项目承约商,是创造高质量项目的关键。目前,客户大多用招标、投标的方式来挑选最佳的承约商。

(9) 施加影响者。同项目产品的取得和使用没有直接关系，但是因其在客户组织或实施组织中的地位而能够对项目的进程施加积极或消极影响的个人或集体。

(10) 项目管理办公室。如果项目实施组织设立了项目管理办公室，并且对项目的结果负有直接或间接的责任，它就可能成为一个利益相关者。

例如，某路桥集团计划开发一个旅游项目，让游客乘坐旅游专车游览某大桥，然后从桥墩的电梯里下到第一个桥墩所在的某个岛屿，游客可以接着游览海岛。立项时邀请了市政府、公安局、交警等政府机构各方面领导的参加，会议最后通过了项目方案，批准立项。直到要进行通车典礼的前几天，负责大桥的武警边防发了一纸公文到市里，说这个项目可能导致不法分子的恐怖袭击，利用炸药炸毁大桥桥墩。这个旅游项目因此被迫中止，路桥集团投入几百万元买的旅游车及花的广告费就此打了水漂。

2. 利益相关者的需求表达

利益相关者常常不是实施项目的专业人员，他们不能明确地表达自己的期望和需求。这就需要项目组运用一些方法明确利益相关者的需要。

常用的方法是与每个利益相关者进行一对一的访谈，通过提出以下问题作为访谈提纲：利益相关者是否对项目成功有经济的、情感的、政治的或者职业上的利益？什么原因导致利益相关者会愿意成为项目的相关方？你想从利益相关者那里得到什么信息？你想从利益相关者那里得到什么援助？你对利益相关者抱有什么期望？你对利益者相关者的看法是什么？利益相关者希望从项目中得到什么信息？利益相关者希望从项目中得到什么援助？利益相关者对项目及其后果的期望是什么？利益相关者对项目和项目成员的看法是什么？谁会影响这个利益相关者，影响程度如何？这个利益相关者会影响谁，影响程度如何？这个利益相关者可能会对项目产生积极的还是消极的影响？如果这个利益相关者是积极的，可以采取什么措施确保他一直保持积极？如果这个利益相关者是消极的，可以采取什么措施改变他的想法？如果这个利益相关者是消极的并且他的想法不会改变，应该如何管理来确保他对项目造成的消极影响最低？

质量功能展开表（Quality Function Development，QFD）（见图4-2）方法可以用来将项目利益相关者的期望转化为明确的需求。"利益相关者期望"一般是笼统或模糊的。"期望的物化特性"是利益相关者期望的具体化表达，可以由专业人员予以定义并获得利益相关者的认可。"相关关系矩阵"是指

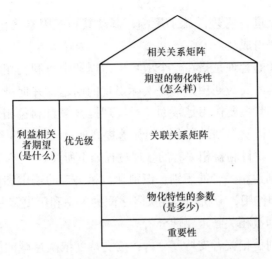

图 4-2 项目利益相关者需求表达的质量功能展开表

众多物化特性之间的相互关系，通常用正相关或负相关来表示。"关联关系矩阵"是指项目利益相关者的期望和其物化特性之间的关联关系，这种关系可用"强""中等""弱"表示，也可采用分值表示。"物化特性的参数"是指能够用客观标准来度量的项目利益相关者的需求，"优先级"则表示利益相关者期望之间的优先顺序。

对 QFD 的使用有以下步骤：

第一步，确定项目利益相关者对项目的期望，并确定其优先等级，即明确"是什么"。

第二步，确定利益相关者期望的物化特性（所谓物化特性是指可以明确表示的事物，如资金、满意度调查表等），即将"是什么"转化为"怎么样"。

第三步，用关联关系矩阵确定"是什么"和"怎么样"之间的关联关系。

第四步，用相关关系矩阵确定期望的物化特性之间的关联关系。

第五步，根据相关关系矩阵和关联关系矩阵的结果，与确定利益相关者期望的物化特性的参数或衡量标准（即"是多少"），以及这些标准的重要性排序，从而将其转变为利益相关者的需求及其优先满足等级。

4.1.3 利益相关者的管理过程

项目经理必须管理利益相关者的期望，这可能是一件难事，但很重要，因为利益相关者的目标往往彼此相去甚远，甚至互相冲突。只有对利益相关者的需求和期望进行管理并施加影响,调动其积极因素,化解其消极影响,才能确保项目获得成功。

利益相关者的管理是指在整个项目生命周期中与利益相关者进行沟通和协作,以满足其需要与期望,解决实际出现的问题,并促进利益相关者合理参与项目活动。其主要作用是帮助项目经理提升来自利益相关者的支持,并把利益相关者的抵制降到最低,从而显著提高项目成功的机会。

具体来说,项目利益相关者的管理过程如下所述。

(1) 项目利益相关者的识别:识别利益相关者的需求和期望,识别其在项目中的贡献和作用,分析利益相关者之间的关系和历史渊源。

(2) 项目利益相关者重要性分析。

(3) 项目利益相关者支持度分析:按支持度依次递减的顺序,利益相关者的主要类别有首倡者、内部支持者、较积极者、参与者、无所谓者、不积极者和反对者。

(4) 项目利益相关者综合分析:项目利益相关者综合分析的常用方法是坐标格法,如图 4-3 所示。

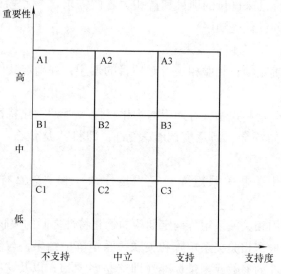

图 4-3　项目利益相关者综合分析坐标

(5) 开发有效应对利益相关者的策略:明确利益相关者的责、权、利,建立完美的信息沟通网络,维护和推动良好的合作伙伴关系,实施相互协调的差异化管理策略。

(6) 执行、沟通和管理利益相关者计划的变更。

(7) 记录得到的经验教训并将其应用到将来的项目中去。

表4-1是某市市政道路养护和维修项目的利益相关者及需求和利益期望分析。

表4-1 某市市政道路养护和维修项目利益相关者分析

序号	利益相关者	项目中的角色	基本需求和期望	利益程度（高、中、低）	影响程度（高、中、低）
1	某市市政道路养护和维修工作组	管理者	期望：在保证工程质量的基础上养护和维修因气候等原因造成的损毁道路	高	高
2	承建方	建设者	需求：政府部门大力支持，市民的理解和支持 期望：按时完工，保证质量，获得报酬	高	高
3	工程监理部门	监督者	需求：承建方的支持和配合、相关的专家和技术人员 期望：保证工程质量、项目按时完成、资金的合理分配和使用	中	中
4	市民	受益者	配合、理解、支持	高	中
5	交管部门	辅助者	需求：市民的大力配合和理解 期望：项目按时完工，顺利进行，在最大程度上减少对交通的影响。保证红绿灯建设，保证出行安全	低	中
6	气象部门	辅助者	期望：顺利进行，项目按时完成	低	中
7	城市建设部门	辅助者	期望：保证道路绿化	低	中
8	自来水公司	辅助者	期望：在建设过程中，合理规划管道线路，保证居民用水	中	中
9	电力公司	辅助者	期望：保证施工用电，合理规划供电线路，保证居民用电	中	高
10	天然气公司	辅助者	期望：保证供气安全	中	低
11	公交公司	辅助者	期望：按时完工，合理规划公交线路	高	中
12	热力公司	辅助者	期望：合理规划管线，保证热力供应	中	中

4.2 项目质量管理

4.2.1 项目质量管理概述

1. 项目质量

项目质量是指项目管理和项目成果的质量,它不仅包括项目的成果(即产品或服务)的质量,也包括项目管理的质量。良好的项目管理过程是取得令人满意的产品或服务和其他成果的保证,项目管理各个过程的质量决定了项目成果的质量。也就是说,从项目作为一项最终产品来看,项目质量体现在其性能或者使用价值上,是指项目的产品质量。从项目作为一次性的活动来看,项目质量体现在由 WBS 反映出的项目范围内所有的阶段、子项目、项目工作单元的质量上,也即项目的工作质量。

2. 项目质量管理

项目质量管理是指围绕项目质量所进行的指挥、协调和控制等活动,它包括质量计划、质量保证和质量控制三个过程。

(1)质量计划(Quality Planning)。它是对特定的项目、产品、过程或合同,规定由谁及何时应使用哪些程序和相关资源的文件。

(2)质量保证(Quality Assurance)。它是组织为了提供足够的信任表明实体能够满足质量要求,而在其质量体系中实施并根据需要进行证实的全部有计划和有系统的活动,分为内部保证和外部保证。

(3)质量控制(Quality Control)。它是组织为达到质量要求所采取的作业技术和活动。

3. 项目质量管理原则

(1)以顾客为关注焦点:组织依存于顾客。因此,组织应当理解顾客当前和未来的需求,满足顾客要求并争取超过顾客期望。

(2)领导作用:领导者确立组织统一的宗旨和方向。他们应当创造并保持使员工能充分参与实现组织目标的内部环境。

(3)全员参与:各级人员都是组织之本,只有他们的充分参与,才能使他们的才干为组织带来收益。虽然通过制度可以强制员工按照组织要求完成本职工作,但领导者更应善于利用如目标激励、物质激励、自我(价值)激励等正面激励手段,消除由于工作环境不好、工作关系不协调、分配不公、个人才能得不到发挥等造成的不满意因素，以提高员工主动参与的意识和热情。

（4）过程方法：将活动相关的资源作为过程进行管理，可以高效地得到期望的结果。通过利用资源和实施管理，将输入转化为输出的一组活动，可以视为一个过程。一个过程的输出可直接形成下一个或几个过程的输入。为使组织有效运行，必须识别和管理众多相互关联的过程。系统地识别和管理组织所应用的过程，特别是这些过程之间的相互作用，可称为"过程方法"。同时，基于每个过程考虑具体的要求，资源的投入、管理的方式和要求、测量方式等都能互相有机地结合并做出恰当的考虑与安排，采用过程方法从而可以有效地使用资源、降低成本和缩短周期。而系统地识别和管理组织所应用的过程，可以掌握组织内与产品实现有关的全部过程，清楚过程之间的内在关系，通过控制活动能获得可预测、具有一致性的改进结果，特别是可使组织关注并掌握按优先次序改进的机会。

（5）管理的系统方法：将相互关联的过程作为系统加以识别、理解和管理，有助于组织提高实现目标的有效性和效率。

（6）持续改进：持续改进总体业绩应当是组织的一个永恒目标。持续改进的对象可以是质量管理体系、过程和产品等，持续改进可作为过程进行管理。在对该过程的管理活动中，应重点关注改进的目标及改进的有效性和效率。作为一种管理理念、组织的价值观，持续改进在质量管理体系活动中是必不可少的重要要求。

（7）基于事实决策的能力：有效决策是建立在数据和信息分析的基础上，为决策的活动制定目标，确定需要解决的问题、实现目标应进行的活动，对形成的决策方案进行可行性评估等。这里包括了决策的逻辑思维方法，即依据数据和信息进行逻辑分析。统计技术是一种有效的数学工具。依照这一过程形成决策方案应是可行或最佳的。基于事实的决策方法的优点在于，决策是理智的，增强了依据事实证实过去决策有效性的能力，也增强了评估、判断和决策的能力。

（8）与供方互利的关系：组织与供方是相互依存的，互利的关系可增强双方创造价值的能力。供方或合作伙伴所提供的材料、零部件或服务对组织的最终产品有至关重要的影响。供方或合作伙伴提供高质量的产品，将为组织为客户提供高质量的产品提供保证。组织与供方的良好合作关系将最终促使组织与供方或合作伙伴均增加创造价值的能力，并优化成本和资源，以及对市场或客户的要求联合起来做快速灵活的反应,最终使双方都受益。

4. 项目质量的主要内容

(1) 质量计划。质量计划的目的主要是确保项目的质量标准能够得以满意地实现,其关键是在项目的计划期内确保项目如期完成,同时要处理与其他项目计划之间的关系。在项目计划中,它是程序推进的主要推动力之一,应当有规律地执行并与其他项目计划程序并行。例如,对管理质量的要求可能是对成本或进度计划的调节,对生产质量的要求则可能是对确定问题的详细的风险分析。

1) 项目质量计划编制的步骤。

① 了解项目基本概况,收集资料。这里要重点了解的信息有:项目的组成、项目质量目标、项目拟订的实施方案等具体内容,所需收集的资料主要有实施规范、实施规程和质量评定标准等。

② 确定质量目标树,绘制质量管理组织机构图。按照质量总目标和项目组成,逐级分解,建立质量目标树,并根据项目的规模、项目特点、施工组织、工程总进度计划和已建立的项目质量目标树,配备质量管理人员、设备和器具,确定各级人员的角色和责任,建立项目的质量管理机构,绘制项目质量管理组织机构图。

③ 制定项目质量控制程序及其他。项目的质量控制程序主要有:初始的检查实验和标识程序,项目实施过程中的质量检查程序,不合格的项目产品的控制程序,各类项目实施质量记录的控制程序和交工验收程序等。

④ 在制定好项目的质量控制程序之后,还应该编制单独成册的项目质量计划,应根据项目总的进度计划,编制相应的项目质量工作计划表、质量管理人员计划表和质量管理设备计划表等。项目质量计划编制后,经相关部门审阅、项目总工程师审定和项目经理的批准后颁布实施。大项目、关键项目,按单项工程、单位工程和分部工程,根据工程进度分阶段编制项目的质量计划。项目质量计划的内容包括质量目标,质量管理工作流程,职责、权限和资源分配,实施书面程序和指导书、试验、检查、检验和评审大纲,达到质量目标的测量方法,修改和完善质量计划的程序以及其他措施等。

2) 项目质量计划的依据。

① 范围基准,即范围说明书。范围说明书包含项目描述、主要项目可交付成果及验收标准。

② 利益相关者登记册。识别对质量有特别兴趣或影响力的利益相关者。

③ 成本绩效基准。成本绩效基准是经过批准且按时间段分配资金的完工预算，用于测量、监督和控制项目的总体成本绩效。

④ 进度基准。

⑤ 风险登记册。

⑥ 事业环境因素。包括政府法规、特定应用领域的相关规划、标准和指南，可能影响项目质量的项目工作条件或/和产品运行条件。

⑦ 组织过程资产。包括组织的质量政策、程序及指南，历史数据库及以往项目的经验教训。

3）项目质量计划的成果。

① 质量管理计划：说明项目管理团队将如何实施执行组织的质量政策。项目质量管理计划主要内容有项目组成简述，项目质量总目标及其分解，项目质量管理组织机构的设置，项目各级人员的质量职责，项目质量控制依据的规范、规程、标准和文件，项目质量控制程序等。质量计划提供了对整个项目进行质量控制、质量保证及质量改进的基础。

② 质量测量指标：准时性、预算控制、缺陷频率、故障率、可用性、可靠性和测试覆盖度。

③ 质量核对表。

④ 过程改进计划。

（2）质量保证。质量保证是所有计划和系统工作实施达到质量计划要求的基础，为项目质量系统的正常运转提供了可靠的保证，它应该贯穿于项目实施的全过程之中。质量保证通常是由质量保证部门或者类似的组织单元提供，但是不必总是如此。质量保证通常提供给项目管理组以及实施组织（内部质量保证）或者提供给客户或项目工作涉及的其他活动（外部质量保证）。

1）项目质量保证的主要依据和工作内容。项目质量保证的主要依据有质量管理计划、质量测量指标、过程改进计划、工作绩效信息、批准的变更要求、质量控制度量的结果、实施的变更请求、实施的纠正措施和操作说明等。

项目质量保证的工作内容如下所述。

① 制定科学可行的质量标准。制定质量标准是为了在项目实施过程中达到或超过质量标准，也可以采用现行的国家标准、行业标准。

② 建立和完善项目质量管理体系，包括质量管理体系的结构和质量管理体系的职责分配，并且要配备合格和必要的资源，持续开展有计划的质量改

进活动。

2）项目质量保证的成果。

① 组织过程资产（更新）：包括质量标准更新。

② 变更请求。

③ 项目管理计划（更新）：包括更新质量管理计划、进度管理计划和成本管理计划。

④ 项目文件（更新）：包括质量审计报告、培训计划和过程文档。

(3) 项目质量控制。质量控制主要是监督项目的实施结果，将项目的结果与事先制定的质量标准进行比较，找出其存在的偏差，并分析形成这一偏差的原因，质量控制贯穿于项目实施的全过程。项目的结果包括产品结果（如交付）以及管理结果（如实施的费用和进度）。质量控制通常是由项目参与各方组织实施。

1）质量控制的依据。

① 工作结果：包括实施结果和产品结果。

② 质量管理计划。

③ 操作描述。

④ 检查表格。

2）质量控制的成果。

① 项目控制测量结果。

② 确认的变更。对变更或补救过的对象进行检查，做出接受或拒绝的决定，并把决定通知相关人员。被拒绝的对象可能需要返工。

③ 确认的可交付物。

④ 组织过程资产更新。完成核对表，形成经验教训文档。

⑤ 项目管理计划更新：包括质量管理计划和过程改进计划。

⑥ 变更新求。如果推荐的纠正措施、预防措施或缺陷补救导致项目管理计划变更，则应按既定的实施整体变更控制过程提出变更请求。

⑦ 项目文件更新。

例如，在某大学体育馆项目的质量控制中充分发挥监理的作用，加强监理在检查、监督、见证、验收方面的工作力度。理念是：预防为主，加强事前控制，实施主动控制，把问题消灭在萌芽状态。将质量控制落实在工程建设的过程中，而不是最终项目验收环节。项目管理部对工程编制了具体的验收计划，在验收的关键节点上由各管理部门层层把关，并要求所有施工企业都要经过 ISO 9000 标准认证，建立完善的质量保证体系和质量计划。重要的工序要求监理驻场监督，用人员的质量保证工序的质量，用工序的质量保证过程的质量，用过程的质量保证工程的质量。同时，项目组认识到设计环节在质量控制方面是至关重要的。项目组采纳了在体育馆建设方面颇有经验的某大学的设计方案，组织了由多位院士、专家组成的专家评审团，用本校开发的软件进行了全方位的设计测评，结果证明设计是非常合理的，这为保证整体工程的质量奠定了坚实的基础。在建设过程中，对材料进行检验控制也是十分重要的。例如，在安装钢筋时，校方对焊接过的钢筋进行抽样检验，结果焊口没断，钢材却断了，于是对钢筋质量提出质疑，要求更换钢材。而承包商对此存在异议，又重新抽样到 D 市的监测中心检验。结果还是钢材断了，承包商不得已又重新更换了一批经检验合格的钢材。

4.2.2 质量管理的工具与技术

1. 项目质量计划的方法和工具

项目质量计划是保证项目质量管理成功的过程之一，项目质量管理班子必须有这样一种意识，即质量是策划出来的，而不是检查出来的。因此，要保证项目质量计划的准确性，在项目质量计划过程中，应采用科学的方法和技术，常用的有质量功能展开、成本效益分析、基准比较、流程图、实验设计和质量成本分析等。

（1）质量功能展开，即 QFD，于 20 世纪 70 年代首创于日本。QFD 方法的核心思想是：注重产品从开始的可行性分析研究到产品的生产都是以市场、顾客的需求为驱动，强调将市场顾客的需求明确地转变为参与产品开发的管理者、设计者、制造工艺部门以及生产计划部门等有关人员均能理解执行的各种具体信息，从而保证企业最终能生产出符合市场顾客需求的产品。QFD 的核心内容是需求转换，采用的是质量屋（House of Quality）形式，它是一种直观的矩阵框架表达形式，是 QFD 方法的工具。建立质量屋的基本框架，给以输入信息，通过分析评价得到输出信息，从而实现一种需求转换。

（2）成本效益分析。质量计划必须综合考虑利益/成本的交换，满足质量需求的主要利益是减少重复性工作，这就意味着高的产出、低的支出以及增加投资者的满意度。满足质量需求的基本费用是辅助项目质量管理活动的付出。质量管理的基本原则是利益与成本之比尽可能大。

（3）基准比较。基准比较主要是指通过比较实际或计划项目的实施与其他同类项目的实施过程,为改进项目实施过程提供思路和提供一个实施的标准。其他项目可能在执行组织的工作范围之内,也可能在执行组织的工作范围之外;可能属于同一应用领域,也可能属于别的领域。

(4)流程图。流程图是一个由箭线联系的若干因素关系图。流程图在质量管理中的应用主要包括如下几个方面。

1)原因结果图。此图主要用来分析和说明各种因素和原因如何导致或产生各种潜在的问题和后果。

2)系统流程图或处理流程图。此图主要用来说明系统各种要素之间存在的相互关系,通过流程图可以帮助项目组提出解决所遇质量问题的相关方法。

流程图能帮助项目小组预测可能发生哪些质量问题,在哪个环节发生,因而有助于使解决问题的手段更为高明。

(5)实验设计。实验设计用于分析和确定对整个项目输出结果最有影响的因素,主要用于项目产品或服务问题。该方法的应用存在着费用与进度交换的问题。

(6)其他质量计划工具。如头脑风暴法、KJ法(A型同解法)等。

2. 质量保证的方法和工具

(1)质量计划和质量控制的工具和技术。质量计划和质量控制的工具和技术在质量保证中同样适用。

(2)质量审核。质量审核是确定质量活动及其有关结果是否符合计划安排,以及这些安排是否有效贯彻并适合达到对目标的有系统的、独立的审查。通过质量审核,评价审核对象的现状对规定要求的符合性,并确定是否需要采取改进、纠正措施,从而保证项目质量符合规定要求,保证设计、实施与组织过程符合规定要求,保证质量体系有效运行并不断完善,提高质量管理水平。

质量审核的分类包括质量体系审核、项目质量审核、过程(工序)质量审核、监督审核、内部质量审核和外部质量审核。质量审核可以是有计划的,也可以是随机的,它可以由专门的审计员或者是第三方质量系统注册组织审核。

(3)过程分析。过程分析是指按照过程改进计划中列明的步骤,从组织和技术角度识别所需的改进,其中,也包括对遇到的问题、约束条件和无价值活动进行检查。过程分析包括根源分析,即分析问题或情况,确定促成该问题或情况产生的根本原因，并为类似问题制定纠正措施。

3. 质量控制的方法和技术

（1）检查。包括度量、考察和测试。

（2）控制图。控制图可以用来监控任何形式的输出变量，可用于监控进度和费用的变化、范围变化的量度和频率、项目说明中的错误，以及其他管理结果。如图4-4所示。

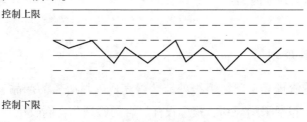

图4-4 项目质量控制图

（3）统计抽样。对项目实际执行情况选取部分样本用于检查。统计抽样涉及样本选择的代表性，合适的样本通常可以减少项目控制的费用。

（4）流图。流图通常被用于项目质量控制过程中，其主要目的是确定以及分析问题产生的原因。

（5）鱼刺图。通过产生问题的原因和结果的分析进一步剖析产生质量问题的根源，从而从深层次进行改进和完善。如图4-5所示。

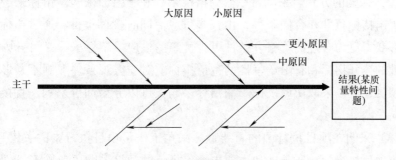

图4-5 鱼刺图示例

（6）帕累托图。帕累托图是一种按发生频率排序的特殊直方图，显示每一种已识别的原因分别导致了多少缺陷，以便有重点地采取纠正措施。

（7）散点图。表示两个质量之间关系的图，用于分析两测定值之间的相关关系，剔除异常数据。

（8）PDCA循环。PDCA循环是质量管理与质量控制的基本思路和方法，通过计划（Plan）、执行（Do）、检查（Check）和分析（Analysis）不断地对质量问题进行持续改进。

（9）趋势分析。趋势分析是指应用数学的技术根据历史的数据预测项目未来的发展，通常被用来监控技术参数、费用和进度参数。

1）技术参数。多少错误或缺点已被识别和纠正，多少错误仍未被校正。

2）费用和进度参数。多少工作在规定的时间内按期完成。

4.3 项目采购管理

4.3.1 采购规划

项目采购管理是从项目组织外部获得完成项目所需的产品、服务或其他成果的过程，包括采购规划、招标投标、合同管理和合同收尾。

1. 采购规划的概述

（1）采购的定义。采购是从系统外部获得货物、土建工程和服务（统称产品）的完整的采办过程。货物采购是指购买项目建设所需的投入物（如机械、设备、材料等）以及与之相关的服务。土建工程采购是指通过招标或其他商定的方式选择工程承包单位及其相关的服务，咨询服务采购主要是指聘请咨询公司或咨询专家。

（2）采购的方式。采购可以分为招标采购和非招标采购。招标采购是由需方提出招标条件和合同条件，由许多供应商同时投标报价。通过招标，需方能够获得更为合理的价格、条件更为优惠的供应。招标采购又可分为无限竞争性的公开招标和有限竞争性的邀请招标。对受客观条件限制不易形成竞争的项目还可以采取协商议标。非招标采购又可以分为询价采购、直接采购和定向采购等。

（3）采购在项目执行中的重要性。采购工作是项目执行中的关键环节，并构成项目执行的物质基础和主要内容。规范的项目采购要兼顾经济性和有效性，要求有效降低项目成本，促进项目的顺利实施和按期完成。项目采购必须体现设计和计划的要求，如果采购的产品不符合设计的预定要求，将直接影响项目质量，甚至导致项目失败。竞争性招标采购有规范的程序，体现公平、公正原则，即给符合条件的承包商提供均等的机会，这不仅符合市场经济的运行原则，而且也会进一步提高项目的实施质量；公平竞争又会促使报价降低，因而对项目的费用控制更为有利。此外，采用比较规范的公开招标、公平竞争的招标程序和严谨的支付办法，能从制度上最大限度地防止贪污、浪费和欺诈行为。

2. 采购规划的编制

（1）采购规划的准备。项目采购是一项很复杂的工作。它不但应遵循一定的采购程序，更重要的是，项目组织及其采购代理人在实施采购前必须清楚地知道所需采购的货物或服务的各种类目、性能规格、质量要求和数量等，必须了解并熟悉国内、国际市场的价格和供求情况、所需货物或服务的供求来源、外汇市场情况、国际贸易支付办法、保险、损失赔偿惯例等有关国内、国际贸易知识和商务方面的情报和知识。上述几个方面，都必须在采购准备及实施采购过程中细致而妥善地做好，以免采购工作的拖延、采购预算超支、不能采购到满意的或适用的货物或服务，而造成项目的损失，影响项目的顺利完成。

当然，项目组织不大可能全面掌握所需货物及服务在国际及国内市场上的供求情况和各承包商/供应商的产品性能规格及其价格等信息。这一任务要求项目组织、业主、采购代理机构通力合作来承担。采购代理机构尤其应该重视市场调查和信息，必要时还需要聘用咨询专家来帮助制定采购规划，提供有关信息，直至参与采购的全过程。

（2）采购规划的内容。应该明确说明是否需要采购、采购什么、何时采购、如何采购及采购多少等内容。

1）是否需要采购。就是识别项目的哪些需要可以通过从项目实施组织外部采购产品和设备来得到满足。

2）采购什么。采购的商品应满足四个条件，即适用性、通用性、可获得性和经济性。所采购的对象和品质由项目资源估算和各种资源需要的描述决定。

3）何时采购。从采购的产品投入项目使用之日算起，推出合理的提前期，确定适当的采购订货时间和采购作业时间。

4）如何采购。是否采用分批交货方式，采用何种产品供给与运输方式，具体项目采购产品的交货方式和地点等。

5）采购多少。使用经济指数模型等方法决定采购多少。

（3）采购规划的依据。

1）范围说明。范围说明书说明了项目目前的界限，提供了在采购规划过程中必须考虑的项目要求和策略的重要资料。随着项目的进展，范围说明书可能需要修改或细化，以反映这些界限的所有变化。范围说明应当包括对项目的描述、定义，以及详细说明需要采购的产品类目的参考图或图表及其他信息。

2）产品说明。项目产品（项目最终成果）的说明，提供了有关在采购计划过程中需要考虑的所有技术问题或注意事项的重要材料。

3）采购活动所需的资源。项目实施组织若没有正式的订货单位，则项目管理班子将不得不自己提供资源和专业知识支持项目的各种采购活动。

4）市场状况。在采购规划过程中必须考虑市场上有何种产品可以买到、从何处购买，以及采购的条款和条件是怎样的。

5）其他计划结果。只要有其他计划结果可供使用（如项目成本初步估算、质量管理计划等），在采购规划过程中必须加以考虑。

3. 采购规划常用的方法和工具

（1）自制或外购分析。利用平衡点分析法进行自制或外购选择决策分析，这是一种普遍采用的管理技术，可以用来确定某种具体的产品是否可由实施组织自己生产出来，而且又很节省成本。

（2）短期租赁或长期租赁分析。短期还是长期租赁，通常取决于财务上的考虑。根据项目对某租赁品的预计使用时间、租金高低来分析短期与长期租赁的成本平衡点。

例如，假设你有两种选择，你可以以每天 200 美元的价格临时租用一件设备，或以每天 70 美元的价格对这一设备进行长期租用，附加 8 000 美元的一次性费用，你需要使用这个设备 75 天。你是准备长期租还是临时租？时间上的平衡点是哪一天？显然应该长期租，时间上的平衡点是 61.5 天。

（3）采购专家的介入。采购专家就是具有专门知识或经过训练的单位和个人。咨询公司、行业团体、有发展前景的承包商以及项目实施组织内部的其他单位（如果有专门从事采购的职能部门，如合同部）可能都具备用于采购的专业知识。项目组织可以聘请采购专家作为顾问，甚至邀请他们直接参加采购过程。

（4）经济采购批量分析。按照采购管理的目的，需要通过合理的进货批量和进货时间，使存货的总成本最低，这个批量叫作经济采购量或经济批量。有了经济采购量，可以容易地找出最适宜的进货时间。

4. 采购规划的结果

（1）采购管理计划。采购管理计划应当说明具体的采购过程将如何进行管理。具体来说，采购管理计划包括以下内容。

1）应当使用何种类型的合同。

2）是否需要有独立的估算作为评估标准，由谁负责，以及何时编制这些估算。

3）项目实施组织是否有采购部门，项目管理组织在采购过程中自己能采取何种行动。

4）是否需要使用标准的采购文件，从哪里找到这些标准文件。

根据项目的具体要求，采购管理计划可以是正式的，也可以是非正式的；可以非常详细，也可以很粗略。此计划是整体项目计划的补充部分。

(2) 工程说明。工程说明也叫要求说明，详细地说明了采购项目，以便潜在的承包商确定他们是否能够提供该采购项目的货物或服务。工程说明的详细程度可以视采购项目的性质、买主的要求或者预计的合同形式而异。

工程说明在采购过程中可能被修改和细化。每个单独的采购项目都要求有单独的工程说明。但是，多种产品或服务可以组成一个采购项目，使用一个工程说明。工程说明应尽可能清晰、完整、简洁。

(3) 自制或外购决策。对货物、土建工程和咨询服务，由项目团队做出书面的自制或外购决策，包括为应对识别的风险而决定购买保险或履约保函。

(4) 变更请求的处理。

(5) 采购文件。买方按照组织的相关政策，邀请潜在卖方提交建议书或投标书。

(6) 供方选择标准。从对需求的理解、技术能力、成本、管理、风险和财务实力等方面确定对卖方建议书评级的标准。

(7) 文件更新。包括更新需求文件、风险登记册等。

4.3.2 招标投标

1. 招标投标的概念与特征

招标投标是由招标人和投标人经过要约、承诺、择优选定，最终形成协议和合同关系的、平等主体之间的一种交易方式，是"法人"之间达成有偿、具有约束力的法律行为。

招标投标是商品经济发展到一定阶段的产物，是一种最高竞争性的采购方式，能为采购者带来经济的、有质量的工程、货物或服务。因此，在政府及公共领域推行招标投标制，有利于节约国有资金，提高采购质量。

招标投标具有下述基本特征：

(1) 平等性。招标投标的平等性，应从商品经济的本质属性来分析，商品经济的基本法则是等价交换。招标投标是独立法人之间的经济活动，按照平等、自愿、互利的原则和规范的程序进行，双方享有同等的权利和义务，受到法律的保护和监督。招标方应为所有投标者提供同等条件，让他们展开公平竞争。

（2）竞争性。招标投标的核心是竞争，按规定每次招标必须有三家以上投标者投标，这就形成了投标者之间的竞争，他们以各自的实力、信誉、服务和报价等优势，战胜其他的投标者。此外，在招标人与投标者之间也展开了竞争，招标人可以在招标者中间"择优选择"，有选择就有竞争。

（3）开放性。正规的招标投标活动，必须在公开发行的报纸杂志上刊登招标公告，打破行业、部门、地区甚至国别的界限，打破所有制的封锁、干扰和垄断，在最大限度的范围内让所有符合条件的投标者前来投标，进行自由竞争。

2. 招标投标活动应遵循的基本原则

招标投标活动应当遵循公开、公平、公正和诚实信用的原则。

招标投标行为是市场经济的产物，并随着市场的发展而发展，必须遵循市场经济活动的基本原则。各国立法及国际惯例普遍确定，招标投标活动必须遵循"公开、公平、公正"的"三公"原则。例如，《世界银行贷款项目国内竞争性招标采购指南》中规定："本指南的原则是充分竞争、程序公开，机会均等，一律公平地对待所有投标人，并根据事先公布的标准将合同授予最低评标价的投标人。"《联合国贸易法委员会货物、工程和服务采购示范法》在立法宗旨中写道："促进供应商和承包商为供应拟采购的货物、工程或服务进行竞争，规定给予所有供应商和承包商以公平和平等的待遇，促使采购过程诚实、公平，提高公众对采购过程的信任。"

招标投标在国际上应用较早，在西方市场经济国家，由于政府及公共部门的采购资金主要来源于企业、公民的税款和捐赠，提高采购效率和节省开支是纳税人和捐赠人对政府和公共部门提出的必然要求。因此，这些国家普遍在政府及公共采购领域推行招标投标，招标逐渐成为市场经济国家通行的一种采购制度。

我国从 20 世纪 80 年代初开始引入招标投标制度，先后在利用国外贷款、机电设备进口、建设工程发包、科研课题分配、出口商品配额分配等领域推行，取得了良好的经济效益和社会效益。从我国 30 多年的实践来看，这种采购方式对于约束交易者行为、创造平等竞争的市场环境、保障国有资金的有效使用等起到了积极的作用。

为了规范招标投标活动，保护国家利益、社会公共利益和招标投标活动当事人的合法利益，提高经济效益和保证项目质量，1999 年 8 月 30 日经九届全国人大常委会第十一次会议审议通过的《中华人民共和国招标投标法》已于2000年1月1日起实施。

3. 招标投标的一般程序

（1）招标准备阶段。此阶段基本分为八个步骤：具有招标条件的单位填写招标申请书，报有关部门审批；获准后，组织招标班子和评标委员会；编制招标文件和标底；发布招标公告；审定投标单位；发放招标文件；组织招标会议；接受招标文件。

（2）投标准备阶段。此阶段根据招标公告或招标单位的邀请，投标单位选择符合本单位能力的项目，向招标单位提交投标意向，并提供资格证明文件和资料；资格预审通过后，组织投标班子，跟踪投标项目，购买招标文件；参加招标会议；编制投标文件，并在规定时间内报送给招标单位。

（3）开标评标阶段。此阶段按照招标公告规定的时间、地点，由招投标方派代表并在有公证人在场的情况下，当众开标；招标方对投标者作资料后审、询标、评标；投标方做好询标解答准备，接受询标质疑，等待评标决标。

（4）决标签约阶段。评标委员会提出评标意见，报送决定单位确定；依据决标内容向中标单位发出《中标通知书》；中标单位在接到通知书后，在规定的期限内与招标单位签订合同。

4.3.3 合同管理

1. 项目合同概述

项目合同是指项目业主或其代理人与项目承包人或供应人为完成某一确定的项目所指向的目标或规定的内容，明确相互的权利义务关系而达成的协议。

项目合同可以按照不同的方法进行分类。按签约各方的关系，可以分为工程总承包合同、工程分包合同、货物购销合同、转包合同、劳务分包合同、劳务合同和联合承包合同等。按承包范围，可以分为交钥匙合同、设计—采购—施工合同、设计—采购合同和单项合同等。

项目合同除了具有一般合同所具有的特点外，还具有其自身的特点，概括如下：

（1）合同涉及面广。项目一般涉及各方面的项目当事人和项目关系人，同样项目合同的签订必然也要涉及方方面面的当事人和关系人。

（2）合同条款多。由于项目的规模和复杂程度等原因，往往涉及的当事人、关系人较广，项目合同条款一般较多，还经常会涉及许多特殊的条款，如保险、索赔等。

（3）合同标的（物）的多样性。凡属于项目规定的任何内容都可以成为项目合同的标的。

（4）签订形式正规。由于项目的标的（物）的金额一般都较为巨大，项目当事人和项目关系人之间的关系较为复杂，因此合同的签订必须是采用书面形式，且要严格符合要求，一般不同的项目合同都形成了自己较为规范的合同文本。

在制定招标文件和合同文件时，一定要深思熟虑，字字斟酌，防止日后产生纠纷和索赔风险。

例如，在土建工程中，灌木桩在施工时要伸出一些钢筋打在上面的柱子里，而柱子本身的钢筋经打孔弯钩，又伸入桩头里面，以便和柱子连成一体。而桩和柱里的钢筋是由不同施工单位负责的。在制定招标文件的时候，本来也应该写成："桩的连接钢筋由基础单位完成，不在土建工程报价之内。"由于人为疏忽，把"桩"字写成了"柱"字。使得本应负责柱里钢筋的中建某局就此提出索赔。一字之差，造成了三四万元的损失。

在学校游泳馆的建设过程中，由于承包商报价时遗漏了泳池的钢筋混凝土一项，造成60多万元的损失，承包商希望校方能够提供相关补偿，但是基于合同中已明确提出"如果漏项，由投标单位自行承担"，索赔并没有成功。由此可见，合同管理在项目管理中至关重要。

2. 项目合同管理的内容

合同管理指参与项目各方均应在合同实施过程中自觉、认真、严格地遵守所签订合同的各项规定和要求，按照各自的职责行使各自的权利、履行各自的义务、维护各方的权利，发扬协作精神，处理好各方的关系，做好各项管理工作，使项目目标得到完整的体现。所以，合同管理实质上就是采购或承发包合同的履约管理，对项目组织而言，它包括将适当的项目管理方法应用于合同的管理之中，以及将这些管理的成果集成到全面项目管理之中。

（1）采购合同的实施。合同管理的主要内容是为实现项目采购计划而开展的合同的实施管理。项目组织应根据合同规定，监督和控制供应商或承包商的商品与劳务供应工作。

（2）报告供应的实施情况。项目组织要进行跟踪评价供应商或承包商的工作，这也被称为资源供应绩效报告管理。这项工作产生的供应绩效报告书能够为项目管理者提供有关供应商或承包商如何有效地达成合同目标的信息。这些信息是项目组织监控供应商或承包商提供资源的成本、进度以及质量和技术成果的依据。

(3) 采购质量控制。采购质量控制是保证项目所使用的资源符合质量要求的重要手段。在采购或承发包合同中一般都对交付物的检查和验收进行了规定。

(4) 合同变更的控制。在采购合同的实施过程中,很可能由于合同双方的各种因素需要对合同条款进行变更。合同的变更会对双方的利益产生影响,因此需要合同双方对于变更达成一致的意见。一般合同中,都有合同变更控制办法的规定。此外,国家有关法律对这种合同的变更也规定了一些法定程序。

(5) 纠纷的解决。合同双方的争议和经济纠纷常常是因为合同变更引起的,一般情况下,合同纠纷的处理原则是,如果合同中有处理争议的条款,那么就按照合同条款中的办法处理;如果没有此类条款,那么可以请双方约定的第三方进行调解;如果双方对于第三方的调解不能达成一致,那么就应交付仲裁或诉讼来解决。

(6) 项目组织内部对变更的认可。项目采购或承发包合同一旦发生变更,项目组织就必须让所有需要知道的组织内部人员了解和清楚这种变更,以及这种变更对整个项目所带来的影响,以确保合同的变更得到组织内部人员的认可,从而不会影响项目组织的士气和整个项目工作。采购合同变更的控制系统应该与全项目变更控制系统相结合。

(7) 支付系统管理。对供应商或承包商的支付通常是由项目组织的可支付账户控制系统管理的。在有众多采购需求的较大项目中,项目组织可以开发自己的支付控制系统。项目组织通常应根据合同的规定,按照供应商或承包商提交的发货单或完工单对供应商或承包商进行付款活动,并严格管理这些支付活动。

3. 合同收尾

合同收尾是合同的完成和结算,包括针对所有遗留问题的解决方案。合同收尾既是产品验收(所有工程是否合格、令人满意地竣工),也是行政收尾(更新记录及反映最后结果,并将其归档以备后用)。合同条款和条件可以规定合同收尾的具体手续。合同提前终止是合同收尾的特殊情况。

(1) 合同收尾的依据。

1) 合同文件。包括合同本身及其所有的支持表格、合同变更文件,所有承包商提出的技术文件,承包商进度报告,财务文件(如单据、付款记录及所有有关的检查结果)。

2）项目管理计划。

(2) 合同收尾的方法和工具。

1）采购审计。采购审计是指对从采购规划到合同管理的整个采购过程系统的审查，其目的是找出在本项目的采购上或实施组织内其他项目的采购上可以借鉴的成功经验或失败之处。

2）协商解决。在每个采购关系中，可通过谈判公正地解决全部未解决事项、索赔和争议。如果通过直接谈判无法解决，则可以尝试替代争议解决（ADR）方法，如调解或仲裁。当所有方法都失败时，只能选择向法院起诉的方法。

3）合同档案管理系统。用于管理合同、采购文件和相关记录。

(3) 合同收尾的结果。

1）可交付成果验收通知。买方通过其授权的合同管理员向卖方发出可交付成果被验收或被拒收的正式书面通知。

2）合同文档。一套完整的编有索引的合同文件（包括已收尾的合同），并应将其纳入项目最终档案之中。

3）经验教训记录。

4.4 项目信息与沟通管理

4.4.1 项目信息管理

1. 项目信息的含义与特点

项目信息是指报告、数据、计划、技术文件、会议等与项目实施直接或间接联系的各种信息。项目信息在整个项目实施过程中起着非常重要的作用，收集到的项目信息是否正确、能否及时地传递给项目利益相关者，将决定项目的成败。因此，一个项目要想顺利进行下去，就需要对项目信息进行系统科学的管理。

项目信息的特点有以下几项。

(1) 信息量大。这主要是因为项目本身涉及多部门、多环节、多专业、多用途、多渠道和多形式的缘故。

(2) 系统性强。项目信息虽然数量庞大，但都集中于较为明确的项目对象中，因而容易系统化，从而为项目信息系统的建立和应用创造了非常有利的条件。

(3) 传递障碍多。一条项目信息往往需要经历提取、收集、传播、存储以及最终处理这样一个过程。在这一过程中通常会由于以下几个方面的原因造成项目信息传递障碍：信息传递人主观方面的因素，如对信息的理解能力、经验、知识的限制等；地区的间隔、部门的分散、专业的区别等；传递手段落后或使用不当。

(4) 信息反馈滞后。信息反馈一般要经过加工、整理、传递，然后才能到达决策者手中，因此往往滞后于物流，造成反馈不及时，从而影响信息及时发挥作用。

2. 项目信息的来源与形式

(1) 信息的来源。

1) 记录。记录分为内部和外部两种。内部记录多为书面形式，如输出或输入的示例、存储记录、施工日志、技术方案、回忆录及信件等。外部记录是指从外部的各种渠道取得的资料，包括有关期刊、统计年鉴、公开发表的统计报告、报纸和言行等。

2) 抽样调查。常用的有机械抽样、随机抽样、分层分级抽样和整群抽样等。

3) 文件报告。这是指从组织内外的有关文件、报告中取得信息。如技术操作规程、竣工验收报告、工程情况进展报告、可行性研究报告、设计任务书等。

4) 业务会议。这是指通过召开各种会议，用座谈、讨论的形式获取信息。

5) 直接观测。这是指管理者直接到现场观察或通过测量实际情况来收集所需要的信息。

6) 个人交谈。即通过个人之间交换意见的形式来获得信息。

(2) 信息的表现形式。

1) 书面材料。包括图样及说明书、工作条例和规定、施工组织设计、情况报告、谈话记录、报表、信件等提供的信息。

2) 个别谈话。包括口头分配任务、做指示、汇报、工作检查、建议和介绍情况等。

3) 集体口头形式。包括会议、工作人员集体讨论和培训班等。

4) 技术形式。包括听写器、广播器、电话、传真、录像和录音等。

3. 项目信息管理的内容

项目信息管理是指对项目信息的收集、整理、处理、存储、传递与应用等一系列工作的总称,也就是把项目信息作为管理对象进行管理,其目的是根据项目信息的特点,有计划地组织信息沟通,以保证决策者能及时、准确地获得相应的信息。项目信息管理主要包括项目信息收集、项目信息传递、项目信息的归档和利用。

(1) 项目信息收集。项目信息收集是项目信息管理的一个重要环节,进行信息的有效收集要做到不漏不滥。因此,就要善于在项目不同阶段运用各种信息收集方式,保证信息及时和准确地传递。一般来讲,信息收集的主要方法有两类:第一类是直接到信息产生的现场去调查研究;第二类是收集、整理已有的信息情报资料,间接获取信息。

1) 现场调查研究。

① 询问法。其方式有当面询问,会议调查、发函问卷调查、电话调查等。

② 观察法。包括客户现场调查、使用现场调查、供应厂家现场调查等。

③ 试验法。试验法是指在本企业的全新产品或改进后的新产品正式投放市场以前,先进行小规模的试销活动,看顾客的动向。

2) 收集现有的管理信息。

① 收集公开发行的报纸、杂志和书籍中的信息,从而可以推测或了解国家有关经济政策、法令的调整变化。

② 收集计算机、互联网和数据库中的信息。

③ 内部信息的收集和积累,即收集企业生产技术活动中的原始记录和对有关原始记录进行过一定汇总和加工的分析报告等。

(2) 项目信息传递。将收集到的信息及时地传递到信息需求者手中是项目信息管理的一项重要内容,这就要求建立一套合理的信息传递制度,并使其标准化。同时还应该针对不同的信息,采用不同方式进行信息的有效传递。

1) 专人负责信息的传递。项目实施过程中各部门、各科、各组之间都有许多日常资料需要传递。一种方式是由专人负责,对于需要颁发的文件,信息人员先按照规定的份数复印,然后确定以下几个问题:是哪一种文件、制定的时间、是否修改过、将发给谁等,再按文件分配单进行分发。

2) 通过通信方式传递信息。通过信函、电话、电报、传真等方式进行项目信息的传递。

3）通过会议方式进行信息传递。会议方式是项目信息传递的重要方式，包括关键会议、例会和告别会议。项目执行期间要召开各种各样的工作会议，如项目开工会议、项目进展报告会议、项目总结会议和项目协调会议等。合同开始履行后，必须在关键时刻召开关键会议，如图4-6所示。

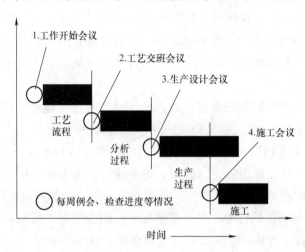

图4-6 项目实施中的关键会议

（3）项目信息的归档和利用。对于收集到的资料数据，首先要经过鉴别、分析、汇总和归类，做出推测、判断和演绎。这是一个逻辑判断推理的过程。因此，就必须做好会计核算、统计核算和经济活动分析等工作，这可借助于计算机进行。然后，要把有价值的原始资料数据及加工整理的信息，长期积累起来，以备查阅。手工管理信息可用"档案法"存储，在现代，应尽量采用电子计算机数据库或其他存储系统，以便节省存储时间和空间。不论是存入档案库还是存入计算机的信息库、资料库，入库前都要做好分类编目，以方便查找和提取。因此，需要建立健全的检索系统，既可以使报表、文件、资料、人事和技术档案保存完好，又可以方便检索。

4.4.2 项目沟通管理

项目沟通管理是指对于项目管理过程中各种不同方式和不同内容的沟通活动的管理，其目标是保证有关项目的信息能够适时、以合理的方式产生、收集、处理、存储和交流。项目沟通管理是对项目信息和信息传递的内容、方法和过程的全面管理，是对人们交换思想和交流感情（与项目工作和项目团队有关的思想和感情）的活动与过程的全面管理。项目管理人员和有关人员都必须学会使用"项目语言"去发送和接收信息，项目管理人员必须管理和规范项目的沟通活动与沟通过程。

1. 项目沟通的含义

有效的项目沟通可以确保在适当的时间以低代价的方式使正确的信息被合适的人所获得，具体包括以下几项。

（1）相互理解。在项目管理过程中，沟通的首要问题是双方是否能够相互理解，包括对相互传递的信息的内容和含义的理解、对各自表达的思想和感情的理解等。

（2）提出和回应问题与要求。沟通就是双方关注、理解对方的问题和要求，然后做出回应，并进而提出自己的问题和要求的过程。

（3）交换信息和思想。项目沟通过程中的主要内容是交换信息和思想。信息是描述一个具体事物特性的数据，是支持一项决策的有用消息；思想则是一个人的感情和想法，包括期望、要求和命令等。二者是相互依存的。

（4）一种有意识的行为。在许多情况下，沟通受到主观意志的支配，所以沟通的效果在很大程度上受到双方主观意愿和情绪的影响。

2. 项目沟通的过程

在项目管理中，其沟通过程如图 4-7 所示。

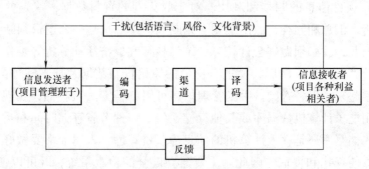

图 4-7　项目管理中的沟通过程

（1）编码。信息发送者在确定沟通的信息内容和思想想法后，要根据信息接收者的个性、知识水平和理解能力等多种因素，设法找到并使用信息接收者能够理解的语言、方法和表达方式，将自己要发送的信息或想法进行加工处理。

（2）渠道。沟通渠道的选择要根据所传递信息的特性、信息接收者的具体情况和沟通渠道的噪声干扰情况来确定。特别要考虑信息渠道是否畅通、是否噪声干扰过大、是否有利于信息反馈等因素。

（3）传送信息。信息的传递过程可以通过机器设备或者人们面对面交流等方式来实现。

（4）接收信息。信息的接收者必须全面关注并认真接收对方送来的信息。特别是在面对面的沟通过程中，仔细倾听对方的讲述，全面接收对方用口头语言和肢体语言传递的信息是非常重要的。

（5）译码。译码是将已经接收到的信息，从初始形式转化为可以理解的形式的过程。

（6）反馈。反馈是指信息接收者在对信息发送者提供的信息有不清楚的地方、有回应或为了回应对方所做出的回馈，这是一种反向信息沟通的过程。

3. 项目沟通管理

项目沟通管理是确定利益相关者对信息与沟通的需求，主要包括谁需要何种信息、何时需要以及应如何将其交到他们手中，同时包括保证及时与恰当地生成、收集、传播、存储、检索和最终处置项目信息所需的过程。虽然所有的项目都需要交流项目信息，但信息的需求和分发方法不大相同。识别利益相关者的信息需求，并确定满足这些需求的合适手段，是获得项目成功的重要保证。由于项目的组织结构对项目的沟通要求有重大影响，所以沟通管理往往与事业环境因素和组织影响密切相关。

（1）项目沟通需求分析。通过沟通需求分析，可以得出项目各利益相关者信息需求的总和。信息需求的界定是通过所需信息的类型与格式，以及该信息价值的分析这两者结合来完成的。项目资源应该只用于沟通有利于成功的信息，或者缺乏沟通可能造成的失败的信息。这并不是说不用发布坏消息，而是说沟通需求分析的本旨在于防止项目利益相关者因过多的细节内容而应接不暇。

沟通渠道或沟通路径的潜在数量可以反映项目沟通的复杂程度。沟通渠道总量为 $n(n-1)/2$，其中，n 为利益相关者人数。假设项目的利益相关者为 10 人，则项目就具有多达 45 条的沟通渠道。因此在项目沟通管理中，确定并限制谁与谁沟通以及谁是消息接收者便成为一项极为关键的内容。确定项目沟通要求通常需要的信息包括：组织结构图；项目组织和利益相关者职责关系；项目中涉及的学科、部门和专业；多少人参与项目以及在何地参与项目；内部信息需求（如跨越组织的沟通）；外部信息需求（如与媒体或承包商的沟通）；利益相关者的信息需求。

（2）项目沟通的技术与工具。在项目各部分之间来回传递信息所用的技术和方法有很多，包括根据沟通的严肃性程度所分的正式沟通和非正式沟通；根据沟通的方向分为单向沟通和双向沟通、横向沟通和纵向沟通；根据沟通的工具分为书面沟通和口头沟通等。选用何种沟通技术以达到迅速、有效、快捷地传递信息，主要取决于下列因素。

1）对信息要求的紧迫程度。例如，项目的成功是否依赖于不断更新的信息，在想要时是否马上就能要到手？或者，是否只要有定期发布的书面报告就够了？

2）技术的取得性。例如，项目已有的系统是否满足要求？或者，项目的需求是否有理由要求扩大或缩小已有的系统？

3）预期的项目人员配备。例如，沟通系统是否符合项目参与者的经验与特长？是否需要大量的培训与学习？

4）项目时间的长短。例如，现有技术在项目结束前是否有变化的可能？

5）预期的项目环境。例如，所建立的通信系统是否适合项目参加者的经验和专业特长？或者，是否需要进行广泛的培训和学习？

（3）项目沟通管理的结果。

1）分析确定项目的利益相关者。项目利益相关者就是积极参与该项目或其利益受到该项目影响的个人和组织。项目管理班子必须弄清楚项目利益相关者，并确定他们的需要和期望是什么，然后对这些期望进行管理和施加影响，确保项目获得成功。一般来说，项目利益相关者包括顾客和发起人、内部的和外部的业主和出资者、供应商和承包商、管理班子及其家庭成员、政府机构、金融机构等。

2）制订沟通管理计划。沟通管理计划是规定项目未来沟通管理的文件，它一般在项目初期阶段被制订。沟通管理计划包括项目状态会议、项目团队会议、网络会议和电子邮件等各方面的指导原则。根据项目需要，沟通计划可以是正式的、非正式的，也可以是非常详细的或仅仅是粗线条的，具体如何计划应视项目的需要而定。沟通管理计划包含在项目总体管理计划内或是项目总体管理计划的一个从属部分，它的属性包括以下几项。

① 沟通项目。将向利益相关者发布的信息。

② 目的。发布信息的原因。

③ 频率。发布信息的频繁程度。

④ 起始/终结日期。发布信息的时间安排。

⑤ 格式/媒介。信息的布局和传输方法。

⑥ 责任。负责信息发布的团队成员。

沟通管理通常会形成额外的可交付成果，因此相应地需要额外的时间和精力，项目工作分解结构、项目进度计划和项目预算也需要做相应更新。

4.5 项目冲突管理

冲突是项目与生俱来的。无论是在工期、费用和质量这些核心的项目目标中，还是在项目利益相关者对项目的期望中，冲突都无所不在。所以从某种程度上说，项目经理就是冲突管理者。

4.5.1 项目冲突的概念

冲突现象在现实生活中无处不在，个人与组织、部门与部门、组织与组织之间都可能产生冲突。因此，可以说冲突是项目实施过程中的必然产物。

1. 冲突的定义

冲突是指发生于两个或两个以上的当事人，因其对目标理解的不一致以及对方对自己实现目标做出不利举动而导致的纠纷。冲突揭示了以下重要关系：

（1）冲突发生于两个或两个以上的当事人之间。如果只有一个人，不存在对立方，就无所谓冲突，而不相干的人之间也很难发生冲突。

（2）冲突只有在所有当事人都意识到争议存在时才会发生。

（3）所有冲突都存在赢或输的潜在结局，参与冲突的各方为了达到目标总会千方百计地阻挠对方实现目标。

（4）冲突总是以当事人各方相互依存的关系满足各方需求，即冲突与合作是可以并存的。例如，企业与员工在一些问题上总存在着冲突点，但员工还会满足企业的各种规章制度和岗位要求以实现自己的目标。

一般来说，对待冲突有两种观念：一种是害怕冲突，尽力避免冲突；另一种是认为冲突既然普遍存在，恰当处理冲突才是上策。特别是对于项目管理，应该扮演"灭火队长"的角色，及时处理各种冲突，最好是潜在冲突，以防止冲突对项目目标的实现造成很大的威胁。

2. 冲突的发展阶段

冲突是一个能动的、相互影响的过程，它的发展通常是有一定规律可循的，一般包括潜伏、被认知、被感觉、出现和后果等阶段。

第一个阶段是潜伏阶段，不存在公然的冲突，只是产生冲突的条件在慢慢积累。

第二个阶段是冲突被认知阶段，当事各方已潜意识地注意到对方可能会做出对自己不利的事情，冲突发生的概率在增加。

第三个阶段是冲突被感觉阶段，当事人已明显感觉到冲突会发生，而且各方对存在的差异或不一致性在情绪上都有所反映。

第四个阶段是冲突出现阶段，冲突已由认识或情感上的感觉转化为行为或行动上，当事人可能会采取一定的措施来应对冲突。

第五个阶段是冲突后果阶段，这和当事人采取的应对冲突的策略有关，也许冲突因措施得当而得到化解，也许因双方敌对情绪而激化矛盾，这些都是冲突造成更为严重的后果。

4.5.2 项目冲突的来源

在项目环境中，冲突是不可避免的。在大多数情况下，冲突总是因人而起。如果采取正确的方式，这些冲突通常在不影响项目计划之前就能够被化解。认识冲突的起因和来源有助于更好地解决冲突，常见的冲突来源归纳如下。

1. 管理程序上的冲突

许多冲突来源于项目应如何管理，也就是项目经理的报告关系定义、责任定义、界面关系、项目工作范围、运行要求、实施的计划、与其他组织协商的工作协议以及管理支持程序等。

2. 技术意见和性能权衡上的冲突

在面向技术的项目中，在技术质量、技术性能要求、技术权衡以及实现性能的手段上都会发生冲突。比如，客户认为应该采用最先进的技术方案，而项目团队则认为采用成熟的技术更为稳妥。

3. 资源分配的冲突

在资源分配中，人员是关键，可能会在决定由谁（项目成员）来承担某项具体任务以及分配资源数量的多少等方面产生冲突。因为项目团队成员有很多是来自其他职能部门或者支持部门，这些人需要接受本部门的调度，而这些部门很有可能为多个项目提供资源支持。因此，在资源的调配和任务的分配上会出现冲突。

4. 进度计划冲突

冲突可能来源于对完成工作的次序及完成工作所需时间长短的意见不一。进度冲突往往与支持部门有关，项目经理对这些部门只有有限的权力进行控制，但是他们对工作优先权的考虑往往存在着差异。例如，一件对项目经理来说十万火急的事情在相应的支持部门处理时却只是较低的优先级。进度计划冲突有时还与人力资源问题有关。

5. 费用冲突

项目实施进程中，经常会由于工作所需费用的多少而产生冲突。例如，项目经理分配给各职能部门的资金总被认为相对于支持要求是不足的，工作包 A 的负责人会认为该工作包中预算过小，而常常认为其他工作包 B 的预算过大。

6. 项目优先权的冲突

当人员被同时分配到几个不同的项目组中工作时，可能会产生冲突。项目成员常常会对实现项目目标应该完成的工作或任务的先后次序有不同的看法。优先权冲突不仅发生在项目团队和其他支持团队（如职能部门）之间，在项目团队内部也会发生。这种冲突的发生往往是因为项目团队没有做过当前项目的类似经验，项目优先权在项目执行过程中与原来的设想发生了很大的变化，需要对关键资源进行重新安排，进度也会因此受到很大影响。

7. 个性冲突

这种冲突经常集中于个人的价值观、判断事物的标准等个性差别上，这并不是技术上的问题。个性冲突往往起源于团队队员经常的"以自我为中心"。

有些冲突是有益的，比如，两个技术专家为谁有解决某个问题更好的方法而争论，他们都试图为各自的假设找到更多的支持资料。对于这些冲突，就应允许其继续。

有些冲突不可避免且持续重复发生。比如，原材料和产成品存货，制造部门希望在手头有尽可能多的原材料存货以便不削减产量，市场销售部门希望有更多的产品存货来满足顾客需求。然而，财务和会计希望原材料和产成品存货尽可能少，这样账目看起来更理想，也不会发生现金流问题。

4.5.3 项目冲突的管理

为了进行有效管理，使项目经理能够预见到冲突的出现，了解冲突的性质，从而了解减少冲突的负面影响，项目管理专家把项目冲突和项目的生命周期结合起来，主要研究了以下三个问题。

1. 项目生命周期中主要冲突的平均强度

（1）冲突变动的影响因素。根据戴维·威尔蒙（David Wilemon）的研究，影响冲突强度的因素有如下几点。

1）项目班子成员的专业技术差异。

2）项目经理对项目支持人员和组织部门管理、奖励、惩罚的权力高低。

3）项目班子成员对项目特定目标（费用、进度计划、技术性能）的理解程度。

4）项目班子成员角色的明朗程度。

5）项目班子对上级目标的一致程度。

6）认为项目管理系统的实施侵占了他们传统角色的职能领域的成员的多少。

7）支持项目组织单元间的相互依赖性。

8）在项目或职能领域内管理的层次高低。

（2）不同阶段项目冲突的强度比较。把握冲突的强度非常关键，这就像在一个经济模型中，你需要把握每种经济变量的权重，只有这样才能清楚每种变量对经济现象（事物）作用力的大小。图4-8展示了项目进程中冲突源的平均冲突强度。

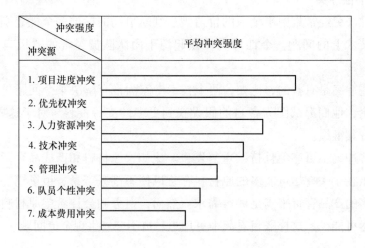

图4-8 项目进程中冲突源的平均冲突强度

从图中可以看出，项目进度冲突强度最大，而队员的个性冲突通常被项目经理认为是较低强度的冲突，费用则是强度最低的一种冲突源。

2. 在项目生命周期的特定阶段冲突的强度

在项目生命周期的不同阶段，以上这七种冲突的强度也不尽相同。如果项目经理理解了项目冲突的来源和不同项目阶段冲突的主要原因，就很可能避免或减少潜在冲突的有害方面。图4-9为项目生命周期中冲突强度的相对分布。

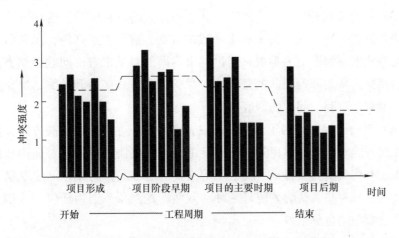

图4-9 项目生存周期中冲突强度的相对分布

从图4-9中可以看出，成本费用、队员个性和管理程序基本排在冲突源的最后。成本费用不是主要的冲突因素，众多的项目实践也表明，虽然在各个阶段的费用控制很棘手，但强烈的冲突通常不会发生。费用冲突大多数是在前几个阶段的基础上逐渐发展起来的，每一个阶段并不是项目问题的焦点。

在结束阶段，技术和管理程序问题排在最后。道理很显然，当项目到达这个阶段时，大多数技术问题已经解决，管理程序问题也基本如此。

尽管不同的冲突源在项目生命周期中排序各不相同，但并不能反映各种冲突源的重要程度。

3. 解决冲突的模式

虽然导致冲突的因素多种多样，且同一因素在不同的项目环境及同一项目的不同阶段可能会呈现不同的性质；但是解决各种各样的冲突，还是有一些常用方法和基本策略的。下面我们来介绍解决冲突的五种基本策略。

（1）回避或撤退。回避或撤退的方法就是让卷入冲突的项目成员从这一状态中撤离出来，从而避免发生实质的或潜在的争端。有时，这种方法并不是一种积极的解决途径。它可能会使冲突积累起来，而在后面逐步升级。

（2）竞争或强制。这种方法的精神实质就是"非赢即输"。它认为在冲突中获胜要比"勉强"保持人际关系更为重要。这是一种积极的冲突解决方式，冲突越厉害，就越容易采取这种方式，一方的获胜以另一方的失败为代价。

（3）缓和或调停。"求同存异"是这种方法的精神实质。这种方法的通常做法是忽视差异，在冲突中找出一致的方面。这种方法认为，团队队员之间的关系比解决问题更为重要，通过寻求不同的意见来解决问题会伤害队员之间的感情，从而降低团队的集体力。尽管这一方式能缓和冲突，避免某些矛盾，但它并不利于问题的彻底解决。

（4）妥协。妥协是为了做交易，或者说是为了寻求一种解决方案，使得各方在离开的时候都能够得到一定程度的满足。妥协常常是面对面协商的最终结果。有些人认为妥协是一种"平等交换"的方式，能够导致"双赢"结果的产生。另一些人认为妥协是一种"双败"的结果，因为任何一方都没有得到自己希望的全部结果。

（5）协商。以寻求争论双方在一定程度上都满意的方法是这一方式的实质。这一冲突解决的主要特征是"妥协"，并寻求一个调和的折中方案。有时，当两个方案势均力敌、难分优劣之时，协商也许是较为恰当的解决方式；但是，这种方法并非永远可行。例如，项目团队的某位队员认为完成管道铺设的成本费用大概需要 5 万元，而另一位却说至少需要 10 万元，经过协商，双方都接受了 7 万元的预算，但这并不是最好的预计。

（6）正视。这种解决问题的方法是冲突的各方面对面的会晤，尽力解决争端。此项方法应当侧重于解决问题，而不是变得好斗。

直接面对冲突是克服分歧、解决冲突的有效途径。通过这种方法，团队队员直接正视问题、正视冲突，要求得到一种明确的结局。这种方法既正视问题的结局，也重视团队成员之间的关系。每位队员都必须以积极的态度对待冲突，并愿意就面临的问题、面临的冲突广泛地交换意见。暴露冲突和分歧，才能寻求最好的、最全面的解决方案。由于新信息的交流，每位成员都愿意修改或放弃自己的观点和主张，以便形成一个最佳的方案。这是一个积极的冲突解决途径，这需要一个良好的项目环境。在这种方式下，团队队员之间的关系是开放的、真诚的、友善的。

以诚待人、形成民主的讨论氛围是这种方式的关键。分歧和冲突能激发团队队员的讨论,在解决冲突时绝不能夹杂个人的感情色彩。花更多的时间去理解和把握其他成员的观点和方案,要善于处理而不是压制自己的情绪和想法。

4.6 项目风险管理

项目风险源于任何项目中都存在的不确定性,它是一种不确定事件或状况,一旦发生,会对至少一个项目目标如时间、费用、范围或质量目标产生积极或消极影响。风险既涉及威胁也涉及机会。风险管理的任务就是管理项目面临的各种风险(具体指风险的发生概率和风险发生的潜在影响)。其目的是以经济有效的方式采取行动,使风险达到令人满意的水平。要避免和减少损失,将威胁转化为机会,项目主体就必须了解项目风险的来源、性质和发生规律,在整个项目过程中积极并一贯地采取风险管理。

4.6.1 项目风险管理概述

从项目风险管理的实践来看,美国国防部是率先进行全面风险管理的,成效也比较显著。美国国防部认为,风险管理是指应对风险的行动,从制定风险规划开始,进而评估风险、拟定风险处理备选方案、监控风险以及全程记录所有风险管理情况等。目前较为权威的定义是美国项目管理协会给出的,认为项目风险管理是指项目组织对可能遇到的风险进行规划、识别、评估、应对和监控的动态过程,是以科学的管理方法实现最大安全保障的实践活动。

1. 项目风险管理的基本原则

项目风险管理的首要目标是避免或减少项目损失的发生。进行项目风险管理应遵循以下几个基本原则。

(1) 经济性原则。项目风险管理人员在制订风险管理计划时应以总成本最低为目标,以最合理、最经济的处置方式来控制风险发生造成的损失,这就要求项目风险管理人员对各种费用效益比进行科学的分析和测算。

(2) 满意性原则。不管采用什么方法、投入多少资源,项目风险总是客观存在的,其不确定性是绝对的,而确定性是相对的。因此在项目风险管理过程中,应对风险进行分类和排序,允许次要风险的存在,只要能达到项目目标要求,不一定要完全消除风险,即满意地处理风险使其不影响预期目标即可。

（3）社会性原则。项目风险管理计划和避险措施，必须考虑周围地区及与项目相关的单位、个人对该项目风险影响的要求，同时项目风险管理还应充分考虑各种法律、法规，以及项目所在地的人文风俗习惯等，尽量避免产生其他冲突对项目造成潜在影响。

2. 项目风险管理的范畴

项目风险管理无论对不同类型项目还是从不同类型风险着手，其内容都是非常丰富而且管理相当繁杂的。因此有必要对项目风险管理的范畴进行一定的界定。

（1）项目的界定。项目风险管理被普遍应用于军事、科技、装备制造和建筑工程等不同领域中。在本书中，风险管理主要应用对象界定为以下类型的项目。

1）研发项目。诸如国防型号研制项目，由于其研制与生产规模大、周期长、技术复杂性和小批量生产等特性，在实施过程中存在着诸多不确定性因素，比一般项目的风险多且可控性差，进行风险管理尤为重要。

2）现代大型工程项目。这些项目往往投资大、周期长、施工环境复杂，实施过程中遇到的不确定性因素也非常多，因而这些项目也多采用现代项目风险管理的手段和方法进行风险应对和控制。

3）国际承包工程项目。由于国际承包工程项目是一项跨国的经济活动，涉及的政治、经济、文化、技术基础等因素很多，加上文化、地域差异，很容易产生矛盾和纠纷，而且协调难度也很大，与国内工程相比，风险要大得多，建立完善的项目风险管理方案很有必要。

（2）项目风险的界定。按产生的原因可将风险分为自然风险、社会风险、经济风险、技术风险和组织风险。对于自然风险和社会风险，本书不做详细论述，而是将重点放在经济风险、技术风险和组织风险上，这些风险也是针对本书界定的项目类型而展开的。

（3）项目风险管理措施的界定。项目风险管理措施和保险精算学中的风险管理有着显著区别，项目风险管理措施的手段有多种，如风险回避、风险自留、风险损失控制和风险转移等。保险只是风险转移最重要的方式之一，是一种项目风险处置的手段，并不讨论保险精算的问题。

3. 项目风险管理的意义

随着我国经济社会的快速发展，项目规模和投资越来越大、合作关系越来越复杂、项目中使用的新技术、遇到的新问题也越来越多,科学化保障项目实现预定目标,以最经济的资源消耗,将项目风险控制在最低程度,是项目风险管理研究和推广应用的现实基础。其作用主要体现在以下几个方面。

(1) 项目风险管理促进项目实施决策的科学化、合理化,降低决策风险水平。项目风险管理利用科学系统的方法管理和处置各种风险,有利于项目承担方减少或消除各种风险损失,对提升决策的科学性具有重要作用。

(2) 项目风险管理能为项目组织提供安全的经营环境。项目风险管理为处置风险提供了各种措施,特别是周全的项目风险管理方案可以帮助项目组织排除隐患和后顾之忧,保证项目顺利推进。

(3) 项目风险管理能保障项目预定目标的顺利实现。项目风险管理实施目的就是使用科学的方法将项目面临的各种风险损失降低到最低程度,或者是在风险损失发生后及时合理地采取弥补措施,是项目成本、进度控制的可靠保障。

(4) 项目风险管理能促进项目组织效益的提高。项目风险管理是一种以最小成本提供最大安全保障的管理方法,项目风险管理的监管职能也要求项目经理和团队成员提高管理效率,有意识地减少风险损失,促进了项目组织效益的提高。

4.6.2 项目风险识别

项目风险识别是指确定哪些风险会影响项目,并将其特性记载成文。风险识别是一个反复过程,随着项目生命周期的进行,新的风险可能会出现,因此应当自始至终对项目定期进行风险识别。表4-2列出了项目管理各阶段遇到的常见风险。

表4-2 项目管理各阶段遇到的常见风险

项目管理阶段	常见风险
启动阶段	目标不明确,项目范围不清,工作表述不全面,目标不现实,技术条件不够……
计划阶段	计划难以实现,资源分配不当,成本预算不合理,速度不合理,计划不够具体……
实施阶段	领导犹豫不决,没有高层管理者的支持,团队成员没有合作精神,沟通不当,通信设施阻碍工作,资源短缺,重要成员变动……
控制阶段	项目计划没有机动性,不能适应变化,管理不灵活,外部环境不断变化……
结　果	中断项目,未达到预期目标,资金超出预算……

1. 项目风险识别的依据

（1）风险管理计划。风险管理计划向风险识别过程提供的主要依据信息包括角色和职责的分配、预算和进度计划中纳入的风险管理活动因素以及风险类别。

（2）活动费用估算。对活动成本估算进行审查，有利于识别风险。

（3）活动持续时间估算。对活动持续时间估算进行审查，有利于识别与活动或整个项目的时间安排有关的风险。

（4）项目范围说明书。通过项目范围说明书可查到项目假设条件信息。有关项目假设条件的不确定性，应作为项目风险的潜在成因进行评估。

（5）工作分解结构。工作分解结构是识别风险过程的关键依据，因为它方便人们同时从微观和宏观层面认识潜在风险。可以在总体、控制账户和/或工作包层级上识别，继而跟踪风险。

（6）利益相关者清单。应确保利益相关者（特别是关键的利益相关者）能以访谈或其他方式参与识别风险的过程。

（7）其他项目管理计划。风险识别过程也要求对项目管理计划中的进度、费用和质量管理计划有所了解。通过对其他知识领域过程的成果进行审查来确定跨越整个项目的可能风险。

（8）环境因素。包括组织或公司的文化与组成结构、政府或行业标准、基础设施、现有的人力资源、人事管理、公司工作核准制度、市场情况、利益相关者风险承受力、商业数据库和项目管理信息系统等。

（9）组织过程资产。可以从先前的项目档案中获得相关信息，包括完成的进度表、风险数据、实现价值数据和经验教训等。

2. 项目风险识别的工具和技术

项目风险识别首先需要对制定的项目计划、项目假设条件和约束因素、与本项目具有可比性的已有项目的文档及其他信息进行综合汇审。在汇审的基础上应用头脑风暴法、面谈法和德尔菲法等信息收集技术获取新的信息资源，并进行综合评审。

（1）文件审查。对项目文件（包括计划、假设、先前的项目文档和其他信息）进行系统和结构性的审查。项目计划质量，以及所有计划之间的一致性及其与项目需求和假设条件的符合程度，均可表现为项目中的风险指示器。

（2）信息搜集技术。

1）集思广益会。集思广益会的目的是取得一份综合的风险清单。集思广益会通常由项目团队人员参与，也可邀请不同学科专家来实施此项技术。在一位主持人的推动下，与会人员就项目的风险集思广益，可以以风险类别作为基础框架，然后再对风险进行分门别类，并进一步对其定义进行明确。

2）德尔菲法。德尔菲法本质上是一种反馈匿名函询法。其做法是，在对所有要预测的问题征得专家的意见之后，进行整理、归纳、统计；再匿名反馈给各专家，再次征求意见，再集中，再反馈，直至得到稳定的意见。与其他专家预测方法相比，德尔菲法具有三个明显特点，即匿名性、多次反馈以及小组的统计回答。德尔菲技术有助于减少数据中的偏倚，并防止任何个人对结果产生不当影响。

3）头脑风暴法。头脑风暴法注重想出主意的数量，而不是质量。这样做的目的是要团队想出尽可能多的风险因素，鼓励成员有新奇或突破常规的主意。

（3）核对表分析。核对表是基于以前类似项目信息及其他相关信息编制的风险识别核对图表。风险识别所用的核对表可根据历史资料、以往类似项目所积累的知识以及其他信息来源着手制定。使用核对表的优点之一是风险识别过程迅速简便；其缺点之一就是所制定的核对表不可能包罗万象，且受到项目可比性的限制。

（4）假设分析。每个项目都是根据一套假定、设想或者假设进行构思与制定的。假设分析是检验假设有效性（假设是否成立）的一种技术。它辨认不明确、不一致、不完整的假设对项目所造成的风险。

（5）图解技术。图解技术包括如下三种：

1）因果图，又被称为鱼骨图，主要用于识别风险的成因。

2）系统或过程流程图。显示系统各要素之间如何相互联系，以及因果传导机制。

3）影响图。显示因果影响，按时间顺序排列的事件，以及变量与结果之间的其他关系的图解表示法。

（6）专家判断。拥有类似项目或业务领域经验的专家，可以直接识别风险。项目经理应该选择相关专家，邀请他们根据以往经验和专业知识指出可能的风险，但需要注意可能产生的专家偏见。

3. 项目风险识别的成果

项目风险识别之后要把结果整理出来，写成书面文件，为风险分析的其余步骤和分析管理作准备。风险识别过程的成果一般载入风险登记册中，形成风险登记册的最初记录。风险登记册的内容应在风险管理的后续过程中充实完善并及时更新。最初的风险登记册包括如下信息。

(1) 已识别风险清单。对已识别风险进行描述，包括其根本原因、不确定的项目假设等。风险可涉及任何主题和方面，如关键路径上的几项重大活动具有很长的超前时间；港口的劳资争议使交货延迟，并拖延工期；一项项目管理计划中假设由 10 人参与项目，但实际仅有 6 项资源可用，资源匮乏将影响完成工作所需的时间，同时相关活动将被拖延。

(2) 潜在应对措施清单。在风险识别过程中，可识别出风险的潜在应对措施。如此确定的风险应对措施可作为风险应对规划过程的依据。

4.6.3 项目风险评估

项目风险评估是对风险进行定性分析，并依据风险对项目目标的影响程度对项目风险进行分级排序的过程。尽管评估过程经常包括主观判断，人们仍希望尽可能地将风险定量化。这种定量化包括尽量确定各种结果发生的概率。

1. 项目风险评估的依据和过程

(1) 项目风险评估的依据。

1) 风险登记册。

2) 风险管理计划。风险管理计划中用于风险评估的关键因素包括风险管理角色和职责、风险管理预算和进度活动、风险类别、概率和影响的定义，以及概率和影响矩阵与修改后的利益相关者承受度。

3) 项目范围说明书。常见或反复性的项目对风险事件发生概率及其后果往往理解比较透彻。而采用最新技术或创新性技术的项目或者极其复杂的项目，其不确定性往往要大许多，可通过检查项目范围说明书对此进行评估。

4) 组织过程资产。可能影响风险评估过程的组织过程资产主要包括以下几项。

① 以往类似项目的信息。

② 风险专家对类似项目的研究。

③ 从行业或专有渠道获得的风险数据库。

(2) 项目风险评估的主要过程。

1) 对识别的每个风险项进行定性分析。评估该风险发生的可能性及风险可能发生的频率。评估风险一旦发生对项目的进度、成本、质量、范围等目标及其他项目目标可能造成的影响，同时对风险在项目的进展中可能发生的时间进行分析。

2）分析是否需要进行风险的定量分析。如果需要，分析是否所有风险项都需要。

3）根据需要，进行风险的定量分析。

4）根据评价结果对项目风险进行排序，以加强对重要风险的关注和控制。

5）对风险之间的关联及项目的整体风险等级进行评价。

6）对在风险识别阶段形成的风险登记册进行充实和更新。

2. 项目风险评估的工具和技术

（1）风险概率和影响评估。风险概率评估是指调查每项具体风险发生的可能性。风险影响评估旨在调查风险对项目目标（如时间、成本、范围或质量）的潜在影响，既包括消极影响或威胁，也包括积极影响或机会。

针对识别的每项风险，确定风险的概率和影响。可通过挑选对风险类别熟悉的人员，采用召开会议或进行访谈等方式对风险进行评估，其中包括项目团队成员和项目外部的专业人士。组织的历史数据库中关于风险方面的信息可能寥寥无几，此时就需要专家做出判断。由于参与者可能不具有风险评估方面的任何经验，因此需要由经验丰富的主持人引导讨论过程。根据评定的风险概率和影响级别，对风险进行等级评定。通常采用参照表的形式或概率和影响矩阵的形式，评估每项风险的重要性及其紧迫程度。概率和影响矩阵形式规定了各种风险概率和影响组合，并规定哪些组合被评定为高重要性、中重要性或低重要性。根据组织的偏好，可以使用描述性文字或使用数字来表示。

（2）风险分类。可按照风险来源（使用风险分解矩阵），受影响的项目区域（使用工作分解结构），或其他分类标准（如项目阶段），对项目风险进行分类，以确定受不确定性影响最大的项目区域。根据共同的根本原因对风险进行分类，有助于制定有效的风险应对措施。

（3）风险发展趋势评价方法。随着项目的进展，项目的风险评级可能会增大或减小，趋势评估是对风险变化趋势进行评估的方法。

（4）项目假设前提评价及数据准确度评估。项目假设前提评价主要针对两个核心内容，即假设前提的稳定性和如果假设前提失误对项目目标造成的影响。

（5）数据准确度方法是一种评价有关风险数据和信息对风险管理实用程度的技术。

3. 项目风险评估的成果

风险登记册是在风险识别过程中形成的，在风险评估后根据风险评估的结果对其进行更新。具体来说，更新的内容包括以下几项。

（1）项目风险的相对排序或优先级清单。
（2）按照类别分类的风险。
（3）需要在近期采取应对措施的风险清单。
（4）需要进一步分析与应对的分析清单。
（5）低优先级分析观察清单。
（6）风险评估结果趋势。

4.6.4　项目风险应对

项目风险应对是指为项目目标增加实现机会、减少失败威胁而制定方案，决定应采取对策的过程。风险应对过程在风险评估后进行，包括确认与指派相关个人或多人（简称"风险应对负责人"），对已得到认可并有资金支持的风险应对措施担负起职责。风险应对过程根据风险的优先级水平处理风险，在需要时，将在预算、进度计划和项目管理计划中加入资源和活动。风险应对措施必须适合风险的重要性水平，能经济有效地迎接挑战，必须在项目背景下及时应对并现实可行；而且风险应对措施应由所有相关方商定并由一名负责人负责。通常，需要从几个备选方案中选择一项最佳的风险应对措施。

1. 项目风险应对的依据

（1）风险管理计划。风险管理计划的重要内容包括：角色和职责，风险分析定义，低风险、中等风险和高风险的风险限界值，进行项目风险管理所需的费用和时间。

（2）风险登记册。风险登记册最初是在风险识别过程中形成的，在风险评估过程中更新。风险应对计划过程中，在制定风险应对策略时，可能需要重新参考和考虑已识别的风险、风险的根本原因、潜在应对措施清单、风险负责人、征兆和警示。

就风险应对计划过程而言，风险登记册提供的主要依据包括：项目风险的相对等级或优先级清单，近期需要采取应对措施的风险清单，需要进一步分析和应对的风险清单，风险定性分析结果显示的趋势、根本原因，按照类别分类的风险,以及较低优先级风险的观察清单。

2. 项目风险应对的措施

项目风险应对措施是指对项目风险提出处置意见和办法。通过对项目风险识别、评估,把项目风险发生的概率、损失严重程度及其他因素综合起来考虑,得出项目发生各种风险的可能性及其危害程度,从而确定项目的危险等级,以对不同的风险采用不同的处置策略和方法。

(1) 风险回避策略。风险回避策略主要是针对项目风险潜在威胁和风险后果都很严重的项目,采取回避,是一种重要的手段。风险回避主要应用于以下几种情况:风险事件发生概率很大且可能发生的后果损失也很大的项目;发生损失的概率并不大,但是对于项目来说是灾难性的、无法弥补的;客观上不需要的项目。风险回避策略包括主动预防风险和完全放弃两种。主动防御风险是指从风险源入手,将风险的来源彻底消除。例如在修建地铁时,遇到交通拥堵路段或事故易发路段,为了消除风险,经常采取改建人行天桥、采取措施禁止行人通行等措施。完全放弃是比较少用的策略,除非项目遇到了不可逆转的威胁时,再完成项目会造成更为严重的后果。完全放弃意味着前期投入和工作付诸东流,另外也会给公司带来信用风险和高昂代价。

(2) 风险转移策略。风险转移策略是为了避免承担风险损失,有意识地将损失或与损失有关的财务后果转嫁出去的方法,一般分为财务性风险转移和非财务性风险转移。财务性风险转移又可分为保险类风险转移和非保险类风险转移。

1) 保险类风险转移。保险类风险转移是转移风险最常用的一种方法,指项目组织向保险公司缴纳一定数额的保险费,通过签订保险合同来对冲风险,以投保形式将风险转移的一种举措。

2) 非保险类风险转移。非保险类风险转移是指通过商业上的合作伙伴,例如,通过银行以贸易信贷的形式将风险转移至合作伙伴,第三方担保也是一种常用的非保险类风险转移方式。

(3) 风险减轻策略。风险减轻策略是通过缓和或预知等手段来减轻风险,将风险发生的概率或后果降低或分散到可以接受的水平。通常,可采取的风险减轻策略包括如下几个方面。

1) 降低风险事件发生的概率,从损失根源上控制风险。

2) 预防风险源的产生,减少构成风险的因素。

3) 防止已经存在的风险的扩散,遏制风险损失继续扩大。

4) 降低风险扩散的速度，限制风险的影响空间。

5) 借助物质条件将风险和被保护对象隔离。

(4) 风险接受与利用策略。风险接受策略是指许多风险发生的概率很小，且造成的损失也很小，采用风险回避、减轻、分散或者是转移的手段都难以发挥其效果，以至于项目参与方不得不自己承担这样的风险。从项目参与方的角度出发，有时必须承担一定的风险，才有可能获得较好的收益。风险利用是一种建立在风险评估基础上的财务技术，主要依靠项目参与主体自己的财力去弥补财务上的损失。如果采用风险利用方案，所承担的风险至少等于或大于所能获得的收益。同时，所造成的损失不应超过项目参与主体的承受能力。风险利用是风险应对的更高层次，这是因为影响项目风险的因素是在变化的，风险的后果也在发展变化，才有风险利用的可能，利用某些可承受的风险可能会为项目带来更好的谋利机会。

(5) 风险储备策略。风险储备策略是指根据项目风险规律或经验实事先制定应急措施和一套科学高效的项目风险计划，一旦项目实际进展中出现了意外或事先预料的风险损失情况，即可动用储备应急措施。风险储备包括应急储备和管理储备。应急储备是指预留的用于应付已知的突发事件的资源；管理储备是指预留的用于应付未知的意外事件的资源。

3. 项目风险应对的成果

(1) 风险登记册（更新）。风险登记册在风险识别过程中形成，在风险评估过程中进一步更新。在风险应对过程中，将选择并商定适当的应对策略，以纳入风险登记册中。风险登记册的详细程度应与优先级和计划的应对策略相适应。通常，应详细说明高风险和中等程度的风险。如果判定风险优先级较低，则可将分析列入观察清单中，以便进行定期监测。

(2) 项目管理计划（更新）。

(3) 与风险相关的合同变更管理。

4.6.5 项目风险控制

项目风险控制是指在整个项目过程中，根据项目风险管理计划和项目实际发生的风险与变化所开展的各种控制活动。项目风险控制是建立在项目风险的阶段性、渐进性和可控性基础之上的一种项目风险管理工作。

项目风险控制的主要内容包括进一步开展项目风险的识别和评估、监控项目风险的发展、辨识项目风险发生的征兆、采取各种风险防范措施、应对和处理已发生的风险事件、消除或减小项目风险事件的后果、管理和使用项目不可预见费以及实施项目风险管理计划等。

1. 项目风险控制的依据

项目风险控制的依据主要有：

（1）项目风险管理计划。这是项目风险控制最根本的依据，通常项目风险控制活动都是依据这一计划开展的，只有那些新识别出的项目风险例外。但是，在发现新的项目风险以后，需要立即更新项目风险管理计划。

（2）实际项目风险发展变化情况。有些项目风险最终变成现实，而有些项目风险最终没有发生。这些未来发生或不发生的项目风险的各种特性，尤其是它们实际的发展变化情况，也是项目风险控制工作的最重要依据之一。

（3）项目风险应对方案。项目风险应对方案中包括风险承受力、人员安排（包括风险责任人）、时间以及用于项目风险管理的其他资源。

2. 项目风险控制的步骤与内容

项目风险控制的步骤与内容如图 4-10 所示。

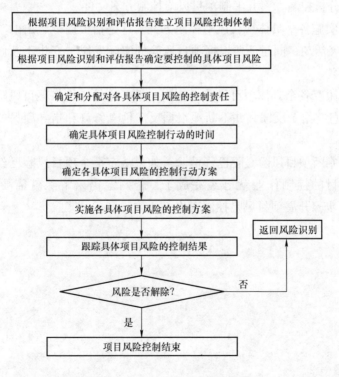

图 4-10 项目风险控制的步骤与内容

（1）建立项目风险事件控制体制。它是指在项目开始之前要根据项目风险识别和评估报告所给出的信息，制定出整个项目风险控制的方针、程序以及管理体制。

（2）确定要控制的具体项目风险。这是根据项目风险识别和评估报告所列出的各种具体项目风险确定出对哪些项目风险进行控制，通常按照项目具体风险后果严重程度和风险发生概率以及项目组织的风险控制资源等情况来定。

（3）确定项目风险的控制责任。这是分配和落实实现项目具体风险控制责任的工作。所有需要控制的项目风险都必须落实具体负责控制的人员，同时要规定他们所负的具体责任。

（4）确定项目风险控制的行动时间。指对项目风险的控制要制定相应的时间计划和安排，规定出解决项目风险问题的时间限制。

（5）制定各个具体项目风险的控制方案。这需要事先找出能够控制项目风险的各种备选方案，然后对各方案做必要的可行性分析和评价，最终选定要采用的分析控制方案并编制项目风险控制方案文件。

（6）实施各个具体项目风险控制方案。这是指根据确定出的项目风险控制方案开展活动，同时还要根据项目风险的实际发展与变化不断修订项目风险控制方案。

（7）跟踪各个具体项目风险的控制结果。这是指收集项目风险控制工作结果的信息并给予反馈，并不断地根据反馈信息修订和指导项目的风险控制工作。

（8）判断项目风险是否已经消除。如果认定某个项目风险已经解除，则该具体项目的控制作业就已经完成了，若判定仍未解除就需要重新按照图4-10的步骤开展项目风险控制工作。

主要内容
- ➢ 项目管理应用程序
- ➢ 项目管理综合应用案例

第 5 章

成功的项目管理的应用

本章学习目标

本章针对本书所介绍的项目管理理论，系统地介绍成功的项目管理方法在实际项目中的应用。本书内容包括成功项目管理的内涵、项目管理的应用程序、典型项目管理方法在实际项目案例中的综合应用等。

- 重点掌握：团队组建、里程碑计划、工作分解结构、网络计划技术、资源费用曲线项目管理方法在实际项目中的应用过程。
- 一般掌握：项目管理程序手册的编制目的、原则和结构，了解成功的项目管理的概念。

5.1 项目管理应用程序

5.1.1 成功的项目管理

1. 成功项目管理的概念

"成功的项目管理是项目的利益相关者对于项目管理成果的认可和欣赏。"这是国际项目管理协会（IPMA）对成功项目管理的基本界定。

项目、大型项目、项目组合的管理者都追求项目的成功，避免项目或者管理的失败。他们想要知道评价项目成功与失败的标准是什么，以及如何评价。在项目开始时清楚明了地定义这些标准是很有必要的，在约定的约束条件下达到项目目标是整个项目成功的标准。

成功的项目管理和项目的成功相关联，然而它们并不是一回事。有可能在一个项目中成功地实施了项目管理工作，最终这个项目会由于组织制定新的战略方向而中止……与项目是否成功就不再有什么关系了。

项目的管理工作可以被理解为整个项目的一个子项目，在项目管理中需要对环境、范围、可交付物、职责、交付日期、项目成本和效率进行描述和定义，需要对项目管理（PM）活动进行计划和控制。

综合管理对项目管理的成功至关重要，它将项目需求、活动和成果结合起来，以实现目标、取得成功。项目的复杂性越高，利益相关者的期望就越多样化，对综合管理方法的精巧性要求就越高。项目管理监督项目需要进行的活动，并将详细的项目管理计划结合在一起。

"项目管理计划"可以运用不同的方法和形式。项目管理将所有单独的计划，比如质量计划、利益相关者管理计划、沟通计划、采购计划、合同计划以及交付物计划等，很好地结合在一起。

项目管理计划必须得到相关方的接受和认可，并和利益相关者进行沟通，且以适当的详细程度分别提交给相关方。

IPMA 制定的成功的项目管理的基本步骤如下所述。

（1）分析项目及项目环境，包括现有的决策和文档。

（2）在项目需求的基础上建立项目管理的概念，和利益相关者共同探讨计划，并且与客户达成项目管理协议。

（3）做出管理项目的计划，确立项目管理团队、方法、技术和工具。

（4）计划综合的管理程序，包括环境管理，排除不融洽的因素。

（5）实施和控制项目计划和变更，报告项目管理的进展及执行情况。

（6）汇集成果和相应的情况说明，与利益相关者进行沟通。

（7）评估项目管理的成功和失败，总结经验，为未来的项目提供参考。

2. 判别项目成功的标准

在项目开始前，如果项目经理、项目团队成员和其他项目利益相关者对项目成功的评价标准有一致的认识，则会大大提高项目成功的概率。传统的观念认为，项目成功就是要达到项目的时间、成本和质量的要求，但这种想法过于简单，会对项目管理造成致命的打击。一个项目最终是要向业主交付一个项目产品（或者服务）的，业主虽然也很关心项目产品是否按期交付、价格合理并符合某种质量标准，但他们最关心的是这个项目产品是否可以给自己带来利益（经济效益或社会效益），因此时间、成本和质量只是三个约束条件，它们会影响业主对项目成败的判断，但不是最主要的。对承包商而言，只要他们按时完成项目就可以拿到报酬了，控制成本可以确保利润，符合规格就可以让业主接受并付款。其他利益相关者也会有各自的想法和目的。

尽管项目利益相关者对项目成败的判断标准不是完全一样的，但在成功的项目中，项目各方是在向一个共同的目标而努力的；在不成功的项目中，大家却在相互牵制，没有形成一个合力。在项目中，不同的角色可以有各自不同的关注重点，有的希望盈利，有的希望得到好的产品功能，有的希望设计方案巧妙，有的则希望在预算的范围内完成项目。然而这些都可以通过协同努力做到，从而达到一个多赢的结果，即每一个角色都实现了各自关注的目标，同时项目整体也有一个好的结果。但大家为了实现各自的目标而努力时，有时会损害其他项目参与者的利益。实现项目共同目标的最优化并不能保证每个参与者的目标也能达到最优，反之亦然。对项目片面的评价会影响项目的成功，因此项目成功的标准必须综合考虑项目的共同目标和各方不同的利益侧重。

对所有的项目，判断其成功的标准有以下几点。

（1）实现了既定的商业目标。

（2）为业主提供了令之满意的收益。

（3）满足了业主、用户和其他项目利益相关者的需求。

（4）满足了既定交付项目产品的需求。

（5）项目产品的完成符合质量、成本和进度的要求。

（6）项目使项目团队成员、项目的支持者感到满意。

（7）项目使承包方获得了利润。

以上评价标准除了时间和成本是客观评价之外，其他都是主观评价，评价结果会受到评价者的非公开目的的影响。这些标准不会是协调一致的，要做出综合判断就需要对它们进行复杂的平衡，这些指标不是相互排斥的，因此有可能满足所有的指标，但必须以项目目标为核心。另外，这些指标不是同时进行评测的，有些指标是在项目产品试运行之后，甚至是正式运营之后再作评价的，有些指标是要在项目完成若干年后再作评价的。

3. 影响项目成功的主要因素

如何管理项目决定了项目成功概率的大小，事先科学的工作计划和执行过程的有效控制是成功的项目管理的基本做法，"凡事预则立，不预则废"是成功的项目管理的基本理念。项目管理者将时间花在计划编制上是值得的，但是通常在项目的早期阶段用于制订计划的时间太少，他们往往不会充分考虑到那些在今后会引发问题的因素。项目经理必须在项目初期就考虑哪些因素会影响项目的成功，并对这些内部的、外部的因素进行管理。影响项目成功的因素有很多，一些著名的项目管理专家和企业组织对影响项目成功的因素进行了总结和归纳。

（1）波音公司总结出的使项目最终获得成功的主要因素包括以下几个方面。

1）方法切实可行，目标合理。

2）管理过程严格科学，利用项目管理方法和工具。

3）实施过程的有效分析，加强过程控制。

4）在项目实施过程中，周围环境能够提供必需的支持，同时项目资源充足。

5）客户、供应商、管理层和团队成员对于项目有相应的承诺。

（2）莫里斯（Morris）提出，成功的项目管理需要考虑以下七个方面的影响。

1）发起人的权益，业主对项目的收益和进度的期望。

2）外部环境，包括政治、经济、社会、技术、法律和环保等外部环境。

3）组织内部对项目的态度。

4）项目的定义。

5）参与项目工作的人。

6）用于管理项目的管理体系。

7）项目的组织架构。

4. 成功的项目管理的特点

尽管影响项目成功的因素有很多，但成熟的组织和专家对成功的项目管理所表现出的特征有一致的看法，一般成功的项目管理具有如下特点。

（1）项目管理与公司战略紧密结合。

（2）加强对企业经营环境及市场需求的分析。

（3）加强风险预测和管理。

（4）实行项目目标管理。

（5）在项目实施过程中强调沟通与协作。

（6）采用灵活的组织形式。

（7）从过分强调技术转移到人员的开发与培养。

（8）有完善的项目管理过程文档。

（9）灵活运用各种项目管理方法和工具。

5.1.2　项目管理程序手册

对任何一个以项目为主要运作模式的企业而言，拥有科学适用的项目管理程序是项目成功保证的关键部分，只有遵循成熟的项目管理操作指导方针，企业内项目成功的机会才会大大增加。但是，如果针对每个项目都设计对应的管理过程，编制相应的管理规范，那不仅可能导致企业浪费相当多的时间和费用，而且会增加项目犯错误的可能。

因此，对从事各种项目的企业而言，根据企业的实际项目工作经验，结合项目管理，编制一套适用于多数项目的科学项目管理程序手册是很有必要的。在本小节中，主要针对编制项目管理程序手册中的一些问题展开阐述。

1. 项目管理程序手册的编制目的

（1）对实际工作的指导作用。管理程序手册可以作为企业中项目管理人员在实施工作中有用的备忘录。

（2）确保工作实施的科学性。在项目管理程序手册的指导下，所有项目管理人员的工作可以最大限度地符合项目管理要素。

（3）保证管理方法的一致性。无论在什么样的项目组织中，对项目的管理都应该采用一致的方法进行，这样才有助于项目间的协调，而管理程序手册正是实现这种一致性的重要保证。

（4）提供通用的术语。无论是在一个项目中，还是在一个企业中的不同项目间，在一个共同的基础上进行比较是非常重要的，这就需要通用的术语。缺乏对术语的理解很容易在项目团队中引发问题，而管理程序手册则提供了最通用的项目管理术语。

（5）培训新员工的最佳教材。完整而适用的项目管理程序手册，是企业对新的项目管理人员进行培训的最佳教材，它不仅使新员工理解项目管理的概念、方法，而且以最高的效率使新员工了解企业项目的方式、方法等内容。

2. 项目管理程序手册的编制原则

实际上，项目管理程序手册的编制过程就是一个描述项目输入如何转变为输出的过程。

（1）及时定义职能部门的运作方式和方法。在项目管理程序手册的编制过程中，要避免随着项目进展涉及某一职能时才来定义该职能部门如何运作。否则，很有可能导致下列问题的出现。

1）加重部门间的分割，使部门之间更加缺乏交流。

2）导致一些项目管理人员以遵守管理程序为由，在与其他部门工作接口处推卸责任、逃避工作，如果项目失败就归咎于他人。

3）导致项目发展速度变慢，因为这使项目按部就班地依次执行，而不是各职能或部门并行工作。

（2）以项目生命周期为基础定义项目输入和输出。通过项目生命周期定义的过程，定义组织如何将项目看作一个整体来处理，定义各职能部门如何对过程起到帮助作用。管理程序应该以一个组织的标准项目生命周期作为核心，在此层次上，定义输入和输出，一个阶段的输出成为后续阶段的输入。生命周期的每个阶段可以被分解为一系列的步骤，每个步骤有输入和输出，显示这一阶段的输入如何转变为输出，通过逐层分解，这些步骤可以分解为子步骤等。定义的主要内容包括：

1）输入和输出的要素，包括数据和信息、项目计划或报告、风险或其他控制检查或项目可以交付的成果。

2）在每一阶段或步骤上做什么。

3）每个职能或部门，外部承包商或其他机构对每个阶段或步骤的贡献。

（3）根据项目需求调整项目管理程序。必须说明的一点是，管理程序必须作为灵活的方针而不是死板的规则来看待。有些人认为标准管理程序就是金科玉律，尤其是在 ISO 9000 系列质量指导方针下实施的管理程序，一旦制定就不能更改，要完全遵照执行，否则组织就会发生"不协调"的情况。

实际上，不同的项目类型和不同的资源类型需要不同的管理程序。管理程序必须具有一定的灵活性以适应不同的项目类型，特别是根据项目大小和不同的资源类型来调整管理程序的灵活性。此外，在每个项目开始时，团队一定要讨论如何调整管理程序才能完成满足客户需要的产品。这种做法尽量使变动最小化，否则会给项目带来麻烦。

3. 项目管理程序手册的编制结构

在思想上，项目管理程序手册的编制应采用项目工作流和项目管理流集成的思想，坚持先进性和实用性相统一，遵循项目管理人员在实际工作中的习惯，在编写上以项目管理工作流为主线，在工作流执行的过程中集成项目管理的各项内容；在内容上，完整的项目管理程序手册应包括项目全生命周期从规划到实施全过程中项目概念、项目规划、项目实施和项目收尾等主要阶段的各项管理活动，并以各阶段为划分的节点；项目管理程序手册的结构可以根据实际工作内容来构建。一般来说，结构上可以分为三层文件体系。

（1）第一层文件——"指导层"。管理程序手册的第一层主要包括对手册的说明，项目的组织结构设计、项目岗位及职责的界定、应用手册项目类型的界定，项目各阶段主要工作内容定义和项目管理各要素等内容。手册第一层对手册起到提纲挈领的重要作用，可以称之为"指导层"。

（2）第二层文件——"执行层"。在管理程序手册第二层中，主要以项目实际操作过程中的工作流为主线，结合项目管理工作，针对项目整个生命周期各项过程中的各项活动，编制相应的管理程序、管理流程和相应的管理规定。这一层的文件以执行为主，除了要符合第一层文件制定的各类原则，还要符合项目团队的实际情况和项目管理的相关要素。具有系统先进、目标明确、任务清晰、实施有序、成果可测的特点，促进项目的运行和管理程序化、规范化、制度化，着眼于提高项目运作的工作效率，有效合理地利用资源，可操作性强，在系统层面上有效地提高项目运作的效率。管理程序手册的第二层文件，可以称之为"执行层"。

（3）第三层文件——"保障层"。管理程序手册的第三层文件，可以称之为"保障层"。这一层文件的编制，其主要目的是保障项目管理体系有效、正常地运行。这包括两个方面，一个方面是企业高层领导对项目管理过程指导、监督和考核系统；另一个方面则包括对项目过程中各项活动成果的说明，工作质量标准的界定，项目管理要素涉及的方法、工具中所用的图、表和参考数据等内容。

图 5-1 展示了一个工程企业的工程总承包（EPC）项目管理体系框架，分为组织层面、流程层面和支持性文件三个层次。

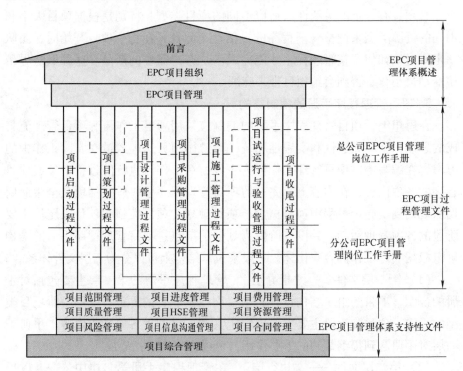

图 5-1　EPC 项目管理体系框架

5.2　项目管理综合应用案例

本节以"新理念课堂暑期培训学校开办"项目为例，展示了从项目目标确定到项目计划及管控实施中涉及的各个方面的项目管理理论和方法的应用过程。通过本综合应用案例能够让我们全面理解项目管理的程序化工作方法及可视化的图表工具的应用过程，对项目管理方法的应用过程有一个直观的理解，有助于结合自己所从事的项目将项目管理理论与方法同项目实践进行有效结合。

5.2.1 项目概况

1. 项目背景

21世纪是一个经济全球化和服务国际化的时代，中国加入WTO后教育也作为服务业成为其中重要的组成部分。近年来，教育市场呈现旺盛的增长趋势，成为我国经济领域闪亮的市场热点，成为创业投资最热门的领域。早在2008年面对房地产、股票等投资市场的不景气，有关专家就指出，中国的教育市场巨大，机会仍然有很多，但是教育市场的竞争将更加激烈，行业将进入比拼内功和规模的圈地时代。有关专家表示，教育业是未来投资的热点，全国教育市场巨大，市县级城市市场急需开发，新一轮的教育掘金行动即将开启！

根据国家教育部《全国教育事业发展统计公报》来看，未来数年，中国教育培训市场潜在规模将达到5 000亿元。尤其是中小学的教育培训，超出3 000亿元的市场规模，并且正以每年30%的速度急速增长，每年参加各类培训的青少年儿童超过1亿人次。目前，我国现有2亿多名中小学生，而在大中城市，90%以上的小学生在课后接受各种各样的辅导。这是一个无比巨大的需求群体市场，中国教育培训领域的市场空间巨大。统计数据显示，教育支出在中国已经超过其他生活费用，成为仅次于食物的第二大日常支出。

九年制义务教育下的学生暑假一般都有两个月左右，而在农村几乎没有正式的暑假辅导班，加之国家禁止学校组织补习活动，所以几乎所有的当地小学生和中学生在这两个月假期里都是漫无目的地度过的。"学习如逆水行舟，不进则退。"很多家长面对这种状况感到很焦虑；此外，随着留守儿童的增多，很多孩子在暑假里由于没人照顾和管制而出去捉鱼、游泳，惹事生非，导致安全事故频发，令很多家长头疼。最重要的一点是，暑假是学生升级换届的过渡期，由于知识的升级、环境的转换，很多孩子的成绩会在新的一学年里下滑，所以暑假补课可以说是至关重要的一点。

2. 项目简介

新理念课堂教育集团成立于2010年，总部位于郑州市二七区，是一个初具规模的综合性教育集团，同时也是教育培训集团。集团业务包括外语培训、中小学基础教育、学前教育、在线教育、出国咨询等各个领域。集团以成为中国优秀的、令人尊敬的、有文化价值的教学机构为愿景，以诚信负责、真情关爱、好学精进、志高行远为自身的核心价值观。随着集团规模的扩大和教育培训领域的发展，集团开始把目光投向暑期培训这一新兴教育市场，以求占据重要的市场份额，扩大自身的品牌影响力并增强市场竞争力。基于上述背景，该集团在 2014 年暑期，拟在县城组织开办"新理念课堂暑期培训学校"，计划招收 80 名学生，进行初步尝试。此次"新理念课堂暑期培训学校开办"项目是新理念课堂教育集团新上马的一个项目，并成立了相应的项目组进行运营管理。

此项目是一个教育培训项目，即在县城开办一个新理念课堂暑期培训学校，培训时间为 7 月 10 日至 8 月 10 日，为期一个月，但需要至少提前一个月进行招生宣传等准备工作；主要招收即将升入高中学习的九年级毕业学生、高一以及高二学生，培训课程范围包括数学、物理、化学、生物和英语，项目计划投入 73 000 元。

基于此，此项目的工作内容主要包括以下几个方面：①项目启动策划工作，包括市场需求信息搜集、方案设计论证等工作；②前期准备工作，包括宣传材料、教室租赁、教学资料购买等保证暑期学校正常运营的前期准备工作；③招生工作，包括发放传单、招生咨询、课程试讲等工作；④教学培训工作正常展开工作，包括上课、考试等工作。在教学培训完成之后，还需要组织专门工作人员成立项目验收评价小组，对整个项目运行过程和结果进行评价、验收和总结，以便公司进一步扩大暑期培训市场。

3. 项目特点及意义

通过认真分析考虑实际操作情况，结合项目管理知识，该项目具有以下特点。

（1）该暑期学校项目属于教育文化产业活动，对教育需求的满足和对教育发展的促进作用必须要考虑，暑期学校的最终目的就是帮助学生巩固已学知识、拓展新知识，帮助学生更好地迎接新的学年。

（2）该项目在实施过程中涉及一些不同于工程项目的特殊内容，这些内容包括广告宣传、租赁、活动营销等。

（3）该项目目标受众包含农村学生，可以说大部分学生来自农村家庭，补习收费不宜定得过高，需要考虑受众的实际消费能力。

（4）该项目的预算费用的支出具有集中性。由上文项目简介中可知，暑期培训学校项目的大部分费用都集中发生在项目执行阶段，特别是前期准备阶段。

（5）该项目实施过程中，教学地点与学生居住地并不在同一个地点，需要考虑学生往返居住地和教学地点时的复杂环境和人身安全等问题。

该项目的实施完成无论是对集团还是对于社会和个人来说，都是一次重要的机会和尝试，具有重要意义。

首先，集团层面。该项目的实施，是集团进军暑期培训市场的重要环节之一，是集团在现有业务已经基本成熟的情况下开发新兴市场和新的服务产品的重要尝试。一方面，该项目的成功实施将丰富集团的业务领域，为集团提供一个新的效益增长点，充实自身在教育培训行业的经验积累；另一方面，该项目的成功实施将进一步扩大集团的知名度和品牌影响力，形成集团难以被模仿和超越的核心竞争力，为实现成为中国优秀的、令人尊敬的、有文化价值的教学机构的愿景打下坚实的基础。

其次，个人层面。该项目主要由项目组同事亲自参与招生、授课等，合力完成整个项目。在锻炼和提高项目成员自身能力的同时，也加深和丰富了职员们对于教育培训行业的认识；在项目实施过程中培养了项目成员的责任意识、敬业意识和团队意识。

再次，社会层面。就目前来说，在农村几乎没有正式的暑假辅导班，加之国家禁止学校组织补习活动，很多学生的暑假就是在玩耍中度过的。此外，随着经济社会的发展，农村父母大多选择外出打工，很多留守学生在暑假里由于没人照顾和管制而频频发生安全事故，这令很多家长很头疼。暑期学校的开办将会为解决这些问题提供一个尝试，帮助家长和学生度过一个有意义的假期，帮助学生顺利完成升级换届的过渡。

5.2.2 项目总目标的确定

1. 项目总目标

"新理念课堂暑期培训学校开办"项目在进行过程中，如何与教室出租方、报名学生及学生家长有效沟通，与公司其他部门、其他业务相互配合，借助此次机会扩大公司品牌影响力和知名度，圆满完成暑期学校的开办和教学任务，是实施该项目的主要目的。据此，该项目的利益相关者经过讨论协商确定了项目的目标主要为以下几项：

（1）交付物成果：新理念课堂暑期培训学校开办成功。
（2）工期要求：2014年6月10日至8月15日，历时2个月零5天。
（3）成本要求：总投资73 000元。

2. 项目工作范围

确定项目的工作范围，列出该项目成功实施需要进行的主要工作内容，可以对整个项目有一个清晰的把握，也为下面进行该项目的工作分解进而得出该项目的工作分解结构提供了基础。对于暑期学校开办项目，大致主要做好以下几个方面的工作。

（1）进行市场调研，了解市场现状和市场需求信息。主要包括调查学生暑期补课需求是否存在以及存在多大需求、了解各学校的放假考试时间等。

（2）做好前期准备工作，包括宣传材料、教室、桌椅以及教学材料的准备；以及招生宣传工作和课程设置安排、分班工作。

（3）做好项目实施过程中的教学管理工作，包括按时完成各科教学任务、学生管理和教师管理等方面工作。

（4）实现项目全过程的控制，同时引入项目变更控制系统。包括进度计划、费用计划和质量等方面的控制；在项目进行过程中若出现资源短缺、人员变动等情况时，要制订相应的变更计划加以应对。

3. 项目描述

为了使项目各相关方和项目团队成员准确理解项目内容、明确项目目标，项目组用简练的表格形式对项目进行了描述，如表5-1所示。

表5-1 项目描述表

项目名称	新理念课堂暑期培训学校开办
项目目标	在2014年8月15日前完成学校开办等工作
交付物	成功开办新理念课堂暑期培训学校
交付物完成准则	符合培训学校开办运营的标准和规范
阶段性交付物	论证阶段：可行性报告；规划阶段：项目策划方案 实施阶段：教学日志、报告；验收结束阶段：总结报告
工作描述	完成学校开办工作，正常开展教学活动
约束条件	交付时间：2014年8月15日 费用成本：考虑预算、项目成本以及各种宣传、教学资源的使用
所需资源估计	人员、宣传材料、教学资料、硬件设施的估计
项目负责人审核意见	按要求完成项目任务

签字：项目经理　　日期：2014年5月

5.2.3 项目里程碑计划

在项目进度计划控制过程中，里程碑计划以项目中某些重要事件的完成或开始时间节点作为基准，形成相应计划，是一个战略计划或项目框架，以中间产品或可实现的结果为依据。它显示了项目为达到最终目标而必须经过的条件或状态序列，描述了项目在每一阶段应达到的状态，而不是如何达到。里程碑计划是项目进度计划的表达形式之一，它通过建立里程碑和检验各个里程碑的到达情况来控制项目工作的进展并保证项目按计划实现总目标。

对于本项目，针对该项目的目标要求，结合项目特点和各方要求，项目团队分析确定了本项目的主要里程碑事件，制订了反映项目重大里程碑事件的里程碑计划，如表5-2所示。

表5-2 项目里程碑计划

标识号	任务名称	6月				7月				8月		第十一周
		第一周	第二周	第三周	第四周	第五周	第六周	第七周	第八周	第九周	第十周	
1	需求调研结束	6月15日										
2	材料准备结束			6月25日								
3	设施准备结束				6月30日							
4	宣传与招生结束					7月7日						
5	正式开课						7月11日					
6	课程结束									8月10日		
7	暑期学校总结评估结束										8月15日	

注：假设项目开始时间的 2014 年 6 月 10 日所在那一周为第一周。

5.2.4 项目工作分解

1. 项目工作分解结构

项目的工作分解结构 WBS 包含了项目实施过程中的全部工作，是将项目按照其内在结构或实施过程的顺序进行逐层分解而形成的结构示意图。通过结构分解，把项目分解开来，使人对项目一目了然，使项目的基本概况和组成明确、清晰，便于观察、了解和控制整个项目，同时也可以据此分析可能存在的项目目标的不确定性。

对于不同性质、不同规模的项目，其结构分解的方法和思路有很大差别，但是分解过程很相近，基本思路是：以项目目标体系为主导，以项目技术系统说明为依据，由上而下、由粗到细地进行。本项目团队在对该暑期培训学校开办项目进行工作结构分解时，以项目目标体系为指导，使用头脑风暴法尽可能地挖掘项目的工作单元，然后进行分析总结。该项目得出的工作分解结构如图 5-2 所示。

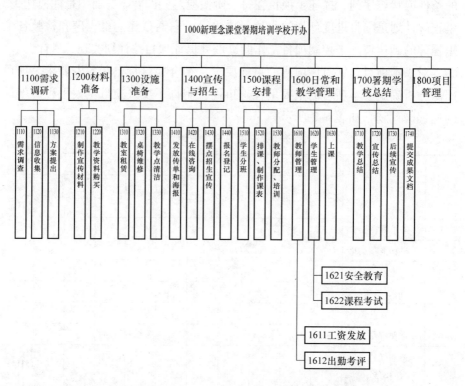

图 5-2 "新理念课堂暑期学校开办"项目 WBS 示意图

2. 项目工作描述表

在项目分解完成以后，对于每项工作均有工作描述表进行辅助说明，有助于更清楚地界定任务的工作范围、实际需求与约束。工作描述的依据是项目描述和项目工作分解结构，下面以"1130 方案提出"为例制作工作描述表，如表 5-3 所示。

表 5-3 "方案提出"工作描述表

任务名称	方案提出
任务目标	在 2014 年 6 月 20 日前完成项目实施策划方案
交付物	暑期培训学校项目策划方案报告
交付物完成准则	符合公司项目开展实施策划方案的各项标准和规范
阶段性交付物	调查阶段：市场需求调查分析报告 信息收集：各学校放假时间、假期安排等信息汇总表 结束阶段：项目实施策划方案报告
任务工作描述	调查市场需求、收集相关信息，论证、完成策划方案报告书
约束条件	交付时间：2014 年 6 月 20 日 费用成本：考虑项目预算、调查资源等的使用
所需资源估计	人员、调查资料、交通资源等的估计
项目负责审核意见	按要求按时完成此项工作任务
签字：任务负责人、项目经理	日期：2014 年 6 月

5.2.5 项目管理组织形式

1. 项目的组织结构形式

项目的组织结构形式主要有职能式、项目式和矩阵式三种，三种组织形式主要特征如下所述。

（1）职能式组织：比较适用于规模较小、偏重于纯技术的项目，而不适用于环境变化较大、需多方协调的项目。

（2）项目式组织：当一个公司中包括许多项目或项目的规模比较大、技术复杂时，则应选择项目式的组织结构。

（3）矩阵式组织：同前两种组织形式相比，强矩阵结构具有以下优点：目标明确，便于统一指挥；强化项目经理协调管理的权威性和项目经理对资源的最大控制；充分利用专家人才，有利于公司培养全面型人才；具有最有效的沟通和决策过程。

综合考虑上述三种组织形式的优缺点，结合该项目的自身特点，该项目由几个单独的工作单元构成，易于划分为不同的作业单元进行控制管理。为了保证项目的顺利实施，加之项目是异地执行，项目团队决定采用项目式组织形式。该项目团队组织形式如图 5-3 所示。

2. 项目的责任分配矩阵

该项目团队的主要角色分工及其职责如表 5-4 所示。

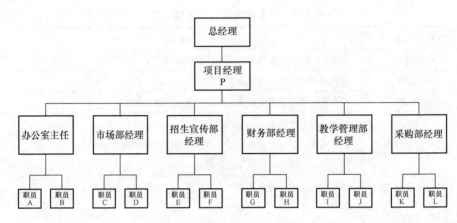

图 5-3 该项目团队组织形式

表 5-4 项目团队主要角色分工及其职责

主要角色分工	成员组成	职责
办公室	1名主任,2名主管	负责项目协调、负责策划方案等
市场部	1名经理,若干职员	负责市场调研分析等
招生宣传部	1名经理,若干职员	负责招生宣传、咨询等
财务部	1名经理,若干职员	负责项目经费预算、使用计划等
教学管理部	1名经理,若干职员	负责日常和教学管理等
采购部	1名经理,若干职员	负责材料采购、教学设施购买等

责任分配矩阵是一种将所分解的工作任务落实到项目有关部门和个人,并明确表示出他们在组织工作中的关系、责任和地位的一种方法和工具。参与项目各方的责任一般通过责任分配矩阵的形式进行表达,这种表达形式的优点是直观地将项目责任方的权利完整地表达出来,便于项目各方进行有效协调,这对项目的成功实施非常关键。

项目团队核心管理层在确定工作分解结构之后,根据工作分解结构和团队主要角色分工,着手进行了责任分配矩阵的制作工作,对项目中每个部门的职责做出了界定。该项目的责任分配矩阵如表 5-5 所示。

5.2.6 项目进度计划

1. 项目工期

根据实际情况,项目从方案提出设计开始到暑期学校圆满结课结束。该项目于 2014 年 6 月 10 日提出方案设计开始,并于 2014 年 8 月 15 日结束,整个项目工期为期两个月零 5 天。项目期间各主要阶段的具体情况如表 5-6 所示。

表 5-5　项目责任分配矩阵

编码	工作名称	办公室	市场部	招宣部	财务部	教管部	采购部	项目经理
1100	需求调研							
1110	需求调查	♦	▲	○				
1120	信息收集	♦	▲	○				
1130	方案提出	▲	○	○	○		○	
1200	材料准备							
1210	制作宣传材料	▲	○	○	○			
1220	教学资料购买	♦			○		▲	
1300	设施准备							
1310	教室租赁	♦			○		▲	
1320	桌椅维修	♦			○	♦	▲	
1330	教学点清洁	♦				▲		
1400	宣传与招生							
1410	发放传单和海报	♦		▲	○			
1420	在线咨询	♦		▲	○	○		
1430	摆点招生宣传	♦		▲	○	○		
1440	报名登记			▲	○			
1500	课程安排							★
1510	学生分班	♦				▲		
1520	排课、制作课表	♦				▲		
1530	教师分配、培训	♦			○	▲		
1600	日常和教学管理							
1610	教师管理							
1611	工资发放	♦			▲	○		
1612	出勤考评	♦				▲		
1620	学生管理							
1621	安全教育	♦			○	▲		
1622	课程考试	♦			○	▲		
1630	上课	♦			○	▲		
1700	暑期学校总结							

213

(续)

编码	工作名称	办公室	市场部	招宣部	财务部	教管部	采购部	项目经理
1710	教学总结	♦			○	▲		
1720	宣传总结	♦	○	▲		○		
1730	后续宣传	♦	○	▲				
1740	提交成果文档	▲	○	○	○			
1800	项目管理	▲	○				○	★

注：▲——负责；○——参与；♦——监督；★——批准。

表5-6 该项目主要阶段时间表

	方案策划	规划准备	开展实施	项目收尾
主要工作	方案提出论证	前期资源准备	招生、教学	评价验收交付
时间	2014年6月10日~2014年6月20日	2014年6月21日~2014年6月30日	2014年6月26日~2014年8月10日	2014年8月11日~2014年8月15日

2. 项目工作先后关系的确定

通过项目的工作分解结构已经将一个完整的项目分解为许多相互独立的项目单元，为了准确编制项目的进度计划，需要确定项目各项工作的先后关系，同时估计各项目工作的工作量和持续时间。项目团队遵循工作独立的原则，经过认真分析、研究，综合协调各方，通过与项目各方的多次讨论，确定了项目各项工作的先后关系，对各项工作的工作时间进行了初步估计，如表5-7所示。

表5-7 项目工作的先后关系

编码	工作名称	工期（天）	紧前关系	搭接关系
1110	需求调查	3		
1120	信息收集	2	1110	
1130	方案提出	6	1120	
1210	制作宣传材料	5	1130	
1220	教学资料购买	5	1130	
1310	教室租赁	5	1130	SS6
1320	桌椅维修	5	1310	
1330	教学点清洁	5	1310	
1410	发放传单和海报	10	1210	

(续)

编码	工作名称	工期（天）	紧前关系	搭接关系
1420	在线咨询	5	1210	
1430	摆点招生宣传	5	1210	
1440	报名登记	12	1210	
1510	学生分班	1	1220、1320、1330、1410、1420、1430、1440	
1520	排课、制作课表	2	1510	
1530	教师分配、培训	2	1510	FS1
1611	工资发放	2	1630、1612	
1612	出勤考评	29	1520、1530	
1621	安全教育	29	1520、1530	
1622	课程考试	2	1621、1630	
1630	上课	29	1520、1530	
1710	教学总结	2	1611、1622	
1720	宣传总结	2	1622	
1730	后续宣传	2	1622	
1740	提交成果文档	3	1710、1720、1730	
1800	项目管理	67		

3. 项目进度安排

项目进度计划是根据项目实施具体的日程安排，规划整个工作进展，也称为项目初步计划、详细计划或整体计划和子计划等。

在上面工作的基础上，项目团队根据项目工作分解结构和各种限制约束条件等，制定了以甘特图和网络计划图表示的项目进度计划。甘特图表示工作的开始和结束时间，直观易懂，在进行资源优化时发挥着巨大作用；网络计划图反映了项目工作的逻辑关系、工作时间参数以及其他进度信息，它使得计划始终处于项目管理人员的控制之中。该项目的甘特图和网络计划图如图5-4和图5-5所示。

ID	任务名称	开始时间	完成	持续时间	2014年06月 6/8 6/15 6/22 6/29	2014年07月 7/6 7/13 7/20 7/27	2014年08月 8/3 8/10
1	需求调查	2014/6/10	2014/6/12	3d	■		
2	信息收集	2014/6/13	2014/6/14	2d	■		
3	方案提出	2014/6/15	2014/6/20	6d	■		
4	制作宣传材料	2014/6/21	2014/6/25	5d	■		
5	教学资料购买	2014/6/21	2014/6/25	5d	■		
6	教师租赁	2014/6/21	2014/6/25	5d	■		
7	桌椅维修	2014/6/26	2014/6/30	5d	■		
8	教学点清洁	2014/6/26	2014/6/30	5d	■		
9	发放传单和海报	2014/6/26	2014/7/5	10d	■■		
10	在线咨询	2014/7/1	2014/7/5	5d	■		
11	摆点招生宣传	2014/7/1	2014/7/5	5d	■		
12	报名登记	2014/6/26	2014/7/7	12d	■■		
13	学生分班	2014/7/8	2014/7/8	1d		■	
14	排课、制作课表	2014/7/9	2014/7/10	2d		■	
15	教师分配、培训	2014/7/9	2014/7/10	2d		■	
16	工资发放	2014/8/9	2014/8/10	2d			■
17	出勤考评	2014/7/11	2014/8/8	29d		■■■■	
18	安全教育	2014/7/11	2014/8/8	29d		■■■■	
19	课程考试	2014/8/9	2014/8/10	2d			■
20	上课	2014/7/11	2014/8/8	29d		■■■■	
21	教学总线	2014/8/11	2014/8/12	2d			■
22	宣传总结	2014/8/11	2014/8/12	2d			■
23	后续宣传	2014/8/11	2014/8/12	2d			■
24	提交成果文档	2014/8/13	2014/8/15	3d			■
25	项目管理	2014/6/10	2014/8/15	67d	■■■■■■■■■	■■■■■	■■

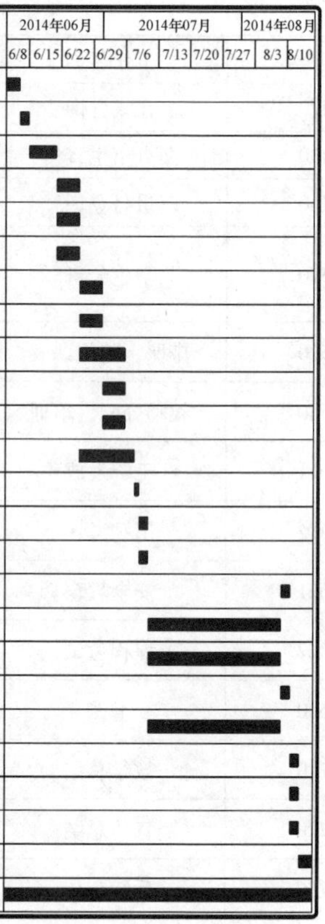

图 5-4 "新理念课堂暑期培训学校开办"项目甘特图

5.2.7 项目资源计划

项目资源计划是指在项目执行过程中，决定项目工作所需要的资源类型（人力、设备和材料）及其数量的规划过程，它是费用估计的基础。该项目为暑期学校项目，招生以及任课教师是重要的人力资源，项目组在做项目的资源计划时，依据项目特点，着重进行了项目的人力资源计划。本项目所涉及的人力资源主要有行政人员、宣传人员、管理人员和任课教师等四种类型。在项目的不同时段，各种类型的人员所需数量是不同的。

按照项目工作进度计划，结合历史信息，根据公司人力资源情况，项目组对项目工作分解结构所得的项目单元所需的人力资源进行了详细的计划（见表5-8），同时做出了项目的人力资源负荷图（见图5-6）。

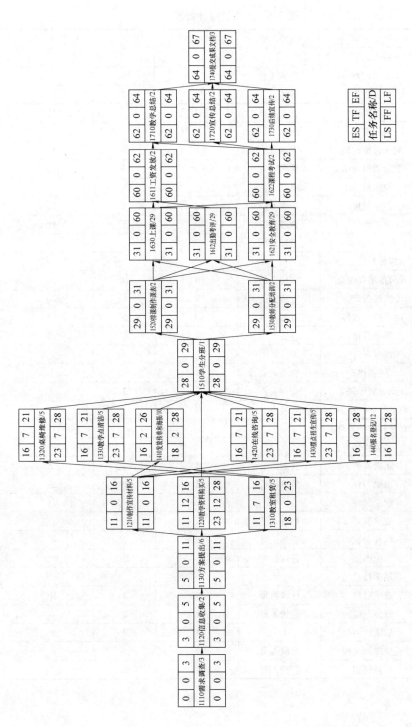

图 5-5 "新理念课堂暑期培训学校开办"项目网络计划图

项目管理导论

表 5-8 人力资源计划表

编码	工作名称	资源名称	资源数量/人	工期/天	工作量/(人工日)
1100	需求调研				
1110	需求调查	宣传人员	2	3	6
1120	信息收集	宣传人员	2	2	4
1130	方案提出	行政人员	2	6	12
1200	材料准备				
1210	制作宣传材料	宣传人员	3	5	15
1220	教学资料购买	管理人员	3	5	15
1300	设施准备				
1310	教室租赁	管理人员	2	5	10
1320	桌椅维修	管理人员	2	5	10
1330	教学点清洁	管理人员	2	5	10
1400	宣传与招生				
1410	发放传单和海报	宣传人员	3	10	30
1420	在线咨询	宣传人员	2	5	10
1430	摆点招生宣传	宣传人员	3	5	15
1440	报名登记	宣传人员	2	12	24
1500	课程安排				
1510	学生分班	管理人员	1	1	1
1520	排课、制作课表	管理人员	1	2	2
1530	教师分配、培训	管理人员	2	2	4
1600	日常和教学管理				
1610	教师管理				
1611	工资发放	管理人员	1	2	2
1612	出勤考评	管理人员	1	29	29
1620	学生管理				
1621	安全教育	管理人员	1	29	29
1622	课程考试	管理人员	2	2	4
1630	上课	任课教师	5	29	145
1700	暑期学校总结				
1710	教学总结	任课教师	5	2	10
1720	宣传总结	宣传人员	2	2	4
1730	后续宣传	宣传人员	3	2	6
1740	提交成果文档	行政人员	2	3	6
1800	项目管理	管理人员	2	67	134

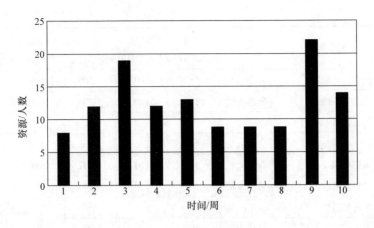

图 5-6 人力资源负荷图

5.2.8 项目费用计划

费用计划是指项目部要根据项目所需各项资源的使用计划和项目的费用目标,对项目 WBS 所分解的每个工作单元的费用进行估计,并根据费用条目确定每个工作单元的费用预算以及整个项目的费用预算。同时,结合项目进度计划做出项目的费用负荷图和累积费用曲线。通过这些直观的图表就可以明确在整个项目期间费用的需求状况,了解到什么时候需要什么资源、需要多少资源,以便提前做好安排。同时,也对费用的支付情况预先有一个初步的预算安排,到什么时候需要多少费用,到每个时间点为止总共计划支付多少费用。项目部根据本项目的费用目标,结合进度、质量和当地环境等多种因素,运用了类比估计法和自下而上估计法等方法,初步对项目费用进行了估计(见表 5-9),并结合项目的甘特图绘制了项目费用负荷图和费用累积曲线图,如图 5-7 和图 5-8 所示。

表 5-9 项目费用分解表

编码	工作名称	资源名称	工作量/(人工日)	费率元/(人工日)	人力费用/元	固定费用/元	总费用/元
1100	需求调研						
1110	需求调查	宣传人员	6	100	600	10	600
1120	信息收集	宣传人员	4	100	400	0	400
1130	方案提出	行政人员	12	100	1 200	0	1 200
1200	材料准备						

（续）

编码	工作名称	资源名称	工作量/（人工日）	费率元/（人工日）	人力费用/元	固定费用/元	总费用/元
1210	制作宣传材料	宣传人员	15	100	1 500	500	2 000
1220	教学资料购买	管理人员	15	120	1 800	500	2 300
1300	设施准备						
1310	教室租赁	管理人员	10	120	1 200	3 000	4 200
1320	桌椅维修	管理人员	10	120	1 200	200	1 400
1330	教学点清洁	管理人员	10	120	1 200	0	1 200
1400	宣传与招生						
1410	发放传单和海报	宣传人员	30	100	3 000	100	3 100
1420	在线咨询	宣传人员	10	100	1 000	200	1 200
1430	摆点招生宣传	宣传人员	15	100	1 500	100	1 600
1440	报名登记	宣传人员	24	100	2 400	50	2 450
1500	课程安排						
1510	学生分班	管理人员	1	120	120	0	120
1520	排课、制作课表	管理人员	2	120	240	0	240
1530	教师分配、培训	管理人员	4	120	480	0	480
1600	日常和教学管理						
1610	教师管理						
1611	工资发放	管理人员	2	120	240	0	240
1612	出勤考评	管理人员	29	120	3 480	0	3 480
1620	学生管理						
1621	安全教育	管理人员	29	120	3 480	100	3 580
1622	课程考试	管理人员	4	120	480	100	580
1630	上课	任课教师	145	150	21 750	200	21 950
1700	暑期学校总结						
1710	教学总结	任课教师	10	150	1 500	50	1 550
1720	宣传总结	宣传人员	4	100	400	50	450
1730	后续宣传	宣传人员	6	100	600	200	800
1740	提交成果文档	行政人员	6	100	600	0	600
1800	项目管理	管理人员	134	120	16 080	500	16 580
	小计				66 450	5 850	72 300

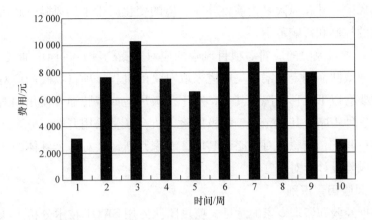

图 5-7　该项目费用负荷图

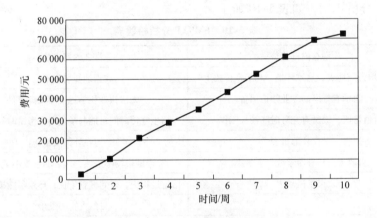

图 5-8　该项目费用累积曲线图

5.2.9　项目风险管理

项目风险管理是对项目进行风险的识别、分析、评价和控制的过程，也是对项目的一个认识过程，根据项目特点拟定有效应对各种风险的应对措施，制定有效管理办法对项目的风险进行有效控制。对于已经带来不利后果的风险事件，项目团队应当妥善处理，力争将不利控制在最小范围内，以保障项目的顺利进展。项目风险管理，一方面对于积极风险因素的影响要尽量最大化，另一方面对于消极风险因素的影响要尽量最小化。

（1）项目风险的识别和评估。风险识别主要有内在风险的识别和外在风险的识别。这里所指的内在风险是指项目管理者能在一定范围内加以控制、影响的风险；外在风险是指项目外在环境的变化所带来的风险，超出了项目管理者的控制和影响范围。

（2）项目风险的应对。项目风险的应对是指为项目目标增加实现机会、减少失败威胁而制定方案，决定应采取对策的过程。项目风险的应对视项目情况主要有以下几种情况：其一，对于消极风险或威胁通常使用回避、转嫁或减轻三种策略；其二，对于积极风险或机会通常采用开拓、分享或提高三种策略；其三，应急应对策略；其四，专家判断，针对每个具体的、已经定义过的风险设计应对措施。

1. 风险因素识别

根据经验和咨询专家的意见，项目团队应用 SWOT 技术分析了项目的内部优势与劣势以及项目的外部机会与威胁，从多角度对项目可能存在的风险进行了分析识别，如表 5-10 所示。

表 5-10 SWOT 分析检验表

潜在内部优势	潜在内部劣势
成员均为当地人，熟悉环境，利于宣传招生	在当地知名度不高
教师有雄厚的专业知识储备	无法快速科学地应对紧急事件
恰值暑假，成员有充分时间投入工作	招生宣传时间可能与学生期末考试时间冲突
潜在外部机会	潜在外部威胁
当地无正规补习学校，竞争小	当地市场不成熟，对暑期学校不了解
市场需求大	招生过程中，遇到城管干扰，导致不能按期完成
	自然灾害的发生
	人身安全事故的发生
	家长对本校教学水平提出质疑
	教室租赁等前期准备工作花费超出预算

2. 风险应对计划

对于量化的项目风险，制定应对策略和技术手段，主要采取回避、转移、妥协、正视等方法和措施来减少和规避风险。本项目针对风险所采取的应对措施主要有以下几个。

（1）跟踪识别的风险。

（2）识别剩余的风险。

（3）修改风险管理计划。

（4）保证风险计划的实施。

（5）评估削减风险的效果。

在项目定期检查会上，项目组对项目每个阶段的风险识别表上检查的内容进行讨论，制定出具体的风险应对措施；同时为了便于管理，项目组制订了风险应对计划表的格式，采用统一的表单填制（见表5-11），方便了后期的总结工作。对于该项目的风险管理而言，根据SWOT分析结果，结合风险来源等对风险进行分类，并提出相应的应对措施，结果如表5-12所示。

表5-11 风险应对计划表

风险应对计划					
文档编号		填表人		日期	
项目名称				项目负责人	
风险编号		风险名称		风险提出人	
提出日期		风险负责人		风险概率	
风险影响值		风险期望值		风险等级	
风险影响描述					
预防风险发生采取的措施					
风险发生时的应对措施					
应对风险的成本分析					

表5-12 项目风险识别与应对措施

风险类型	风险事件	风险来源	风险后果	应对措施
市场风险	在当地知名度不高	宣传力度不够	影响招生效果	加大宣传，丰富宣传方式
技术风险	无法快速科学地应对紧急事件	成员应急培训不足	发生意外，影响项目进程	举办应急培训班，培训成员
市场风险	招生宣传时间与学生期末考试时间冲突	信息收集不完整或信息有误	导致招生计划不能按时完成	加大信息收集力度，重视信息甄别工作
市场风险	当地市场不成熟，对暑期学校不了解	宣传力度不够	影响招生效果，招生计划不能按时完成	加大宣传，丰富宣传方式
时间风险	招生过程遇到城管干扰	缺乏审批手续	招生计划不能按时完成	依法办理审批手续，协调沟通
人身风险	自然灾害的发生	自然环境发生恶化	威胁参与人员人身安全	及时关注天气变化，制定应急措施，可适当放假

(续)

风险类型	风险事件	风险来源	风险后果	应对措施
人身风险	人身安全事故的发生	项目实施环境	威胁项目参与人员安全	购买保险，安全教育，及时科学疏导
市场风险	教室租赁等涨价	项目成本费用	增加成本，超出项目预算	在租赁合同中确定价格，不能变动

3. 风险的监控

上述进行的风险分析是在项目准备阶段进行的风险计划。为了降低整个项目在实施过程中的风险，项目组加入了风险监控计划，使风险能够被动态监控，有效地将项目风险控制在最低限度内。项目组采用了定期风险检查及关键点风险检查方式，定期风险检查的周期定为1周。在每个监测点，需要项目管理人员进行风险数据采集分析，以便进行风险监控。项目组根据实际情况，采取相应的风险应对措施，包括进度的调整、费用投入的调整、资源分配的调整等，进行动态的项目控制，并最终确保项目的顺利完成。风险监控的主要方法为挣值法，具体实施过程参见5.2.11小节介绍的挣值分析。

5.2.10 项目信息与沟通管理

项目沟通管理是确定利益相关者对信息与沟通的需求，主要包括谁需要何种信息、何时需要以及应如何将其交到他们手中，同时包括保证及时与恰当地生成、收集、传播、存储、检索和最终处置项目信息所需的过程。

1. 沟通管理计划

该项目在具体实施过程中，项目参与人员包括项目团队成员和暑期学校学生，学生来自四面八方，居住地较为分散，且学校教学地点与学生居住地有一定距离；项目团队与学生之间为第一次接触；另外，项目团队与学生家长、当地学校、教育管理部门之间也需要进行交涉备案。为了保证项目的顺利实施，项目组制订了一系列信息与沟通管理计划，如表5-13所示。

2. 项目例会制度

为了加强项目沟通，使不同项目成员之间保持密切联系，项目组非常重视例会制度。定期举行周例会以及专题会通报项目执行情况、课程信息、风险通报和商讨解决具体问题，会后编写会议纪要，并形成项目信息沟通报告对项目进度、费用、未解决的问题、可能出现的问题以及拟采取的应对措施等项目执行情况进行梳理记录，分发给项目团队成员。与此同时，强化项目团队成员之间的电话、邮件等线上沟通方式，保证项目实施过程中，项目团队内部信息畅通无阻。

表5-13 项目沟通管理计划表

项目名称	新理念课堂暑期培训学校开办			项目编号			JY2014－M0100		备注
项目利益相关者	沟通需求			信息搜集		信息归档		信息发布	
	需求信息	需求时间	需求方式	搜集方式	搜集人	归档	负责人	发布方式	发布人
教育部门	各种详细信息	6月20日~8月15日	文件报表	监测汇总	行政人员	文件	毛××	文件	毛××
学生家长	费用等	7月8日	无	商议	项目成员	文件	郝××	文件	郝××
培训学生									
任课教师									
项目经理									
……									

批准人： 项目经理： 制定人： 批准日期：

3. 客户关系管理

这里所说的客户关系管理主要是与学生家长、教育管理部门以及培训学生之间的信息沟通管理，主要涉及信息的整理、存储和传递等工作。

（1）教育管理部门。在项目提出阶段，就需要制订详细的项目计划和项目报告，包括招生计划、培训学费、办学地点、任课教师和安全教育等方面的信息，向当地教育主管部门上报，获得办学资格认证。在项目实施过程中，定期按周总结项目进度等执行中的具体情况，以文件形式派专人向教育部门报告。

（2）学生及学生家长。

1）登记学生本人和父母电话和其他联系方式、家庭住址等信息，形成纸质文档分发给管理人员和任课教师，随时保持与学生本人和家长的联系，强化信息交流，做到互通有无。

2）强化信息定期发布制度。定期汇总暑期学校课程安排、活动组织等信息，形成文档，由专人发布，保证信息及时、完整地传递给学生和家长。

5.2.11 项目的控制过程

在暑期学校项目实施过程中，项目团队从资源、信息沟通、管理措施和风险应对等四个方面出发,通过项目进度报告、重大突发性事件报告、项目管理工作周报、项目关键点检查报告等一系列记录表格来监控项目执行状态,动态监测分析出现的和可能出现的偏差,从而采取一定的对应措施来保证项目的顺利实施。

1. 项目的控制措施

一旦前期准备工作完成,在项目实施过程中,各项工作将按部就班依次进行,项目执行监测的重点是课程是否正常进行、学生安全及教育是否得到保障、与相关部门和家长是否保持信息畅通。因此在项目执行过程中,要求各项工作负责部门派专人进行跟踪、收集执行的实际情况,保持信息畅通。在实施过程中,主要采取以下措施。

(1)建立周报、周会制度。对上周进行和已完成的工作及时间、下周工作计划、上周工作中存在的问题及原因等,形成记录表格进行汇报商议。记录表格如表 5-14 所示。

(2)定期召开进度会议,协调解决各部门之间的冲突和配合问题,保证项目进度。

(3)定期与学生家长沟通联系,了解学生的思想和行为动态,反馈学习情况和学校具体安排。

(4)根据项目里程碑计划,对项目关键点工作执行状态进行监测检查,发现并解决问题。

表 5-14 项目管理周报

编　　号		报 告 人		报告日期	
项目名称				项目经理	
上周以来取得的成果					
项目所处阶段					
本周工作概述	主要工作、重大事项等				
本周工作基本进度	计划完成进度		实际完成进度		项目费用
本周发生的项目变更	变更名称		是否批准		备注
问题及解决方案	问题列表		问题来源		解决办法
下周工作计划					
项目经理意见				签字:	

2. 报告项目进展状态的方法

项目报告的目的是及时反映项目的进展状况和内外部环境变化状况，发现存在的问题和变化，分析潜在的风险和问题，以便管理人员做出正确的判断和决策，实现项目管理的有效控制。为了满足项目信息的需求，项目团队采用了三种不同形式的报告，即项目执行状态报告、项目重大突发性事件报告和项目关键点检查报告，定期检查项目的进展情况。三种报告的格式如表5-15、表5-16 和表5-17 所示。

表5-15 项目执行状态报告

任务名称	1130 方案提出	报告人	毛××
报告日期	2014 年 6 月 18 日	状态报告份数	1
实际进度和计划进度相比		正常	
投入工作时间+未完成工作的计划时间和计划总时间相比		正常	
交付物是否满足工作要求		是	
任务能否按时完成		能	
人员配备状况		人员合适	
技术和辅助工具状况		需增加设备等	
任务完成情况估测		能如期完成	
潜在风险分析及对策		交通、信息真实性	
任务负责人审核意见：	签名：	日期：2014 年 6 月 19 日	

表5-16 项目重大突发性事件报告

项目名称	新理念课堂暑期培训学校开办	项目负责人	寇××
事件发生时间	2014 年 7 月 25 日下午 2：00 左右		
事件发生位置	学生住处与学校之间的建设路人民医院门口		
突发事件描述	学生骑电动车前往学校上课途中刮蹭行人致行人腿部脱皮擦伤，对方要求医治并赔偿		
影响程度	影响学生正常上课，影响学校秩序和声誉		
初步原因分析	学生骑车缺乏安全意识，心不在焉		
建议及应对措施	积极沟通赔偿，加强学生安全意识教育		
项目负责人意见：积极沟通、加强安全教育		签名：寇××	日期：2014 年 7 月 25 日

表 5-17　项目关键点检查报告

工作名称	工资发放	抄送部门	项目部
关键点名称	算教师工资	检查时间	2014 年 8 月 9 日
检查组负责人	骆××	报告人	刘××
报告日期	2014 年 8 月 9 日	报告份数	2
关键点目标描述	各科任课教师出勤是否符合规定，工资计算是否准确		
实际进度描述	与计划一致		
交付物是否满足要求	满足		
存在问题	个别教师调课信息记录不具体		
建议与预测	加强记录工作规范化、细致化，加强考核		
检查组负责人意见：同意　　　　签名：骆××　　　　日期：2014 年 8 月 9 日			

3. 项目的挣值分析

项目组采用了挣值分析法对项目的费用、进度进行综合的定量检测，通过对各项工作实际的执行时间、实际消耗费用和完成情况分析了整个项目的进度执行情况及费用支出情况。以第 5 周末为检查点，进行项目检查和挣值分析，项目实际进度所发生的费用参数如表 5-18 所示。

表 5-18　项目执行过程的费用参数

编码	工作名称	工期/天	人力费用/元	固定费用/元	总费用/元	工作完成率（%）	BCWP	ACWP
1100	需求调研	11						
1110	需求调查	3	600	0	600	100	600	600
1120	信息收集	2	400	0	400	100	400	400
1130	方案提出	6	1 200	0	1 200	100	1 200	1 200
1200	材料准备	5						
1210	制作宣传材料	5	1 500	500	2 000	100	2 000	2 000
1220	教学资料购买	5	1 800	500	2 300	100	2 300	2 400
1300	设施准备	10						
1310	教室租赁	5	1 200	3 000	4 200	100	4 200	4 250
1320	桌椅维修	5	1 200	200	1 400	100	1 400	1 480
1330	教学点清洁	5	1 200	0	1 200	100	1 200	1 200
1400	宣传与招生	12						
1410	发放传单和海报	10	3 000	100	3 100	100	3 100	3 100

（续）

编码	工作名称	工期/天	人力费用/元	固定费用/元	总费用/元	工作完成率（%）	BCWP	ACWP
1420	在线咨询	5	1 000	200	1 200	100	1 200	1 200
1430	摆点招生宣传	5	1 500	100	1 600	100	1 600	1 700
1440	报名登记	12	2 400	50	2 450	100	2 450	2 450
1500	课程安排	3						
1510	学生分班	1	120	0	120	100	120	120
1520	排课、制作课表	2	240	0	240	100	240	240
1530	教师分配、培训	2	480	0	480	90	432	440
1600	日常和教学管理	31						
1610	教师管理	31						
1611	工资发放	2	240	0	240	0	0	
1612	出勤考评	29	3 480	0	3 480	10	348	348
1620	学生管理	31						
1621	安全教育	29	3 480	100	3 580	10	358	358
1622	课程考试	2	480	100	580	0	0	
1630	上课	29	21 750	200	21 950	20	4 390	4 390
1700	暑期学校总结	5						
1710	教学总结	2	1 500	50	1 550	0	0	
1720	宣传总结	2	400	50	450	0	0	
1730	后续宣传	2	600	200	800	0	0	
1740	提交成果文档	3	600	0	600	0	0	
1800	项目管理	67	16 080	500	16 580	8 660	8 660	8 660

对项目执行状态进行挣值分析的曲线，如图 5-9 所示。

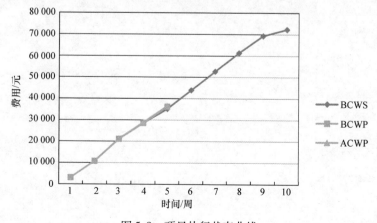

图 5-9　项目执行状态曲线

由表 5-18 可计算出：

$$BCWS = 35\ 151\ 元；BCWP = 36\ 198\ 元；ACWP = 36\ 536\ 元$$
$$费用偏差\ CV = BCWP - ACWP = -338\ 元$$
$$进度偏差\ SV = BCWP - BCWS = 1\ 047\ 元$$

项目完工预计费用：

$$EAC = 项目总预算 \times ACWP/BCWP = 72\ 300 \times 36\ 536/36\ 198 = 72\ 975\ 元$$

费用偏差 CV 小于零，说明项目费用超支，主要原因可能是对前期宣传工作的费用计划过于保守；进度偏差 SV 大于零，说明项目进度超前。综合来看，本项目执行良好，没有出现较大偏差，今后仍可按计划继续执行项目，但需科学控制费用投入，合理安排人力资源，控制项目进度，保质保量地执行该项目。

5.2.12 小结

本项目为"新理念课堂暑期培训学校开办"项目，属于教育文化产业，项目历时 67 天。新理念课堂暑期学校在项目团队成员的努力和合作下顺利开办并圆满完成教学等工作。虽然在项目执行期间，发生了学生在往返学校途中与他人擦碰的交通意外，但经过项目团队的及时协调沟通和合理处理，最终暑期学校项目顺利完成。在项目的实施过程中，项目团队按照项目管理的要求，综合运用现代项目管理理论和工具，通过可视化的数据图表对项目进行管理，对项目有了准确把握，取得了很好的效果，各项目标也都得到了较好的实现。

参 考 文 献

[1] 白思俊，等．现代项目管理概论［M］.2 版．北京：电子工业出版社，2013.

[2] 白思俊，等．现代项目管理（上、下）［M］.2 版．北京：机械工业出版社，2012.

[3] 白思俊．项目管理案例教程［M］.2 版．北京：机械工业出版社，2009.

[4] 杰克·吉多，詹姆斯 P·克莱门斯．成功的项目管理［M］.3 版．张金成，译．北京：电子工业出版社，2009.

[5] 乐云．项目管理概论［M］．北京：中国建筑工业出版社，2008.

[6] 李辉．软件项目经理胜任力特征及案例研究［M］．北京：北京邮电大学硕士论文，2007：44-45.

[7] 陈春花，曹洲涛，刘祯，等．组织行为学：互联时代的视角［M］．北京：机械工业出版社，2016.

[8] 严进．组织行为学［M］．北京：北京大学出版社，2009.

[9] 李爱梅，凌文铨．组织行为学［M］．北京：机械工业出版社，2011.

[10] 程敏，等．项目管理［M］．北京：北京大学出版社，2013.

[11] 赵丽坤．项目管理软技术［M］．北京：电子工业出版社，2012.

[12] 宋金波，朱方伟，戴大双，等．项目管理案例［M］．北京：清华大学出版社，2013.

[13] 骆珣．项目管理教程［M］．北京：机械工业出版社，2010.

[14] 谢迅．项目质量管理与 ISO 9001 标准［M］．北京：对外经济贸易大学出版社，2006.

[15] 丁荣贵．项目利益相关方及其需求的识别［J］．项目管理技术，2008（1）：73-76.

[16] 郑建国．项目采购管理［M］．北京：机械工业出版社，2007.

[17] 孙新波．项目管理［M］.2 版．北京：机械工业出版社，2016.

[18] 哈罗德·科兹纳，等．项目管理案例与习题集［M］.9 版．北京：电子工业出版社，2007.

[19] 戴大双．现代项目管理［M］.2 版．北京：高等教育出版社，2014.

[20] 邱菀华．现代项目管理学［M］.3 版．北京：科学出版社，2013.

[21] 沈建明．项目风险管理［M］.2 版．北京：机械工业出版社，2010.

[22] 戚安邦．项目风险管理［M］．天津：南开大学出版社，2010.

[23] 邱菀华．现代项目风险管理方法与实践［M］.2 版．北京：中国电力出版社，2017.

[24] 中国（双法）项目管理研究委员会．中国项目管理知识体系［M］．北京：电子工业出版社，2006.

[25] 罗德尼·特纳．项目管理手册［M］．丁杉，译．5 版．北京：中国电力出版

社,2014.
[26] 白思俊. 现代交通项目管理[M]. 北京:机械工业出版社,2003.
[27] 邱菀华,沈建明,杨爱华. 现代项目管理导论[M]. 北京:机械工业出版社,2002.
[28] 戚安邦. 现代项目管理[M]. 北京:对外经济贸易大学出版社,2001.
[29] 哈罗德·科兹纳. 项目管理:计划、进度和控制的系统方法[M]. 7版. 杨爱华,等译. 北京:电子工业出版社,2002.
[30] 詹姆斯·刘易斯. 项目计划、进度与控制[M]. 赤向东,译. 3版. 北京:清华大学出版社,2002.
[31] 苏勇,罗殿军. 管理沟通[M]. 上海:复旦大学出版社,1999.
[32] 凯西·施瓦尔贝. IT项目管理[M]. 北京:机械工业出版社,2002.
[33] 卢有杰,卢家仪. 项目风险管理[M]. 北京:清华大学出版社,1998.
[34] 毕星,翟丽. 项目管理[M]. 上海:复旦大学出版社,2000.
[35] 克里斯·查普曼,斯蒂芬·沃德. 项目风险管理:过程、技术和洞察力[M]. 李兆玉,等译. 北京:电子工业出版社,2003.
[36] 中国(双法)项目管理研究委员会. 国际项目管理专业资质认证标准[M]. 北京:电子工业出版社,2006.